MARTIN VORDERWÜLBECKE

Rechtsform der Gewerkschaften und Kontrollbefugnisse des Gewerkschaftsmitglieds

Schriften zum Sozial- und Arbeitsrecht

Band 95

Rechtsform der Gewerkschaften und Kontrollbefugnisse des Gewerkschaftsmitglieds

Von

Dr. Martin Vorderwülbecke

Duncker & Humblot · Berlin

CIP-Titelaufnahme der Deutschen Bibliothek

Vorderwülbecke, Martin:
Rechtsform der Gewerkschaften und Kontrollbefugnisse des Gewerkschaftsmitglieds / von Martin Vorderwülbecke. – Berlin: Duncker u. Humblot, 1988
(Schriften zum Sozial- und Arbeitsrecht; Bd. 95)
Zugl.: München, Univ., Diss., 1987/88
ISBN 3-428-06521-2
NE: GT

Druck: Berliner Buchdruckerei Union GmbH, Berlin 61
Printed in Germany

ISBN 3-428-06521-2

Meinen Eltern

Vorwort

Die vorliegende Untersuchung hat 1987/88 der juristischen Fakultät der Bayerischen Julius-Maximilians-Universität Würzburg als Dissertation vorgelegen. Sie wurde im Frühjahr 1987 fertiggestellt und vor Drucklegung auf den Stand von Anfang April 1988 aktualisiert.

Mein herzlicher Dank gilt meinem Doktorvater, Herrn Professor Dr. Karl-Georg Loritz. Er hat mir als sein Assistent an seinem Lehrstuhl an der TU Berlin bei der Erstellung der Doktorarbeit alle Unterstützung und wissenschaftliche Freiheit gewährt.

Mein Dank gilt weiterhin Herrn Rechtsanwalt Martin Miebach, München und Herrn Dr. Stephan Spehl, Laufenburg-Luttingen.

München, im Juni 1988

Martin Vorderwülbecke

Inhaltsverzeichnis

Teil I

Gegenstand der Untersuchung

Teil 2

Die Gewerkschaft als Verband

Teil 3

Kontrollrechte des Gewerkschaftsmitglieds

Abkürzungsverzeichnis

Außer den üblicherweise verwendeten Abkürzungen wurden die Satzungen der Gewerkschaften abgekürzt zitiert. So bedeutet z.B. „§ 6 IG Metall“: Satzung der IG Metall, § 6.

Im einzelnen wurden zugrundegelegt:

Chemie-Papier-Keramik	Industriegewerkschaft Chemie-Papier-Keramik, in Kraft getreten am 4. 9. 1984, zit. Chemie-Papier-Keramik
DAG	Deutsche Angestellen-Gewerkschaft, beschl. auf dem 13. Bundeskongreß 1983, zit. DAG.
DGB	Deutscher Gewerkschaftsbund, in der Fassung des 11. Ordentlichen Bundeskongresses in Hamburg, zit. DGB
DPG	Deutsche Postgewerkschaft, Satzung beschl. auf dem 14. Gewerkschaftskongreß der DPG in Hannover 1983, zit. DPG.
GdED	Gewerkschaft der Eisenbahner Deutschlands, beschl. auf dem Gewerkschaftstag 1984 in Hamburg, zit. GdED.
GdP	Gewerkschaft der Polizei in der Fassung des 17. Ordentlichen Bundeskongresses vom 5. 10. 1982 in Nürnberg, zit. GdP.
GEW	Gewerkschaft Erziehung und Wissenschaft, in der Fassung der Änderung von 1983 (Mannheim), zit. GEW.
Gew. Leder	Gewerkschaft LEDER, Satzung beschl. auf dem 13. Gewerkschaftstag Augsburg 1985, zit. Gew. Leder.
GGLF	Gewerkschaft Gartenbau, Land- und Forstwirtschaft, gültig ab 24. 9. 1985, zit. GGLF.
GHK	Gewerkschaft Holz und Kunststoff, gültig ab 1. 1. 1986, zit. GHK.
GTB	Gewerkschaft Textil-Bekleidung, in der vom 14. Ordentlichen Gewerkschaftstag 1982 in Mainz beschlossenen Fassung, zit. GTB.
HBV	Gewerkschaft Handel, Banken und Versicherungen, in der Fassung des 11. Gewerkschaftstages vom 1./9. 11. 1984 in Mannheim, zit. HBV.

IG Bau-Steine-Erden	Industriegewerkschaft Bau-Steine-Erden, beschl. auf dem 13. Ordentlichen Gewerkschaftstag am 11. 10. 1985 in Hamburg, zit. IG Bau-Steine-Erden
IG Druck und Papier	Industriegewerkschaft Druck und Papier, Satzung beschl. auf dem 13. Ordentlichen Gewerkschaftstag 1983 in Nürnberg, zit. IG Druck und Papier.
IG Metall	Industriegewerkschaft Metall für die Bundesrepublik Deutschland, in der ab 1. 1. 1984 geltenden Fassung, zit. IG Metall.
IGBE	Industriegewerkschaft Bergbau und Energie, gültig ab 1. 1. 1985, zit. IGBE.
NGG	Gewerkschaft Nahrung Genuß Gaststätten, beschlossen auf dem Gewerkschaftstag in Hamburg September 1986, gültig ab 1. 1. 1987, zit. NGG.
ÖTV	Gewerkschaft Öffentliche Dienste, Transport und Verkehr, beschl. auf dem 10. Gewerkschaftstag 1984 in München, zit. ÖTV.

Teil 1

Gegenstand der Untersuchung

§ 1 Einleitung und Problemstellung

I. Gesellschaftliche Stellung des Arbeitnehmers und Bedeutung der Gewerkschaften

1. Bedeutung institutioneller Interessenvertretung

Die gesellschaftliche Stellung des Arbeitnehmers hat sich seit der industriellen Revolution deutlich verbessert. Die Entwicklung führte von dem Bild des Proletariers, der im frühkapitalistischen Nachtwächterstaat ausgebeutet wird, in der Bundesrepublik Deutschland zu dem heutigen Bild des typischen Arbeitnehmers als dem eines Mittelstandsbürgers. Der ausgebeutete Proletarier ist die Ausnahme geworden, die nur noch in illegalen Randbereichen anzutreffen ist.

Ein wesentlicher Grund für diese Entwicklung ist die Organisation von Arbeitnehmern in Gewerkschaften. Die Gewerkschaften „vertreten die gesellschaftlichen, wirtschaftlichen, sozialen und kulturellen Interessen der Arbeitnehmer“.[1] Der einzelne Arbeitnehmer vertritt seine Interessen gegenüber seinem Arbeitgeber in bestimmten Sachbereichen wie z. B. in Fragen der Lohnhöhe oder der Regelarbeitszeit nicht mehr selbst.[2] Dies übernimmt für ihn die Gewerkschaft und in einzelnen innerbetrieblichen Fragebereichen der Betriebsrat. Man kann davon ausgehen, daß nur diese kollektive Interessenvertretung den heute von allen relevanten politischen Kräften gelobten Abbau der sozialen Unterschiede ermöglicht hat. Ein Blick auf Staatssysteme, in denen es wie etwa in den südamerikanischen Schwellenländern oder in den kommunistischen Diktaturen keine starken Gewerkschaften gibt, läßt diesen Zusammenhang wegen der in diesen Ländern festzustellenden schwachen sozialen Stellung der Arbeitnehmer ins Auge fallen.

---

[1] Satzung des DGB § 2 Nr. 1 b

[2] Etwas anderes mag für die sog. außertariflichen oder leitenden Angestellten gelten; diese unterfallen zwar noch dem arbeitsrechtlichen Arbeitnehmerbegriff. Die leitenden Angestellten unterfallen aber bereits nicht mehr dem betriebsverfassungsrechtlichen Arbeitnehmerbegriff (§ 5 III BetrVG); vgl. dazu K. P. Martens, Arbeitsrecht der leitenden Angestellten, S. 267 ff. Der prozentuale Anteil der leitenden Angestellten an der Gesamtbelegschaft liegt zwischen 1,7 und 4,9 %, Martens, S. 68 f.

Für den einzelnen Arbeitnehmer verhandelt im innerbetrieblichen Bereich der Betriebsrat (§§ 2, 74 ff. BetrVG) und im betriebsübergreifenden Bereich die Gewerkschaft. Bei Betriebsrat und Gewerkschaft handelt es sich um institutionalisierte Vertreter kollektiver Arbeitnehmerinteressen.

2. Neue Abhängigkeiten

Durch die Verlagerung der Interessenwahrnehmung vom einzelnen auf diese Institutionen ergeben sich aber neue Abhängigkeiten. So ist etwa bereits von der „Abhängigkeit des Arbeitnehmers vom Betriebsrat" gesprochen worden.[3]

Aber auch gegenüber der Gewerkschaft bestehen „Abhängigkeiten", bedenkt man etwa, daß der einzelne Arbeitnehmer darauf angewiesen ist, daß die Gewerkschaft die Tarifverhandlungen sachgerecht führt. Es herrscht bei allen politischen Gruppierungen Konsens darüber, daß eine funktionsfähige Gewerkschaftsbewegung für das gute Funktionieren des gesamten Gemeinwesens von wesentlicher Bedeutung ist. Die besondere Bedeutung der Gewerkschaften wird bereits an dem besonderen Schutz deutlich, den ihnen das Grundgesetz durch die Garantie der Koalitionsfreiheit in Art. 9 III GG angedeihen läßt. Zwar wird über die konkrete Reichweite der Garantie der Koalitionsfreiheit seit langem gestritten.[4] Unstreitig ist jedoch, daß die Gewerkschaften, so wie sie sich in der Bundesrepublik herausgebildet haben, einem grundgesetzlichen Schutz unterfallen.[5] Dieser grundgesetzliche Schutz der koalitionsmäßigen Betätigung bringt für die Gewerkschaften und für die Arbeitnehmer, denen nach dem Wortlaut des Grundgesetzes das Recht der koalitionsmäßigen Betätigung in erster Linie[6] zusteht, Rechtswirkungen in vielfältiger Hinsicht mit sich. Im Vordergrund steht dabei der Schutz vor einer Behinderung der Koalitionsfreiheit. Als einzige Norm des Grundgesetzes ordnet Art. 9 III 2 GG sogar eine direkte Drittwirkung dieser grundrechtlichen Vorschrift an. Von weitergehender Bedeutung als diese ausdrückliche Schutzwirkung der grundgesetzlichen Garantie der Koalitionsfreiheit ist aber der Schutz der Koalitionsfreiheit,

---

[3] Poyadou, Die Abhängigkeit des Arbeitnehmers vom Betriebsrat, vgl. zusammenfassend S. 100 ff.

[4] Dazu siehe v. a. Scholz, Die Koalitionsfreiheit als Verfassungsproblem, S. 62 ff. und zur Auffassung von der Koalitionsfreiheit als Doppelgrundrecht die Nachweise bei Scholz, S. 51 ff. und BVerfGE 19, 303 (312); 18, 18 (26); 38, 281 (303); Hesse, Grundzüge des Verfassungsrechts, § 12 I 8 c.

[5] Vgl. nur BVerfGE 50, 290 (367); Scholz, in: Maunz/Dürig, Art. 9 Rn. 23, 25; Säker, Grundprobleme der kollektiven Koalitionsfreiheit, S. 33 ff.; Hesse, § 12 I 8 c.

[6] Ohne bereits hier ausführlich auf die dogmatische Diskussion um die durch Art. 9 III GG Begünstigten einzugehen, sei doch auf den Wortlaut des Art. 9 III GG verwiesen: „Das Recht, zur Wahrung und Förderung der Arbeits- und Wirtschaftsbedingungen Vereinigungen zu bilden, ist für *jedermann* ... gewährleistet".

wie er sich in vielfältigen einfachrechtlichen Wertungen niederschlägt[7] und sich aus verfassungsrechtlichen Gründen auch niederschlagen muß.[8] Ohne bereits hier auf Einzelheiten einzugehen, läßt sich doch feststellen, daß ein umfassender Schutz der koalitionsmäßigen Betätigung vor Eingriffen des Staates und Dritter besteht und von Art. 9 III GG auch gefordert ist.[9]

II. Freistellung der Gewerkschaften von externer Rechtskontrolle

Das Bild einer sehr weitgehenden Freistellung der Koalitionen von externer Kontrolle als eine praktische Auswirkung der Koalitionsfreiheit der Staatsbürger zeigt sich etwa in folgendem Fall:

1. Beispielsfall

Beispiel: Die A-Gewerkschaft hat in ihrer Satzung das Erfordernis festgeschrieben, daß vor der Ausrufung eines Streiks eine Urabstimmung stattzufinden habe. Ein Streik hat danach die Zustimmung einer gewissen Prozentzahl der abgegebenen Stimmen zur Voraussetzung. Da die Verhandlungssituation nach Ansicht der Gewerkschaftsführung angesichts einer bei Verhandlungen unüberbrückbaren Diskrepanz zwischen den gewerkschaftlichen Forderungen und den Angeboten des Arbeitgeberverbandes einen Streik unausweichlich macht, beschließt diese die Ausrufung eines Erzwingungsstreiks. Sie verzichtet auf die Durchführung einer Urabstimmung, da eine solche angesichts des völlig unzureichenden Arbeitgeberangebots ihrer Ansicht nach einen überflüssigen Formalismus darstellt.

Der bestreikte Arbeitgeber X erleidet einen Schaden, den er durch Klage a) gegen einen streikenden Arbeitnehmer, b) gegen die A-Gewerkschaft geltend macht. Er beruft sich darauf, daß der Streik rechtswidrig gewesen sei, da die vorgeschriebene Urabstimmung nicht stattgefunden habe.

Hier stellen sich mehrere Fragen: Wird die Klage des Arbeitgebers X Erfolg haben? Kann das Gewerkschaftsmitglied B von der A-Gewerkschaft im Klagewege die Unterlassung zukünftiger Streiks ohne vorherige Urabstimmung verlangen? Kann er den ihm entstandenen Schaden (Differenz zwischen Lohn und Streikbeihilfe) von der Gewerkschaft ersetzt verlangen?

---

[7] Einen guten Überblick über die vielfältigen einzelgesetzlichen Regelungen der gewerkschaftlichen Mitwirkungsrechte im Bereich der Wirtschafts-, Sozial- und Arbeitsordnung bietet BGHZ 50, 325 (330 f.).

[8] Dazu vgl. BVerfGE 50, 290 (367 f.).

[9] Vgl. z. B. BAG AP Nr. 12 zu § 15 AZO Gr. 3. Ein Überblick über die staatliche Kontrolle der Gewerkschaften und die Reichweite des Art. 9 III GG findet sich bei Rüthers, ZfA 1982, 237 (244 ff.).

Die Klage des Arbeitgebers X wird als unbegründet abgewiesen werden.[10] Dies wird von der Literatur (h. M.) damit begründet, daß das innergewerkschaftliche Erfordernis einer Urabstimmung die Rechtmäßigkeit des Streiks im Außenverhältnis nicht berühre.[11] Diesem Ergebnis der h. M. ist zuzustimmen.[12] Das Beispiel zeigt in der Abweisung der Klage des Arbeitgebers X die Auswirkungen der grundgesetzlich garantierten Koalitionsautonomie: Eine Rechtmäßigkeitskontrolle des innergewerkschaftlichen „Lebens“ durch nicht der Gewerkschaft angehörende Dritte findet nicht statt.[13] Es läßt sich also feststellen, daß sich der grundgesetzliche Schutz der Koalitionsfreiheit im einfachrechtlichen Bereich (auch) in einer Freistellung der Koalition von externer Rechtmäßigkeitskontrolle des innerverbandlichen Handelns ausdrückt.

2. Folgerungen aus dem Beispielsfall

Eine solche Freistellung von *externer* Rechtmäßigkeitskontrolle bedeutet aber gleichzeitig, daß der *internen* Rechtmäßigkeitskontrolle bei den Gewerkschaften besondere Aufmerksamkeit geschenkt werden muß. Soll sich die Gewerkschaftsführung etwa über die Gewerkschaftssatzung hinwegsetzen dürfen? Dies erschiene wenig sachgerecht. Die Einhaltung der Gewerkschaftssatzung muß auch dann sichergestellt werden können, wenn die Klage eines der Gewerkschaft als Dritter Gegenüberstehenden abgewiesen werden muß. Dies zeigt an einem konkreten Fall das Bedürfnis nach einer gewerkschaftsinternen Rechtskontrolle. Ohne eine solche Rechtskontrolle erhielte die Gewerkschaftsführung einen Freibrief für ein satzungs- und damit rechtswidriges Verhalten.

III. Rechtskontrolle als Forderung der Menschenrechtskonvention

Wenn eine Rechtskontrolle innerhalb der Gewerkschaft nicht gegeben wäre, könnte dies sogar gegen Art. 11 II der Menschenrechtskonvention[14] verstoßen. Art. 11 MRK bestimmt: „(1) Alle Menschen haben das Recht, sich

---

[10] Löwisch BB 1982, 1373 (1374); Seiter, Streikrecht und Aussperrungsrecht, S. 576; Hueck, RdA 1956, 201 (205); Däubler, Arbeitskampfrecht, 1984, Rn. 221 ff.; Schlüter, in: Brox/Rüthers, Rn. 486; wohl auch Zöllner, Arbeitsrecht, S. 375. Ausführlich Vorderwülbecke, BB 1987, 750.

[11] Gitter, JZ 1965, 197 (200 ff.); M. Winter, Rechtsfolgen, S. 69, 90; a.A. Ramm, Willensbildung, S. 116 Fn. 21.

[12] Vorderwülbecke, BB 1987, 750 ff.

[13] Teilweise wird allerdings erwogen, Nicht-Gewerkschaftsmitglieder an der innergewerkschaftlichen Willensbildung zu beteiligen, vgl. Seiter, RdA 1986 165 (187). Dagegen Vorderwülbecke, BB 1987, 750 (751 f.) und Seiter selbst, Streikrecht, S. 510.

[14] Konvention zum Schutze der Menschenrechte und Grundfreiheiten vom 4. 11. 1950.

friedlich zu versammeln und sich frei mit anderen zusammenzuschließen, einschließlich des Rechts, zum Schutze ihrer Interessen Gewerkschaften zu bilden und ihnen beizutreten. (2) Die Ausübung dieser Rechte darf keinen anderen Einschränkungen unterworfen werden als den vom Gesetz vorgesehenen, die in einer demokratischen Gesellschaft im Interesse der äußeren und inneren Sicherheit, zur Aufrechterhaltung der Ordnung und zur Verbrechensverhütung, zum Schutze der Gesundheit und der Moral oder zum Schutze der Rechte und Freiheiten anderer notwendig sind ..."

Die Europäische Kommission für Menschenrechte hat entschieden, daß diese Bestimmung den Staat dazu verpflichten kann, ein Gewerkschaftsmitglied gegen Maßnahmen zu schützen, die seine eigene Gewerkschaft gegen ihn trifft. Eine solche Verpflichtung kann sich daraus ergeben, daß sonst das Recht, Gewerkschaften beizutreten, nicht effektiv (wirksam) sein kann.[15] Besonderes Interesse verdient an dieser Entscheidung[16] vor allem, daß aus einer grundrechtlichen Gewährleistung für den einzelnen eine Verpflichtung des Staates hergeleitet wird, in den gewerkschaftlichen Innenbereich einzugreifen, um das Recht des einzelnen Gewerkschaftsmitglieds zu schützen.

Das Handeln der Gewerkschaft im Beispielsfall kann wegen des Ausfalls des Arbeitgeberverbandes bzw. eines wegen seiner direkten Streikbetroffenheit primär an einer Klage interessierten Unternehmers als mögliche Kläger ohne eine gewerkschaftsinterne Rechtskontrolle keiner gerichtlichen Klärung zugeführt werden. Der Problembereich, der somit in das Blickfeld rückt, ist das Innenrecht der Gewerkschaft und konkret die Rechtsstellung des einzelnen Gewerkschaftsmitglieds als das eines potentiellen Klägers. Die sich hier anschließende und oben gestellte weitere Frage nach den Rechten des Gewerkschaftsmitglieds B kann nicht durch einen kurzen Hinweis auf eine eindeutig h. M. in der Literatur beantwortet werden. Es ist das Ziel der Arbeit, die Rechtsstellung eines solchen möglichen Klägers zu untersuchen und damit zur guten rechtlichen Ordnung der Gewerkschaften als bedeutendem Faktor im Leben unseres Staates beizutragen.

IV. Denkbare Konflikte und Problemfelder

Die Frage einer gewerkschaftsinternen Rechtmäßigkeitskontrolle besteht nicht nur, wenn die Gewerkschaftsführung die satzungsgemäß vorgeschriebene Urabstimmung nicht durchführen läßt. Sie stellt sich auch in anderen Bereichen. Folgende Fälle mögen dies veranschaulichen.

---

[15] EKMR, Fall Cheall gegen Vereinigtes Königreich, Entscheidung vom 13. 5. 1985, NJW 1986, 1414.

[16] In concreto wurde die Beschwerde aber zurückgewiesen.

Fall 1: In der Öffentlichkeit wird die Stationierung neuer Mittelstreckenraketen durch die Regierung der USA auf dem Gebiet der Bundesrepublik Deutschland stark diskutiert. Die A-Gewerkschaft spricht sich in einer Presseerklärung gegen diese Raketenstationierung aus und ruft die Bundesregierung auf, die Stationierung zu verhindern.

Fall 2: Die A-Gewerkschaft ruft in Fall 1 zum Warnstreik gegen die Raketenstationierung auf.

Fall 3: Die A-Gewerkschaft ruft vor der Bundestagswahl ihre Mitglieder zur Wahl der X-Partei auf.

Fall 4: Der Gewerkschaftstag der A-Gewerkschaft trifft einen Beschluß des Inhalts, daß Gewerkschaftsmitglieder aus der Gewerkschaft ausgeschlossen werden sollen, die bei Betriebsratswahlen auf einer Liste kandidieren, die zu einer Gewerkschaftsliste in Konkurrenz steht. Das Gewerkschaftsmitglied Y hält dies für rechtswidrig und möchte dagegen vorgehen.

Fall 5: Die A-Gewerkschaft schließt Y in Vollzug des Unvereinbarkeitsbeschlusses (Fall 4) aus.

Fall 6: Die A-Gewerkschaft gründet eine Wohnungsbaugesellschaft, die sich in großem Rahmen im sozialen Wohnungsbau betätigen soll.

Fall 7: Die A-Gewerkschaft gründet eine Baugesellschaft, die sich allgemein erwerbswirtschaftlich betätigen soll.

Fall 8: Die A-Gewerkschaft wird in einem satzungsgemäßen Verfahren nach dem Modell einer „Führer-Gewerkschaft" umstrukturiert. Danach sind die Gewerkschaftsmitglieder Gefolgsleute des Gewerkschaftsführers. Dieser ernennt Unterführer, welche ihrerseits die in der Hierarchie unter ihnen rangierenden Führer ernennen. Durch diese Organisation soll die Durchsetzungsfähigkeit der „Arbeiterklasse" gestärkt werden.

Fall 9: Die A-Gewerkschaft verzichtet in der Satzung auf die Durchführung einer Urabstimmung vor einem Streik.

V. Gang der Darstellung

Die Darstellung mitgliedschaftlicher Kontrollbefugnisse in der Gewerkschaft muß mit der Untersuchung des anwendbaren Verbandsrechts beginnen. Deshalb wird zuerst geprüft, inwieweit auf die Gewerkschaften das Recht des Idealvereins anwendbar ist (Teil 2).

Anschließend werden die mitgliedschaftlichen Kontrollbefugnisse in verschiedenen Verbandsformen hinsichtlich Existenz und Umfang untersucht.

Dabei wird gefragt, ob diese auf die Gewerkschaften übertragbar sind (Teil 3).

Hinsichtlich der Möglichkeit und Reichweite einer mitgliedschaftlichen Kontrolle des gewerkschaftlichen Verbandslebens soll schließlich ein eigener Lösungsansatz entwickelt und anhand von Fällen dargestellt werden (Teil 4).

Teil 2

Die Gewerkschaft als Verband

§ 2 Herkömmliche Einordnung der Rechtsform der Gewerkschaften und Aufgabenstellung dieser Untersuchung

I. Fehlende Behandlung des Gewerkschaftsverbandsrechts in der Literatur

Die Gewerkschaft tritt insbesondere dann in das „juristische Rampenlicht", wenn sie Dritten gegenüber auftritt und nach außen handelt. Die Gewerkschaft interessiert dann etwa als Tarifpartner. Vor allem findet die Gewerkschaft im juristischen Bereich unter dem Stichwort „Kollektives Arbeitsrecht" das Interesse der Arbeitsrechtler. So taucht z. B. die aktuelle Frage auf, ob die Gewerkschaft einen kurzfristigen „Warnstreik" ausrufen darf, um durch eine „Politik der Nadelstiche" den Arbeitgeberverbänden gegenüber einen größeren Erfolg in den Tarifverhandlungen zu erzielen.[1] Im Lehrbuch des Arbeitsrechts von Zöllner finden sich unter dem Stichwort „Gewerkschaft" Verweise auf das soeben genannte Kollektivarbeitsrecht, das gewerkschaftliche Zugangsrecht zum Betrieb, zu den Aufgaben der Gewerkschaften und deren Geschichte. Der Verweis unter dem Stichwort „Organisation" führt nur zu der Unterscheidung zwischen dem Berufs- und dem Industrieverbandsprinzip.[2]

Das arbeitsrechtliche Schrifttum behandelt bisher kaum die Frage, wie es um die Gewerkschaft „von innen" steht. Das Interesse an diesem Fragenkomplex ist aber auch bei den anderen juristischen Teildisziplinen nur gering ausgeprägt: die Zivilrechtler behandeln anläßlich einschlägiger höchstrichterlicher Urteile den Gewerkschaftsausschluß und den Anspruch auf Aufnahme in die Gewerkschaft.[3] Das öffentlich-rechtliche Schrifttum interessiert sich für die Gewerkschaft als möglichen Grundrechtsträger aus Art. 9 III GG und sieht die „Koalitionsfreiheit als Verfassungsproblem".[4]

---

[1] Dazu BAGE 46, 322 = AP Nr. 81 Art. 9 GG und Loritz ZfA 1985, 185.

[2] Zöllner, Arbeitsrecht, § 8 II 1, S. 97.

[3] Vgl. etwa die Diss. von Sachse, Aufnahme- und Verbleiberecht, S. 95 ff.; dazu die Anmerkung von Herschel in AuR 1986, 23.

[4] Scholz, Koalitionsfreiheit als Verfassungsproblem.

Erst in neuerer Zeit ist anläßlich der Erstattung von Gutachten für einen innergewerkschaftlichen Rechtsstreit ein Teilaspekt des innergewerkschaftlichen Rechtslebens einer zivilrechtlichen Untersuchung unterzogen worden.[5] Liest man das Urteil, das für diese Gutachten den Anstoß gegeben hat,[6] so fällt auf, daß die Literatur, auf die sich das Gericht zur Begründung seiner Entscheidung stützen konnte, quasi „ad hoc" in Form der Gutachten für die beklagte Gewerkschaft erst neu geschaffen werden mußte.

II. Eingrenzung der Aufgabenstellung auf verbandsrechtliche Fragen

Soll vor diesem Hintergrund eine Antwort auf die in den Beispielsfällen anklingenden Fragen gegeben werden, so ist es nötig, den für die Entscheidung dieser Probleme gemeinsam relevanten Gesichtspunkt zu verdeutlichen: Es geht um die innergewerkschaftliche Rechtskontrolle. Innergewerkschaftliche Rechtskontrolle bedeutet, daß die rechtliche Kontrolle innergewerkschaftlichen Handelns durch Gewerkschafts*mitglieder* erfolgen muß, wenn sie überhaupt erfolgen soll.

Wenn Strukturen einer innergewerkschaftlichen Rechtskontrolle aufgezeigt werden, so ist zum einen die *materielle Lage des inneren Gewerkschaftsverbandsrechts* zu klären, jedenfalls soweit das im hier gegebenen Rahmen überhaupt möglich und zur Beantwortung der Beispiele geboten ist. Zum anderen ist zu überprüfen, wieweit dem einzelnen Gewerkschaftsmitglied in seiner Eigenschaft als solches eine *Möglichkeit der Kontrolle* über die Einhaltung dieses inneren Gewerkschaftsverbandsrechts zusteht. Dabei kann nicht das gesamte materielle Gewerkschaftsinnenrecht untersucht werden. Vielmehr muß sich diese Arbeit in materiell-rechtlicher Hinsicht auf Beispiele beschränken.

§ 3 Bestimmung der Rechtsform der Gewerkschaften

I. Determinanten des gewerkschaftlichen Verbandsrechts

Ein Gesetz, das die Rechtsverhältnisse solch bedeutender Großverbände wie der Gewerkschaften regelt, existiert bisher nicht. Versuche, ein „Verbändegesetz" zu schaffen,[1] sind ergebnislos geblieben. Dieses Verbändegesetz hätte vor allem die Aufgabe gehabt, die bedeutende Machtposition von

---

[5] Säcker, Probleme der Repräsentation von Großvereinen; Reuter, ZHR 184 (1984), 523.

[6] OLG Frankfurt a.M. WM 1985, 1466.

[1] Die FDP hatte einen Entwurf zu einem Verbändegesetz vorgelegt, der aber nicht realisiert wurde. Dieser Entwurf ist abgedruckt in RdA 1977, 235. Zusammenfassend hierzu Wiedemann, Gesellschaftsrecht I, S. 679.

Großverbänden im Verbandsinnenrecht durch Ausrichtung der Innenstruktur der Verbände an staatlicherseits gewünschten Standards in etwa zu legitimieren und mögliche Demokratiedefizite auszugleichen.[2] Dies bedeutet, daß ohne die Möglichkeit eines Zurückgreifens auf eine spezialgesetzliche Regelung die für die Gewerkschaften geltende Rechtslage aus den allgemeinen Regelungen für Verbände heraus bestimmt werden muß. Die Notwendigkeit, diese Aufgabe anzugehen, mag noch durch einen eher verbandssoziologischen Hinweis untermauert werden. Es wird davon gesprochen, daß in „dem Maße, in dem wenige Spitzenverbände mit weitgefächertem Repräsentationsanspruch und institutionalisiertem Repräsentationsmonopol auftreten, ... die Aggregationsleistungen ‚intern', also innerhalb der Großverbände, erbracht werden" müssen.[3] Dazu gehört auch, daß den Mitgliedern eine effektive Rechtsschutzmöglichkeit innerhalb ihres Verbandes eröffnet ist. Ein Gewerkschaftsmitglied muß die Möglichkeit haben, Verletzungen seiner mitgliedschaftlichen Position entgegenzutreten. Weil eine spezialgesetzliche Regelung fehlt, muß das allgemeine Verbandsrecht diese Aufgabe bewältigen.

II. Übliche Einstufung der Gewerkschaften als nichtrechtsfähige Vereine

1. Vereinsrechtliche Vorgaben durch § 54 BGB

Wenn in der Literatur die Rechtsform besprochen wird, in der die Gewerkschaften organisiert sind, so findet sich gemeinhin die Aussage, die Gewerkschaften seien in der Bundesrepublik Deutschland als nichtrechtsfähige Vereine organisiert.[4] Geht man uneingeschränkt von dieser Aussage aus, so bedeutet dies, daß eine Gewerkschaft eben ein Verein ist, wenn auch „nur" ein nichtrechtsfähiger. Folglich würden sich die Rechtsregeln für das Gewerkschaftsinnenrecht aus dem Vereinsrecht des BGB ergeben, soweit nicht in der Satzung etwas anderes bestimmt ist und soweit das Vereins-

---

[2] Zu den Zielen eines Verbändegesetzes vgl. etwa Teubner, Organisationsdemokratie und Verbandsverfassung, S. 79 ff.; Kübler, JZ 1978, 773; Meesen, Erlaß eines Verbändegesetzes als rechtspolitische Aufgabe?, vgl. v. a. S. 16 ff.; umfassende verfassungsrechtliche Überlegungen de lege ferenda bringt Gerhardt, Koalitionsgesetz. Daneben spielen Überlegungen, Gewerkschaften etwa durch eine Gemeinwohlbindung nach außen hin auf bestimmte Vorgaben zu verpflichten, eine geringe Rolle; vgl. dazu Knebel, Koalitionsfreiheit, S. 78 ff.

[3] Teubner, JZ 1978, 545 (546). Teubner weist übrigens darauf hin, daß die Kontroverse häufig „auf den fast unerträglich einfachen Nenner ‚Disziplinierung der Gewerkschaften'" gebracht werde (aaO., S. 545).

[4] Säcker, Repräsentation von Großvereinen, passim; Popp, Öffentliche Aufgaben, S. 141 ff; Wiedemann § 4 II, S. 205; Habscheid, AcP 155 (1955) 375 (377); Schaub, Arbeitsrechtshandbuch, § 189 I 7; BGHZ 42, 210 (211); Reuter, ZHR 148 (1984), 523 (524); OLG Frankfurt, WM 1985, 1466 (1467); John, Organisierte Rechtsperson, S. 172; im Ausgangspunkt („an sich" nicht rechtsfähig) auch Mayer-Maly, Landesreferate, S. 378; Dietz, Koalitionsfreiheit, S. 437.

recht auf die Sonderform des nichtrechtsfähigen Vereins Anwendung finden kann. Dieser Aussage müßte man jedoch a priori skeptisch gegenüberstehen; denn daß für das sozial höchst bedeutende Phänomen „Gewerkschaft“ jedenfalls nicht *nur* die Rechtsregeln Anwendung finden können, die auch für den Taubenzüchterverein oder die Studentenverbindung[5] gelten, liegt auf der Hand. Es gibt auch andeutungsweise Hinweise in der Literatur, daß das „bloße Vereinsrecht“ für die Gewerkschaften wohl doch nicht die letzte Antwort sein könne. Es findet sich etwa die Bemerkung, die Regelung des § 54 S. 1 BGB stelle „ein starkes Hindernis dar, eine der körperschaftlichen Organisationsform und deren praktischen Bedürfnissen sachgerechte juristische Lösung bei Konflikten vereinsinterner Art zwischen Verein und Mitglied“ zu erreichen.[6]

Demnach überrascht es auch nicht, daß sich in der zivilrechtlichen Literatur unter Hinweis auf die besondere rechtliche Stellung, die den Gewerkschaften im heutigen Staat zukomme, in bezug auf die Gewerkschaften folgende wenig konkrete Aussage findet: „Öffentlichrechtliche und arbeitsrechtliche Normen überlagern hier das bürgerlich- und prozeßrechtliche Vereinsrecht“.[7]

Die (bloße) Anwendung von Vereinsrecht auf die Gewerkschaft erscheint also von vorneherein kaum als eine zufriedenstellende Lösung.[8] Um so mehr drängt sich die Frage auf, inwieweit es überhaupt angebracht ist, davon auszugehen, daß die Gewerkschaften (nichtrechtsfähige) Vereine seien. Es bestehen insofern grundsätzlich zwei Möglichkeiten: Entweder man geht mit der h. M. von der Einstufung der Gewerkschaften als nichtrechtsfähige Vereine aus und kommt dann in Einzelfragen zu dem Ergebnis, daß eine Beantwortung von Rechtsfragen aus dem Vereinsrecht der Sachproblematik nicht adäquat sei und deshalb entweder andere Normkomplexe herangezogen werden müssen oder die Rechtslage zwar ausgehend von vereinsrechtlichen Normkomplexen, im Ergebnis aber von diesen abweichend, definiert werden müsste. So verfährt strukturell etwa Säcker in der aus seinem Gutachten zu dem Rechtsstreit um die Hauptversammlung der IG Bau-Steine-Erden hervorgegangenen Schrift[9] über die Probleme der Repräsentation von Großvereinen.[10] Eine andere Möglichkeit besteht darin, das Verbandsrecht der Gewerkschaften, da es nicht kodifiziert, in den Satzungen nur rudimen-

---

[5] Studentenverbindungen sind als nichtrechtsfähige Vereine organisiert, vgl. RGZ 78, 134 (135).

[6] Popp, Öffentliche Aufgaben, S. 141.

[7] Hopt/Hehl Rn. 157.

[8] Vgl. auch BGHZ 42, 210 (212): „Denn die für den rechtsfähigen Verein geltenden Rechtsnormen des Bürgerlichen Gesetzbuches werden jedenfalls nicht allen Bedürfnissen gerecht, die sich aus den öffentlichen Funktionen und den besonderen Organisationsproblemen dieser Korporationen ergeben“.

[9] Zu der Prozeßgeschichte vgl. Koch, NJW 1986, 1651 (1657).

[10] Säcker, Repräsentation von Großvereinen, S. 2 ff.

tär festgelegt und in der Rechtsprechung nur ansatzweise geklärt ist, ohne den Umweg über den vereinsrechtlichen Normenbestand zu bestimmen, der in wesentlichen Teilen wegen des gewerkschaftlichen Sonder-Regelungsbedarfs nicht weiterhilft.

Die Entscheidung für eine der beiden Vorgehensweisen hängt davon ab, ob überhaupt die Ausgangsthese von der prinzipiellen Zugehörigkeit der Gewerkschaften zu den nichtrechtsfähigen „Ideal"vereinen und damit deren Unterwerfung unter das BGB-Vereinsrecht[11] durchschlagend begründet ist. Denn eine Regel (Anwendung des BGB-Vereinsrechts) aufzustellen und danach von dieser Regel wieder abzuweichen, kann systematisch allenfalls dann gerechtfertigt sein, wenn die Regel sinnvollerweise gelten kann, weil weite Teile des Vereinsrechts zur Anwendung kommen müssen. Diesbezüglich bestehen aber hinsichtlich der Gewerkschaften bereits aus rein zivilrechtlicher Sicht Zweifel:

2. Die Auffassung der Gewerkschaften

Die Rechtsform der Gewerkschaften ist in der Regel nicht auf den ersten Blick zu erkennen. Aus ihrem Namen geht die Organisationsform meistens[12] nicht hervor. So nennt sich etwa eine Gewerkschaft im DGB schlicht „Gewerkschaft Textil-Bekleidung". Jedenfalls haben die Gewerkschaften es bei ihrer Gründung abgelehnt, sich um die Registereintragung zu bemühen und so die Rechtsform des eingetragenen Vereins zu erreichen. Die Gründe dafür sind oft beschrieben worden; auf diese Arbeiten kann hier verwiesen werden.[13]

III. System der Einstufung von Körperschaften im Zivilrecht

Da die Gewerkschaften keine eingetragenen Vereine sind, liegt es nahe, sie als nichtrechtsfähige Vereine zu qualifizieren. Nach dem System des BGB ist eine Einordnung als nichtrechtsfähiger Verein allerdings nicht die

---

[11] Zu der grundsätzlichen Gültigkeit materiellen Vereinsrechts auch für den nichtrechtsfähigen Verein vgl. stellvertretend für verschiedene dogmatische Ausgangspositionen nur einerseits Flume, ZHR 148 (1984), 503 (521 ff.) und andererseits Staudinger/Coing, § 54 Rn. 2.

[12] In dem Fall BAG NZA 1986, 332 etwa war der Verband, der seine Anerkennung als Gewerkschaft erstreiten wollte, aus dem Zusammenschluß mehrerer e.V. hervorgegangen, wobei denkbar ist, daß auch diesen bereits Gewerkschaftsqualität zukam. Der Verband selbst (Arbeitnehmerverband land- und ernährungswirtschaftlicher Berufe, ALEB) war aber wieder nicht als e.V. organisiert.

[13] Eine Zusammenfassung der Kritik an § 54 BGB findet sich bei Flume, ZHR 148 (1984), 503 (507) mit kritischer Stellungnahme dazu; Fabricius, Relativität der Rechtsfähigkeit, 187 ff.; vgl. auch zu den Motiven des Gesetzgebers Mugdan, Materialien zum BGB I, S. 401, 637 ff., 646 ff.

einzige Möglichkeit. Der Verweisung in § 54 auf das Recht der BGB-Gesellschaft folgt die h. M. im Normalfall – dem des nichtrechtsfähigen Idealvereins – zwar so weitgehend nicht, wie dies sachlich möglich ist.[14] Zum Geltungsbereich des § 54 S. 1 BGB besteht in der Praxis „heute, wenn auch mit unterschiedlicher Begründung weitgehend Einigkeit, daß diese Vorschrift wegen ihres nicht mehr vertretbaren rechtspolitischen Zwecks keine Gültigkeit mehr beanspruchen kann".[15]

Die volle Verweisung des § 54 S. 2 trifft für wirtschaftliche Vereine zu, für die danach u.U. auch das Recht der Handelsgesellschaften gelten kann. Allerdings erschiene es nicht sachgerecht, auf Gewerkschaften das Recht der BGB-Gesellschaft oder gar das Recht der Handelsgesellschaften anzuwenden. Dies muß aber auch gar nicht die Konsequenz sein, wenn ein nicht eingetragener wirtschaftlicher Verein vorliegt. Die Konsequenzen einer Bejahung des § 22 BGB und des danach „einschlägigen" § 54 S.2 BGB sind nämlich keineswegs geklärt. Es mag an dieser Stelle ausreichen, das Resümee wiederzugeben, das Reuter[16] zu dem Problemkreis zieht: „Weitgehend undurchsichtig ist es, wie die herrschende Meinung den nichtrechtsfähigen wirtschaftlichen Verein behandeln will, der kein (vollkaufmännisches) Handelsgewerbe betreibt. In der Konsequenz des Ansatzes der herrschenden Meinung liegt es, dann BGB-Gesellschaftsrecht anzuwenden. Diese Konsequenz will man aber nur zum Teil ziehen."

Schon aus rein zivilrechtlicher Sicht ist demnach nicht gesagt, daß keine Alternative zu der Vorstellung existiert, die Gewerkschaften seien als „nichtrechtsfähige Vereine" organisiert.

Immerhin mag eine Untersuchung sinnvoll sein, wieweit die Gewerkschaften dem Typus des nichtrechtsfähigen Idealvereins zugehören: Gehören sie diesem Typus nicht an – woran man angesichts der Bedeutung der Gewerkschaften im Wirtschaftsleben, der Bedeutung ihres Tuns für ihre Mitglieder und ihrer eigenen wirtschaftlichen Stärke jedenfalls auf den ersten Blick zweifeln kann – so muß sich die Frage nach der zivilrechtlichen Einordnung der Gewerkschaften auch dann stellen, wenn man die Konsequenz des § 54 S. 2 BGB nicht ziehen will.

---

[14] Ganz h. M., vgl. nur MünchKomm/Reuter, § 54 Rn. 1 ff.; Staudinger/Coing, § 54 Rn. 2; Palandt/ Heinrichs, § 54 Anm. 1; OLG Frankfurt a.M., WM 1985, 1466 ff.; Soergel/Schultze-von Lasaulx, § 54 Rn. 5; Hopt/Hehl, Gesellschaftsrecht, Rn. 145 ff.

[15] BGH NJW 1979, 2304 (2305); im einzelnen ist die Begründung des Ergebnisses (Anwendung des Vereinsrechts) aber umstritten. Die Ansicht, nach der sich sachgerechte Ergebnisse auch dann erzielen lassen, wenn man die Verweisung grundsätzlich ernst nimmt – vgl. zuletzt Flume ZHR 148 (1984), 503 (507 ff.) – wird teilweise als Konstruktionsjurisprudenz bezeichnet (Müller-Erzbach, Mitgliedschaft, S. 414).

[16] MünchKomm/Reuter § 54 Rn. 5.

1. Gewerkschaften als Körperschaften

Grundsätzlich ist für die Bestimmung der Rechtslage der Gewerkschaften von deren körperschaftlich strukturierter Organisation auszugehen. Die körperschaftliche Struktur der Gewerkschaft bedeutet, daß diese einen „Verein" in dem Sinne darstellt, wie ihn die frühere Rechtswissenschaft in einem umfassenderen Sinne als heute auch verstanden hat,[17] nämlich als Grundform der Verbandstypen, die vom Wechsel ihrer Mitglieder unabhängig sind; dies sind im heutigen Rechtsleben neben rechtsfähigen und auch nichtrechtsfähigen Vereinen also hauptsächlich die Gesellschaft mit beschränkter Haftung und die Aktiengesellschaft.[18] Im einzelnen wird der Verein definiert als ein auf Dauer angelegter, körperschaftlich organisierter Zusammenschluß von Personen zur Verfolgung eines gemeinsamen Zwecks, wobei sich die körperschaftliche Organisation in einem Gesamtnamen, in der Vertretung durch einen Vorstand und in der Unabhängigkeit von der Person der Mitglieder äußert.[19] In Hinblick auf die Verbandsorganisation zeichnet sich die Körperschaft durch Mehrheitsprinzip und formalisierte Organisation aus.[20] All diese Merkmale treffen auf die Gewerkschaft zu. Die deutschen Gewerkschaften verfolgen in ihren Satzungen definierte Zwecke, im wesentlichen die Verfolgung der wirtschaftlichen, sozialen und beruflichen Interessen ihrer Mitglieder. Die z.T. großen Mitgliederzahlen haben auch zu formalisierter Organisation unter Beachtung des Mehrheitsprinzips und der Vertretung durch einen Vorstand sowie dem Auftreten unter einem Gesamtnamen geführt.

Die Gewerkschaft ist also Körperschaft und Verein in einem weiteren Sinne.

So gesehen stellt sich die Frage, ob die Einordnung der Gewerkschaften danach vor dem Hintergrund einer Alternative von nichtrechtsfähigem Verein einerseits und wirtschaftlichem Verein[21] i.S.d. § 21 BGB andererseits erfolgen muß.

Eine Antwort auf diese Frage erfordert den Blick auf die Konsequenzen der beiden Möglichkeiten. Eine Subsumtion unter Tatbestandsmerkmale ist in diesem Bereich nur eingeschränkt möglich. Der nichtrechtsfähige Verein ist in § 54 S.2 BGB nur negativ erfaßt. Das Abgrenzungsmerkmal ist rein

---

[17] Vgl. dazu etwa Richert, NJW 1957, 1543 (1544).

[18] Die Verfasser des BGB unterschieden zwischen Personenvereinen und Kapitalvereinen, vgl. Mugdan I, S. 411; ausführlich Flume, Juristische Person, S. 100 ff.

[19] BGH NJW 1979, 2304 (2305); RGZ 143, 212 (213); MünchKomm/Reuter § 54 Rn. 1; RGRK-Steffen § 54 Rn. 1; Staudinger/Coing § 54 Rn. 1.

[20] Wiedemann, Gesellschaftsrecht, § 2 I 1, S. 90.

[21] Davon geht die herkömmliche Betrachtungsweise als selbstverständlich aus; vgl. etwa die Gegenüberstellung von Vereinen nach § 22 BGB mit GmbH, AG und Genossenschaften bei K. Schmidt, RPfleger 1972, 286 (288).

formal die fehlende Eintragung im Vereinsregister bei gegebenem körperschaftlichem Charakter. Das bedeutet, daß für eine Körperschaft, die nicht eine handelsrechtliche Körperschaft[22] ist, nach dem BGB grundsätzlich vier Möglichkeiten der Organisationsform bestehen: Es kann sich um einen eingetragenen Verein oder um einen nichteingetragenen Verein handeln, wobei die Verweisung auf die §§ 705 ff. BGB von der Rechtsprechung im Sinne einer fast vollständigen Übernahme der für den eingetragenen Verein geltenden vereinsrechtlichen Regelungen des BGB korrigiert wurde.[23]

Außerdem kommt der seltene Fall eines Vereins in Betracht, der durch Konzessionierung nach § 22 BGB[24] die Rechtsfähigkeit erlangt hat (wirtschaftlicher Verein). Als vierte Möglichkeit gibt es für nicht konzessionierte wirtschaftliche Vereine die insofern weiterhin gültige,[25] wenn auch in ihrem Umfang strittige[26] Verweisung des § 54 BGB auf die Gesellschaft bürgerlichen Rechts.

2. Einstufung der Gewerkschaften als nichtwirtschaftliche Vereine durch die herrschende Meinung

Literatur und Rechtsprechung sind der Meinung, die Gewerkschaften seien nichtrechtsfähige Vereine.[27] Diese Aussage wird aber, soweit sie näher begründet wird, oftmals relativiert. Bei Reuter[28] findet sich etwa folgende Äußerung: „Die Gewerkschaften sind zwar nichtrechtsfähige Vereine. Als nichtrechtsfähige *wirtschaftliche* Vereine würden sie aber unter § 54 fallen, der für die wirtschaftlichen Vereine nach wie vor auf das ‚unpassende Gesellschaftsrecht' verweist. Und in der Konsequenz dieser Verweisung lägen u.a. Teilhaberechte der Mitglieder am Vermögen der Organisation mit entsprechenden Abfindungsrechten beim Ausscheiden (!)". Hier fällt auf, daß Betrachtungen angestellt werden, die nach der Prämisse des Autors jedenfalls überflüssig sind: Wenn Reuter mit der h. M. davon ausgeht, die Gewerkschaften seien nichtrechtsfähige Vereine, bräuchte er eigentlich

---

22 Wie AG und GmbH.

23 Vgl. Nachweise in Fn. 14.

24 § 22 ist eine Regelung nach dem Konzessionssystem, vgl. nur MünchKomm/Reuter, §§ 21, 22 Rn. 42.

25 K. Schmidt, Verbandszweck, S. 302; Reinhardt/ Schultz, Gesellschaftsrecht, Rn. 386; MünchKomm/ Reuter § 54 Rn. 3.

26 MünchKomm/Reuter § 54 Rn. 3 will hinsichtlich der Verweisung differenzieren und hält für das hier interessierende Verbandsinnenrecht auch im Rahmen der Verweisung des § 54 an vereinsrechtlichen Grundsätzen fest.

27 Absolut herrschende Meinung; vgl. etwa BGHZ 42, 210; 45, 314 (318); U. John, Rechtsperson, S. 172 f.; Wiedemann § 4 II, S. 205; Habscheid, AcP 155 (1955) 375 (377); Kübler, Gesellschaftsrecht, § 11 I 1 b, S. 131; Schaub, Arbeitsrechtshandbuch, § 189 I 7; Brisch, Rechtsstellung, S. 32, der allerdings die „Unzulänglichkeit" dieser Einordnung hervorhebt.

28 MünchKomm/Reuter §§ 21, 22 Fn. 48, Hervorhebung im Original.

nicht zu erörtern, welche Rechte den Gewerkschaftsmitgliedern zustehen könnten, wenn sie Mitglieder eines (nicht eingetragenen) wirtschaftlichen Vereins wären. Die Gewerkschaften erscheinen wohl doch nicht ganz eindeutig als nichtrechtsfähige (nichtwirtschaftliche) Vereine, so daß das Ergebnis noch durch eine alternative Rechtsfolgenbetrachtung abgesichert werden soll.

Jedenfalls scheint die Alternative zu der Annahme, die Gewerkschaften seien nichtrechtsfähige „Ideal"-Vereine, die These zu sein, die Gewerkschaften seien wirtschaftliche Vereine i.S.d. § 22 BGB mit den erwähnten – wenngleich umstrittenen – Konsequenzen der Verweisung des § 54 auf die §§ 705 ff. BGB. Im folgenden soll nicht von dieser Prämisse ausgegangen werden, weil ansonsten das Ergebnis der Untersuchung bereits vorgegeben wäre. Vielmehr ist vor dem Hintergrund der Möglichkeit einer rechtlichen Sonderbehandlung der Gewerkschaften die „Idealvereinseigenschaft" der Gewerkschaften zu prüfen. Dabei sollen die verschiedenen Betätigungen der Gewerkschaften und nicht diese „als ganzes" kritisch untersucht werden.

3. Dogmatik der Vereinsklassenabgrenzung

Die Abgrenzung zwischen wirtschaftlichem und nichtwirtschaftlichem Verein war in der Literatur lange strittig. Eine bedeutende dogmatische Behandlung hat diese Frage in letzter Zeit durch K.Schmidt gefunden.[29] Die überzeugende teleologische Vorgehensweise K. Schmidts hat sich durchgesetzt,[30] so daß auch an dieser Stelle dieser Abgrenzungssystematik gefolgt werden soll.

Die Dogmatik zur Vereinsklassenabgrenzung hatte sich von einer klassischen subjektiven Auffassung zu einer gemischt subjektiv-objektiven Theorie entwickelt. Die heute wohl nicht mehr vertretene subjektive Theorie[31] wird den Schutzzwecken der §§ 21, 22 BGB nicht gerecht[32] und ist abzulehnen. Nach der gemischt subjektiv-objektiven Theorie kann ein Verein auch dann, wenn er einen wirtschaftlichen Geschäftsbetrieb unterhält und danach eigentlich der Kategorie des wirtschaftlichen Vereins zuzuordnen

---

[29] Durch seine Monographie „Verbandszweck und Rechtsfähigkeit im Vereinsrecht".

[30] Z.B. folgen ihr Köhler, BGB AT, § 9 I 2 b, S. 71 f.; MünchKomm/ Reuter §§ 21, 22 Rn. 9; Palandt/Heinrichs, § 21 Anm. 1 b); im wesentlichen auch RGRK/Steffen § 21 Rn. 5.

[31] MünchKomm/Reuter nennt etwa Hölder, DJZ 1900, 412; Samter DJZ 1900, 311; C.P. Wiedemann S. 241 ff, 275 ff.

[32] Da die subjektive Theorie auf den Zweck des Vereins abstellt, muß eine Tätigkeit, die sich als „wirtschaftlich" einstufen ließe, der Annahme eines „idealen Zwekkes" nicht schaden. Wird als Schutzzweck des § 22 aber vor allem der Gläubigerschutz angesehen, so ist eine solche rein subjektive Abgrenzung wegen ihrer mangelnden Eignung zum Schutz von Gefährdungen von Gläubigerinteressen ungeeignet.

wäre, gleichwohl als nicht rechtsfähiger Verein behandelt werden, wenn er mit dem Geschäftsbetrieb einen idealen Hauptzweck verbindet.[33]

In dem Funktaxi-Beschluß,[34] einer neueren einschlägigen BGH-Entscheidung, argumentierte der BGH in einer Art, die man als Hinwendung zu einer Typenbildung verstehen kann, wie sie von K. Schmidt vertreten wird.[35] Die Funktaxi-Zentrale wurde vom BGH als wirtschaftlicher Verein eingestuft, obwohl sie sich nicht als solche entgeltlich am äußeren Markt betätigte. Der BGH begründete das damit, daß sich die Funktaxizentrale der Ausübung von Hilfsgeschäften für die gewerblichen Unternehmen der Mitglieder widme. In dem im Jahre 1982 ergangenen ADAC-Urteil nennt der BGH das Telos, an dem er die Auslegung der §§ 21, 22 BGB ausrichtet: „Den Vorschriften der §§ 21 und 22 BGB liegt der gesetzgeberische Gedanke zugrunde, aus Gründen der Sicherheit des Rechtsverkehrs, insbesondere des Gläubigerschutzes, Vereine mit wirtschaftlicher Zielsetzung auf die dafür zur Verfügung stehenden handelsrechtlichen Formen zu verweisen und die wirtschaftliche Betätigung von Idealvereinen zu verhindern, soweit es sich nicht lediglich um eine untergeordnete, den idealen Hauptzwecken des Vereins dienende wirtschaftliche Betätigung im Rahmen des sogenannten Nebenzweckprivileges handelt". Damit solle der Tatsache Rechnung getragen werden, „daß bei einer nach außen gerichteten wirtschaftlichen Betätigung Gläubigerinteressen in besonderem Maße berührt werden und daß diese Interessen in den für juristische Personen des Handelsrechts und andere Kaufleute geltenden Vorschriften eine weit stärkere Berücksichtigung gefunden haben als in den Bestimmungen des Vereinsrechts".[36] Der BGH führt aus, es komme darauf an, ob es sich „um planmäßige, auf Dauer angelegte und nach außen gerichtete, d.h. über den vereinsinternen Bereich hinausgehende, eigenunternehmerische Tätigkeiten handelt, die auf die Verschaffung vermögenswerter Vorteile zugunsten des Vereins oder seiner Mitglieder abzielen".[37] Diese Definition wird von K. Schmidt als untaugliche Einheitsformel gerügt.[38] Tatsächlich gibt sie nicht die Erkenntnisse wieder, zu denen die teleologisch ausgerichtete und nach Fallgruppen aufgebaute Dogmatik von der Vereinsklassenabgrenzung gelangt ist und zu der sich auch der BGH bekennt.[39] Im folgenden soll deshalb nicht von dieser Definition, sondern von den ihr zugrundeliegenden Überlegungen ausgegangen werden.

---

[33] BGHZ 15, 315; RGZ 83, 231 (234). Eine umfangreiche Aufbereitung der Literatur findet sich bei Schwierkus, Rechtsfähiger Verein, S. 8 Fn. 1.

[34] BGHZ 45, 395 (397).

[35] So MünchKomm/Reuter §§ 21, 22 Rn. 7.

[36] BGHZ 85, 84 (88f.)

[37] BGHZ 85, 84 (92)

[38] K. Schmidt, Verbandszweck, S. 109.

[39] BGHZ 85, 84 (88 f., 92).

Die neuere Dogmatik zur Vereinsklassenabgrenzung folgt also im wesentlichen[40] dem Konzept Karsten Schmidts. Dieser nimmt an, daß verschiedene Typen von Vereinen voneinander unterschieden werden können und eine teleologisch orientierte Vereinsklassenabgrenzung bei den einzelnen Typen unterschiedlich ausfallen müsse. K. Schmidt sieht in Übereinstimmung mit dem BGH einen Hauptzweck des § 22 BGB darin, wirtschaftliche Vereine auf kapitalgesellschaftliche und genossenschaftliche Regeln über die Erlangung der Rechtsfähigkeit zu verweisen.[41] § 22 erfüllt jedenfalls de facto nicht den Zweck, wirtschaftlichen Vereinen zur Rechtsfähigkeit zu verhelfen.[42] Dies zeigt sich bereits an der absolut geringen Zahl wirtschaftlicher Vereine; es handelt sich um ca. einhundert, wobei etwa die Hälfte bereits auf Forstgemeinschaften im Schwarzwald zurückgeht.[43] Daraus ergibt sich, wie die Abgrenzung zwischen § 21 und § 22 BGB nach teleologischer Kriterien vorzunehmen ist: Vereine, bei denen Schutzzwecke Beachtung fordern, die ihre Garantie ansonsten bei handelsrechtlichen Körperschaften gefunden haben, können nicht mehr als nichtwirtschaftliche Vereine eingestuft werden. Wenn der Gläubigerschutz besondere Bedeutung erlangt – was vor allem dann der Fall ist , wenn die Körperschaft an einem Markt anbietend tätig ist[44] – kann es sich nicht mehr um einen Idealverein handeln. Ein anderer typischer Schutzzweck, der bei handelsrechtlichen Körperschaften realisiert ist, ist aber auch der Schutz innerverbandlicher Interessen, der sich z. B. in den Informationsrechten der Gesellschafter ausdrückt.[45] Es wird also wesentlich darauf ankommen, ob in einer Gewerkschaft solche Interessen ebenso wie in den Körperschaften des Handelsrechts geschützt werden müssen.

§ 4 Analyse einzelner gewerkschaftlicher Tätigkeitsbereiche

I. Die „klassischen" Betätigungen der Gewerkschaften

Die Gewerkschaften entsprechen nicht dem Volltypus des wirtschaftlichen Vereins, weil sie nicht an einem äußeren Markt planmäßig und dauerhaft Leistungen gegen Entgelt[1] anbieten. Sie betätigen sich aber im „Wirtschaftsleben". Dies ergibt sich bereits daraus, daß sie „zur Wahrung und

---

[40] Vor allem auch MünchKomm/Reuter §§ 21, 22 Rn. 9.

[41] K. Schmidt, Verbandszweck, S. 92.

[42] So auch ausdrücklich der BGH: BGHZ 22, 240 (244); auch verwaltungsgerichtlich gebilligt durch BVerwGE 58, 26.

[43] Dies ergibt sich aus der Übersicht über die Verleihungspraxis nach § 22 BGB bei K. Schmidt, Verbandszweck, S. 339 ff.

[44] K. Schmidt, Verbandszweck, S. 113 ff.

[45] Vgl. dazu K. Schmidt, Informationsrechte, S. 56 f. Er konstatiert, daß es im Vereinsrecht des BGB an jeglicher Regelung über Informationsrechte fehlt.

[1] Definition von K. Schmidt, Verbandszweck, S. 105.

Förderung der Arbeits- und Wirtschaftsbedingungen" (Art. 9 III GG) gegründet worden sind. Sie kämpfen für ihre Mitglieder in den Tarifverhandlungen und in ihren übrigen Betätigungen um handfeste wirtschaftliche Interessen. Kann bereits dies die Gewerkschaften zu wirtschaftlichen Vereinen machen?

Liegt etwa in dem Eintreten der Gewerkschaften für die wirtschaftlichen Interessen ihrer Mitglieder eine unternehmerische Tätigkeit an einem inneren Markt[2]? Es handelt sich jedenfalls um wirtschaftlich relevantes Handeln, das auch aufgrund der Tarifbindung in § 4 II TVG für die Gewerkschaftsmitglieder wirtschaftlich unmittelbar wirksam ist.

Gleichwohl liegt hierin keine unternehmerische Tätigkeit, schon weil die Gewerkschaft in diesem Teil ihrer Aktivitäten keine Leistungen austauscht und für sie kein Kapital aufwendet. Als Beispiel aus der Rechtsprechung ist ein vom Reichsgericht entschiedener Fall zu nennen.[3] Kassenärztevereine vertraten hier die Interessen ihrer Mitglieder durch den Abschluß von Kollektiv- und Mantelverträgen mit den Krankenkassen. Das Kammergericht hatte als Vorinstanz die Auffassung vertreten, es handele sich hier um Verträge über die in der ärztlichen Tätigkeit liegenden wirtschaftlichen Werte, weshalb von einem wirtschaftlichen Verein auszugehen sei.[4] Dem trat das Reichsgericht entgegen: solche Kollektivverträge seien nicht auf den Austausch vermögenswerter Leistungen gerichtet, weshalb kein wirtschaftlicher Verein vorliege.[5] Dem ist für die Gewerkschaften nach dem oben Gesagten beizupflichten. Es fehlt bei dem Abschluß von Kollektivverträgen an einer planmäßigen und dauerhaften Leistungserbringung an einem äußeren Markt.[6]

Da die Gewerkschaften hinsichtlich der herkömmlichen Tätigkeit in ihren Kernbereichen kein Begriffsmerkmal des Typusbegriffs „wirtschaftlicher Verein" erfüllen, sind sie danach als Idealvereine anzusehen. K. Schmidt ist somit in diesem Ergebnis zuzustimmen.[7]

Man muß mithin mehrere mögliche Bedeutungen des Wortes „wirtschaftlich" im Zusammenhang mit §§ 21, 22 unterscheiden: Einmal wird „wirtschaftlich" eher umgangssprachlich in dem Sinne verwendet,[8] daß die Wirtschaft (Ökonomie) berührt ist. In diesem Sinne sind die Gewerkschaften durchaus „wirtschaftliche" Vereine. Diese Bedeutung des Wortes ist aber

---

[2] Dazu im einzelnen K. Schmidt, Verbandszweck. S. 106.

[3] RGZ 83, 231.

[4] KG, Beschl. vom 4. 4. 1913, DJZ 1913, 644.

[5] RGZ 83, 231.

[6] Vgl. die bei K. Schmidt, Verbandszweck, S. 105.

[7] K. Schmidt, Verbandszweck, S. 107.

[8] Unklar in diesem Sinne etwa Konzen, SAE 1980, 21, wenn er für die großen Koalitionen „wegen ihrer gewichtigen wirtschaftlichen Mitgliederinteressen" eine strengere Kontrolle des Ausschlusses von Mitgliedern fordert.

für die §§ 21, 22 irrelevant.[9] Ferner wird der Begriff des wirtschaftlichen Vereins auch im Zusammenhang mit §§ 21, 22 teilweise – wie K. Schmidt zu Recht kritisiert – synonym mit „gewinnorientiert, gewinnbringend" verwendet.[10] Darauf, ob ein Verein – betätigt er sich anbietend an einem äußeren Markt – nun mit Gewinn arbeitet oder nicht, kann es aber vor allem unter Gläubigerschutzgesichtspunkten gerade nicht ankommen. Dann müßte eher der „unwirtschaftliche" Geschäftsbetrieb zur Anwendung des § 22 führen.[11] Für §§ 21, 22 interessiert nur die Bedeutung, die „wirtschaftlich" als Gegensatz zu „ideal" setzt: Beteiligung am „harten" Geschäftsleben wie Kauf und Verkauf etc. sind „wirtschaftliche" Tätigkeiten, die §§ 21, 22 im Gegensatz zu den „beschaulichen" Zwecken des „typischen" Idealvereins meint. Nur eine solche wirtschaftliche Betätigung verlangt die Einhaltung der Formen, in denen handelsrechtliche Körperschaften die Rechtsfähigkeit erlangen können. Dies aber ist keine Tätigkeit, die die Gewerkschaften durch Tarifverhandlungen, Stellungnahmen und sonstige Aktivitäten wahrnehmen, um die Arbeitsbedingungen für ihre Mitglieder zu verbessern.

II. Leistungen der Gewerkschaft an ihre Mitglieder

1. Arten der erbrachten Leistungen

Abgesehen von den Kerngebieten gewerkschaftlicher Tätigkeit betätigen sich die Gewerkschaften aber seit langem[12] auch sonst in Bereichen, die jedenfalls nicht von vorneherein als nicht-wirtschaftlich bezeichnet werden können: Die Gewerkschaften bieten für ihre Mitglieder Leistungen an, die es denkbar erscheinen lassen, sie ihretwegen als wirtschaftliche Vereine anzusehen oder die sie in die Nähe von Genossenschaften oder Versicherungsvereinen auf Gegenseitigkeit rücken könnten.

Als solche Leistungen an die Mitglieder sind vor allem zu nennen:

- die Streikunterstützung. Eine solche wird mit Ausnahme der GdP von allen im DGB organisierten Gewerkschaften und der DAG gezahlt. Danach können die Mitglieder Unterstützung bei einem Streik erhalten, wobei sich die Unterstützung an den Mitgliedsbeiträgen orientiert.[13] Teilweise heißt die Streikunterstützung auch Streikgeld, Unterstützung bei Arbeitseinstellungen oder Unterstützung bei Streik[14]

---

[9] Ausdrücklich in Abgrenzung zur schweizerischen Terminologie Flume, Juristische Person, S. 104.

[10] Dazu K. Schmidt, Verbandszweck S. 116.

[11] Hemmerich, Möglichkeiten und Grenzen), S. 70.

[12] Vgl. schon die Schilderung bei Leist, Vereinsherrschaft, S. 4 ff.

[13] Vgl. etwa § 23 IG Metall.

[14] § 5 Nr. 3 S. 1 GEW; § 16 Nr. 2 HBV; § 16 Nr. 1 Satzung der IG Bau-Steine-Erden; § 15 i.V.m. § 1 Unterstützungsordnung GGLF; § 22 lit. a) i.V.m. Unterstüt-

- eine Freizeit-Unfallversicherung[15]
- eine Familien-Rechtsschutz-Versicherung[16]
- die Gewährung von Rechtsschutz[17]
- Sterbegelder[18]
- Notfallunterstützung[19]

Auch weitere Unterstützungsleistungen kommen vor.

Die aufgezählten Leistungen werden von einem Großteil der Gewerkschaften gewährt, keineswegs aber von allen.[20]

Manche Gewerkschaften bestreiten ihre Werbung nicht zuletzt unter Hinweis auf die finanziellen Vorteile, die eine Gewerkschaftsmitgliedschaft mit sich bringe. So heißt es etwa in der Broschüre der Gewerkschaft der Eisenbahner Deutschlands, in der die Gewerkschaftssatzung abgedruckt ist: „Freizeit-Unfallversicherung für alle GdED-Mitglieder: Unfallkrankenhausgeld, Entschädigung bei Invalidität, Entschädigung im Todesfall. Ohne zusätzlichen Beitrag! 4,3 Millionen DM in vier Jahren!" Diese Gewerkschaft führt auch noch weitere Zahlen für ihre sonstigen „Leistungen" an.[21] Andere Gewerkschaften wiederum haben nur wenige Unterstützungen in ihren Satzungen vorgesehen. So beschränkt sich die Gewerkschaft der Polizei auf die Gewährung von Rechtsschutz und die Unterhaltung von Sozialeinrichtungen,[22] was sich wohl mit dem sicheren Status des beamteten Polizisten erklären läßt. Ein einheitliches Bild ergibt sich danach nur insofern, als alle Gewerkschaften ihren Mitgliedern finanzielle Leistungen anbieten, die entweder wie die Streikunterstützung einen versicherungsähnlichen Charakter haben, direkt in der Gewährung finanzieller Absicherung bestimmter Lebensrisiken bestehen oder den Abschluß von Versicherungen für die Gewerkschaftsmitglieder zum Inhalt haben.

---

zungsordnung GHK als Unterstützung bei Arbeitseinstellungen; § 13 Nr. 1b DPG; §§ 9, 10 b Gew. Leder; §§ 14 Nr. 1b, 17 GdED; § 27 Chemie, Papier, Keramik; § 14 Nr. 1 GTB; § 16 NGG; § 6 i.V.m. Unterstützungsordnung II DAG; § 14 Nr. 3 lit. A IG Druck und Papier; § 11 ÖTV; § 23 IG Metall.

[15] Von DAG, DPG, IG Bau-Steine-Erden, GGLF, GHK, Gew. Leder, GdED, Chemie-Papier-Keramik; GTB, NGG, IG Druck und Papier; ÖTV; IG Metall.

[16] GdED, GTB, NGG.

[17] DAG; HBV; Gew. Leder; GdED; Chemie-Papier-Keramik; GEW; IG Druck und Papier; ÖTV; GdP; NGG; IGBE.

[18] HBV; DPG; IG Bau-Steine-Erden; GHK; Gew. Leder; GdED; GTB; IGBE; ÖTV; IG Metall; GdED.

[19] DAG; GHK; Gew. Leder, GdED, Chemie-Papier-Keramik; GTB.

[20] Im einzelnen vgl. die vorhergehenden Angaben.

[21] Die GdED wendet demnach z. B. in vier Jahren 8.700.000 DM für Rechtsschutz auf und leistet in vier Jahren mehr als 16,7 Mio. DM als Sterbegelder.

[22] § 3 der Satzung.

Viele Gewerkschaften charakterisieren die von ihnen meist so genannten „Unterstützungen" als freiwillige Leistungen, auf die ein Rechtsanspruch der Mitglieder nicht besteht. Es finden sich Formulierungen wie: „Sämtliche aufgrund dieser Satzung zu leistenden Unterstützungen sind freiwillig; den Mitgliedern steht weder ein gesetzliches Recht noch ein Klagerecht auf diese zu"[23] oder: „Streikunterstützung wird nach Maßgabe der vorhandenen Mittel gewährt ... Ein Rechtsanspruch auf Zahlung besteht nicht"[24] oder: „Rechtsanspruch auf die Gewährung gewerkschaftlicher Unterstützungen besteht nicht".[25] Andere Gewerkschaftssatzungen gewähren die in ihnen vorgesehenen Leistungen vorbehaltslos[26] oder sprechen ausdrücklich von einem Anspruch auf bestimmte Leistungen.[27] In der Praxis ergeben sich wohl kaum Unterschiede. Die Vorbehalte sind nämlich dazu gedacht, bei größeren Streiks auf die Gewerkschaft zukommende Ansprüche in Fällen abzuwehren, die die Gewerkschaft an oder über die Grenze ihrer finanziellen Leistungsfähigkeit bringen könnten. Ein solcher Fall wird aber schon deshalb kaum eintreten, weil die im DGB zusammengeschlossenen Einzelgewerkschaften über einen Solidaritätsfond untereinander abgesichert sind.[28]

Die Ausgestaltung der „Leistungen" ist unterschiedlich. Als Formulierung findet sich etwa: „Für die Mitglieder der Gewerkschaft ist als Gruppenversicherung eine Freizeit-Unfallversicherung abgeschlossen ..." [29] oder „Für Mitglieder ... schließt die Gewerkschaft eine Freizeit-Unfallversicherung sowie eine Familien-Rechtsschutzversicherung ab und händigt ihnen einen Versicherungsnachweis aus".[30] Es gibt auch Regelungen, in denen die Gewerkschaften indirekt selbst die Versicherungsfunktionen in die Hand nehmen: „Mitglieder, die durch das berufliche Lenken und Bedienen von Fahrzeugen einer besonderen Gefährdung ausgesetzt sind, haben, soweit sie die hierfür geltenden zusätzlichen Gewerkschaftsbeiträge entrichten, Anspruch auf Leistungen und Unterstützungen gemäß der Unterstützungsordnung der gewerkschaftlichen Unterstützungseinrichtung für Verkehrsberufe (GUV)".[31]

[23] § 14 Nr. 4 GdED.
[24] § 5 Nr. 3 GEW.
[25] § 22 S. 3 GHK.
[26] § 14 Nr. 1 IGBE.
[27] § 16 Nr. 3 IG Bau-Steine-Erden.
[28] § 5 DGB.
[29] § 13 lit. A Nr. 1 GdED.
[30] § 21 Nr. 1 GTB.
[31] § 14 Nr. 3 GTB.

2. Rechtliche Beurteilung der Leistungen

a) Vereinsrechtliche Rechtslage

Macht nun der finanzielle Aspekt, den die Gewerkschaftsmitgliedschaft für den einzelnen „organisierten" Arbeitnehmer hat, die Gewerkschaften zu wirtschaftlichen Vereinen? Es ist, wie oben dargestellt,[32] strittig, welche Kriterien ausschlaggebend sein sollen, wenn es um die Abgrenzung der wirtschaftlichen von den nicht-wirtschaftlichen Vereinen geht. Um im folgenden keine überflüssige grundlegende Diskussion zu dieser Abgrenzungsfrage zu führen, ist danach zu fragen, zu welchen Ergebnissen die verschiedenen Ansichten für die „Leistungen der Gewerkschaft an ihre Mitglieder" kommen.

Folgt man der von K.Schmidt begründeten Typendifferenzierung, so könnte die Gewerkschaft in den Leistungen an ihre Mitglieder eine unternehmerische Tätigkeit an einem inneren Markt erbringen.[33] K. Schmidt selbst nennt die Schwierigkeit der Abgrenzung dieses Typus' beträchtlich. Als Abgrenzungskriterium führt er an, ob eine den Mitgliedern gegenüber erbrachte Leistung dem nichtwirtschaftlichen Gesamtleistungspaket eines Vereins zugerechnet oder als Tätigkeit an einem inneren Markt isoliert werden kann, wobei es darauf ankommen soll, ob die Leistung typischerweise mitgliedschaftlichen Charakter hat oder typischerweise an einem äußeren Markt gegen Entgelt angeboten wird.[34] Wendet man dieses Kriterium auf die Leistungen der Gewerkschaft für ihre Mitglieder an, so ist zwischen den einzelnen Leistungen der Gewerkschaften zu differenzieren:

Wenn die Gewerkschaften für ihre Mitglieder eine *Freizeit-Unfallversicherung* und eine *Familien-Rechtsschutz-Versicherung* anbieten, so haben diese Leistungen nicht typischerweise mitgliedschaftlichen Charakter. Eine Freizeit-Unfallversicherung ist nichts gewerkschaftstypisches, sondern wird typischerweise an einem äußeren Markt gegen Entgelt angeboten. Allerdings muß das Gewerkschaftsmitglied hierfür eine besondere Gegenleistung neben dem Gewerkschaftsbeitrag nicht erbringen. Insofern gilt jedoch, daß die kalkulatorische Einbeziehung des Entgelts in den Mitgliederbeitrag grundsätzlich die Annahme eines wirtschaftlichen Vereins nicht verhindern kann.[35] Danach wäre davon auszugehen, daß jedenfalls der Teil der von der Gewerkschaft erbrachten Leistungen, die wie die Freizeit-Unfallversicherung von dem Gewerkschaftsmitglied ebensogut außerhalb der Gewerkschaft „gekauft", d.h. gegen eine Gegenleistung erworben wer-

---

32 Oben § 3 III 3.

33 K. Schmidt, Verbandszweck S. 104 ff., S. 144 ff.

34 K. Schmidt, Verbandszweck S. 145.

35 K. Schmidt, Verbandszweck S. 145; Mummenhoff, Gründungssysteme, S. 125.

den könnten, einen wirtschaftlichen Geschäftsbetrieb der Gewerkschaften darstellt. In der Rechtsprechung ist in diesem Zusammenhang ein vom Amtsgericht Köln entschiedener Fall zu nennen. Ein Verein hatte, z.T. in Zusammenarbeit mit einer GmbH, seinen Mitgliedern ein 30-Punkte-Programm angeboten, in dem „verschiedene Arten von Versicherungen" enthalten waren und bei dem die Höhe der Mitgliedsbeiträge davon abhing, inwieweit die Vereinsmitglieder Leistungen des Vereins beanspruchten. Hier nahm das Gericht einen wirtschaftlichen Vereinsbetrieb an.[36]

b) Gewerkschaften als Versicherer

Die Gewerkschaften werden jedoch grundsätzlich (etwas anders stellt sich die Lage hinsichtlich der sog. Streikunterstützungen dar) nicht selbst als Versicherungen tätig. Dies dürften sie nach dem Versicherungsaufsichtsgesetz auch gar nicht.[37] Natürlich sind die Gewerkschaften also selbst keine „Versicherungen". Es ist aber immerhin festzuhalten, daß die Gewerkschaften, wenn sie auch im technischen Sinne nicht selbst Versicherer sind, doch dem Gewerkschaftsmitglied durchaus (auch) *wie* ein Versicherer gegenübertreten. Diesem gegenüber macht es keinen Unterschied, ob die Gewerkschaft nur als Vermittler auftritt oder die Leistung selbst erbringt. Im wirtschaftlichen Ergebnis ist es ja auch nur noch ein gradueller und technischer Unterschied, ob die Gewerkschaft das versicherte Risiko selbst trägt und einen entsprechenden Teil der Mitgliederbeiträge für diesen Zweck verwendet oder diesen Teil an eine Versicherung weiterreicht. In beiden Fällen erbringt die Gewerkschaft die Leistung „Versicherung" i.S.v. Risikoabdekkung. Ein bedeutender Unterschied zu dem oben erwähnten Fall des Amtsgerichts Köln [38] besteht allerdings: Die Mitglieder des Kölner Vereins wählten aus dem vom Verein angebotenen Paket von Leistungen die sie interessierenden Leistungen gegen entsprechend höhere „Mitgliederbeiträge" aus. Diese Möglichkeit hat das Gewerkschaftsmitglied nur teilweise.[39] Ihm tritt also die Gewerkschaft nicht als Anbieter – auch nicht auf einem inneren Markt – gegenüber. Dies ist zwar nach dem Gedanken, daß es sich bei der Einstufung eines Vereins um eine Frage der Typendifferenzierung handelt,

---

[36] AG Köln, VW 1950, 283; zustimmend Bronisch, VW 1950, 283.

[37] Zum einen fehlt ihnen die von § 7 I VAG ausschließlich für privatrechtliche Versicherungen vorgesehene Rechtsform der AG oder des VVaG. Außerdem können sie keine Versicherung sein, weil § 7 III VAG den Versicherungen verbietet, solche „Geschäfte" zu betreiben, die mit den Versicherungen in unmittelbarem Zusammenhang stehen, was für die Gewerkschaften zuträfe. Die Frage, ob eine als nichtrechtsfähiger Verein organisierte Sterbekasse der Versicherungsaufsicht nach dem VAG unterliegt, behandelt BVerwG NJW 1987, 1900. Die Entscheidung nimmt nicht zu der vereinsrechtlichen Seite des Falles Stellung.

[38] AG Köln, VW 1950, 283.

[39] BVerfGE 18, 18 (30).

nicht unbedingt erforderlich; ein „typischer“ wirtschaftlicher Verein aber ist die Gewerkschaft auch im Hinblick auf die von ihr gewährten versicherungsähnlichen Leistungen nicht. Von einer faktischen Reduzierung der Mitgliedschaftsbeziehungen auf den Austausch von Ware gegen Geld[40] läßt sich nicht sprechen. Immerhin ist festzuhalten, daß die Mitgliedschaft unter dem Aspekt der Versicherungsleistungen für das Mitglied eine nicht unerhebliche „wirtschaftliche“ Bedeutung hat. Dies wird auch vom BGH betont, wenn dieser ausführt, ein Gewerkschaftsmitglied werde durch den Gewerkschaftsausschluß „ideell betroffen und wirtschaftlich durch den Verlust erworbener Anwartschaften und sozialer Schutzrechte wesentlich beeinträchtigt“.[41]

3. Beurteilung der Streikunterstützung

Eine besondere Betrachtung verdient die Streikunterstützung. Auch ein in der Gewerkschaft organisierter Arbeitnehmer hat nur geringe Möglichkeiten, auf das Ob und Wie des Arbeitskampfes Einfluß zu nehmen. Er ist ebenfalls von den Auswirkungen eines Streiks betroffen. Der Nichtorganisierte trägt im Falle des Arbeitskampfes ebenso wie das Gewerkschaftsmitglied und unabhängig davon, ob er sich am Arbeitskampf beteiligt, das Risiko des Lohnausfalls.[42] Eine gewisse Sicherung ist ihm überhaupt nur dadurch möglich, daß er in die Gewerkschaft eintritt. Aber auch für das einzelne Gewerkschaftsmitglied trägt der Streik häufig den Charakter eines finanziellen Risikos, das nicht vom einzelnen zu beherrschen ist. Dies wird besonders deutlich für das einzelne Gewerkschaftsmitglied, das sich in der Urabstimmung gegen den Arbeitskampf ausspricht. Insofern übernimmt die Gewerkschaft eine Versicherungsfunktion. Das Risiko, die versprochene Streikunterstützung auszahlen zu müssen, trägt die Gewerkschaft auch selbst. In diesem Punkt ist eine Ähnlichkeit etwa mit einer Sterbekasse und einem Versicherungsverein auf Gegenseitigkeit unverkennbar. Eine Sterbekasse aber wurde vom Gesetzgeber ebenso wie „Vereine zur gegenseitigen Unterstützung in Krankheits- und anderen Nothfällen“ (!) dem Typus des wirtschaftlichen Vereins zugeordnet![43] Auch der Versicherungsverein auf Gegenseitigkeit ist ein wirtschaftlicher Verein.[44]

Die mehr oder weniger gut gefüllte Streikkasse ist ein die Fähigkeit der Gewerkschaft zur Führung von Arbeitskämpfen mit bestimmender Faktor.

---

[40] MünchKomm/Reuter §§ 21,22 Rn. 34.

[41] BGHZ 45, 314 (317).

[42] Zöllner, Arbeitsrecht, § 41 II.

[43] Mugdan, Bd. 1, S. 602. Zustimmend K. Schmidt, Rpfleger 1972, 343 (347). Das BVerwG nahm in einer neuen Entscheidung zur Versicherungsaufsicht über eine solche Sterbekasse dazu nicht Stellung, NJW 1987, 1900 ff.

[44] Dazu K. Schmidt, Verbandszweck, S. 67 f.

Diese „wirtschaftliche" Betätigung hat eine große Bedeutung für den Ablauf von Arbeitskämpfen. Wie wirkt sich dies nun auf die Frage aus, ob die Gewerkschaft ein wirtschaftlicher Verein im Sinne einer teleologisch am Gläubigerschutz ausgerichteten Definition[45] ist? Reuter[46] nimmt für „grundsätzlich unanfechtbare Idealvereine wie die Interessenverbände", die sich „zugleich der hilfswirtschaftlichen Unterstützung der Mitglieder widmen", an, hier helfe nur noch das Nebenzweckprivileg. Aus diesem Grunde (weil eben das Nebenzweckprivileg eingreife) sei der Streikhilfefonds der Arbeitgeberverbände nicht eintragungsschädlich. An der grundsätzlichen Berechtigung des Nebenzweckprivilegs soll an dieser Stelle nicht gezweifelt werden, doch ist darauf hinzuweisen, daß die von den Gewerkschaften gezahlte Streikunterstützung sicher mehr ist als ein bloßer Nebenzweck. Die Zahlung der Streikunterstützung dient dem Verband erheblich zur Durchsetzung der koalitionsmäßigen Ziele. Aus der Sicht vieler Gewerkschaftsmitglieder dürfte diese „Leistung" ihrer Gewerkschaft angesichts der Unwägbarkeit der Kosten eines Arbeitskampfes für den einzelnen Arbeitnehmer und der versicherungsähnlichen Natur, die die Streikunterstützung für sie hat,[47] ein wesentliches Motiv zum Gewerkschaftsbeitritt gewesen sein.[48] Im Verlaufe von Tarifverhandlungen werden in der Praxis durchaus Überlegungen angestellt, wie gut gefüllt die Streikkasse der Gewerkschaft wohl sein mag, da die finanzielle Lage der Gewerkschaften die Streikfähigkeit entscheidend mit beeinflußt.[49] Ein bloßer Nebenzweck liegt für die Gewerkschaft in der Streikunterstützung danach wohl kaum. Die Gewerkschaften müssen demnach Geld sammeln dürfen, damit sie im Arbeitskampf ihren Forderungen entsprechend Nachdruck verleihen können.[50]

Die *Rechtsprechung* hat, soweit ersichtlich, das Thema nicht weiter problematisiert. Das Landgericht München ging einmal davon aus, daß die vergleichbare Konstellation des Streikhilfefonds eines Arbeitgeberverbandes die Klassifizierung des Verbandes als wirtschaftlicher Verein zur Folge haben müsste.[51] Von diesem Standpunkt aus wäre aber noch die weitere Frage zu prüfen, ob nicht insofern das sog. „Nebenzweckprivileg" zugunsten der Gewerkschaften eingreifen müsste.

---

45 Vgl. zu diesem Schutzzweck nur BGHZ 85, 84 (88 f.) und ausführlich K. Schmidt, Verbandszweck, S. 91 ff.

46 MünchKomm/Reuter, §§ 21, 22 Rn. 39.

47 Diese folgt daraus, daß der Arbeitskampf sich für den einzelnen Arbeitnehmer häufig wie ein allgemeines Risiko darstellt. Dazu im einzelnen unten § 15 am Ende.

48 Auch Reuter betont die Bedeutung sog. „selektiver Anreize" für die Mitgliedschaft in den Gewerkschaften, MünchKomm/Reuter vor § 21 Rn. 67.

49 Es wird vermutet, daß viele Arbeitnehmer heute ohne die entsprechende Streikunterstützung oder andere finanzielle Zuwendungen wie z. B. Kurzarbeitergeld gar nicht mehr streikbereit wären, vgl. die Zusammenfassung der Diskussion auf dem Symposion zum Arbeitskampfrecht in RdA 1986, 163 durch Willemsen.

50 So auch MünchKomm/Reuter §§ 21, 22 Rn. 39.

51 LG München I, SeuffBl. 70, 335.

4. Zwischenergebnis

Es läßt sich feststellen, daß die Tätigkeit der Gewerkschaften in dem Teilbereich, in dem eine Leistungserbringung der Gewerkschaft an ihre Mitglieder in Frage steht, hinsichtlich der Streikunterstützung dem Typus des Versicherungsvereins auf Gegenseitigkeit ähnelt. Was die übrigen Leistungen betrifft, die von der Gewerkschaft nur vermittelt werden, so ist auf die Typusähnlichkeit mit der von K. Schmidt herausgearbeiteten Fallgruppe der „Vereine, die Versicherungen lediglich vermitteln"[52] hinzuweisen.

III. Leistungserbringung durch die Gewerkschaften und das Nebenzweckprivileg

Eine klare Entscheidung hinsichtlich der Einstufung der Gewerkschaften ist damit allerdings noch nicht gefallen. Eine solche könnte sogar überhaupt offenbleiben, wenn jedenfalls – also bei grundsätzlicher Bejahung des Vorliegens eines Typus eines wirtschaftlichen Vereins – das sog. Nebenzweckprivileg[53] eingreifen würde. Der BGH hat das Nebenzweckprivileg klar anerkannt, zuletzt im ADAC-Urteil.[54] Es besagt, daß es dem idealen Charakter des Vereins nicht schadet, wenn dieser sich wirtschaftlich (im Sinne der hier zugrundegelegten Typenlehre) betätigt, solange sich diese Betätigungen in einer Nebentätigkeit des Vereines erschöpfen.[55] Das Nebenzweckprivileg muß ebenso wie der gesamte Begriff des wirtschaftlichen Vereins[56] teleologisch ausgelegt werden. Das Telos des Gläubigerschutzes, das von K.Schmidt im wesentlichen seiner Typenbildung zugrundegelegt wird, verlangt hinsichtlich der hier fraglichen Leistungen der Gewerkschaft an ihre Mitglieder keine besonders restriktive Interpretation des Nebenzweckprivilegs.

1. Nebenzweckprivileg und Mitgliederschutz

Mit dem Aspekt des Mitgliederschutzes verhält es sich aber nicht notwendig ebenso. Insofern besteht Streit, inwieweit Gesichtspunkte des Mitgliederschutzes im Rahmen der Definition der Reichweite des Nebenzweckprivilegs Berücksichtigung finden können. Die Entscheidung hängt davon ab, inwieweit generell solche Gesichtspunkte für die Vereinsklassenabgrenzung herangezogen werden.[57] Reuter vertritt die Auffassung, daß das Normativ-

---

[52] K. Schmidt, Verbandszweck, S. 146.

[53] Dazu Reichert/Dannecker/Kühr Rn. 51 ff.

[54] BGHZ 85, 84 (93); zustimmend K. Schmidt, Verbandszweck, S. 111.

[55] Vgl. MünchKomm/Reuter §§ 21, 22 Rn. 8; Staudinger/Coing § 21 Rn. 12 (stellt auf Entstehung eines Verlustes aus dem wirtschaftlichen Geschäftsbetrieb ab).

[56] BGHZ 85, 84 (90).

[57] I.d.S. etwa Heckelmann AcP 1979, 1 (39).

system des Handelsvereinsrechts über den Gläubigerschutz hinaus auch unter dem Gesichtspunkt des *Mitgliederschutzes* gesehen werden muß. Im Anschluß an Heckelmann und Schwierkus[58] ist er der Ansicht, „daß das Recht des Idealvereins um des Mitgliederschutzes willen Vereine, die relevante Vermögensinteressen der Mitglieder verwalten, nicht verträgt".[59] Reuter begründet dies damit, daß das Vereinsrecht an Mitgliederschutzvorschriften arm sei und gerade die wichtigste Mitgliederschutzvorschrift, das Austrittsrecht nach § 39 BGB, leerlaufe, wenn seine Ausübung mit dem Verlust wesentlicher Vermögensrechte verbunden sei. Die Konsequenz, die Reuter aus dieser Ansicht zieht, besteht darin, die Inadäquanz des BGB-Vereinsrechts für solche Vereine zu konstatieren und eine Fallgrupe der „Vereine zur (hauptsächlichen) Verwaltung eines Vermögens"[60] zu bilden, auf die § 22 ebenfalls anwendbar sei.[61]

2. Mitgliederschutz im Vereinsrecht des BGB

Um den Ausführungen Reuters besser gerecht werden zu können, ist es unabdingbar, bereits an dieser Stelle, an der an sich nur die Rechtsformfrage zu erörtern ist, bei den zu schützenden Mitgliederrechten auf die innerverbandliche Rechtslage einzugehen. Es zeigen sich eben hier bereits die enge Verflochtenheit und die Rückwirkungen zwischen den verschiedenen „Schichten" der vereinsrechtlichen Dogmatik.

Ausführlich mit dem Aspekt des Mitgliederschutzes im Verein hat sich Heckelmann beschäftigt. Er legt dar, daß die rechtlichen Strukturen des BGB-Vereins nicht dazu geeignet seien, mitgliedschaftliche Interessen zu befriedigen, die mit der Verwaltung eines gemeinsamen Vermögens durch den Verband typischerweise verbunden sind. Ohne daß hier auf die Möglichkeiten eingegangen werden muß, die kautelarjuristisch hinsichtlich der Gestaltung von Vereinssatzungen in bezug auf die Regelung mitgliedschaftlicher Befugnisse bestehen,[62] und auch ohne daß man konkret befürchten muß, Mitgliederinteressen würden in den Gewerkschaften systematisch völlig vernachlässigt, ist die strukturelle Ungeeignetheit des BGB-Vereinsrechts zur Regulierung wirtschaftlicher Interessen von Vereinsmitgliedern zu beachten, wenn die Anwendbarkeit des Rechts des Idealvereins auf die Gewerkschaften zur Debatte steht. So ist bemerkenswert, daß Heckelmann

---

[58] Heckelmann, AcP 179 (1979), 1; Schwierkus, Der rechtsfähige ideelle und wirtschaftliche Verein, 1981.

[59] MünchKomm/Reuter §§ 21, 22 Rn. 11.

[60] MünchKomm/Reuter §§ 21, 22 Rn. 13.

[61] Bereits 1904 stellte Leist darauf ab, daß der „metus excommunicationis" besonders bei Vereinen wirksam sei, die ihren Mitgliedern wirtschaftliche Vorteile verschaffen, Inneres Vereinsrecht, S. 190 f.; vgl. zu den Ursprüngen der „Dürftigkeit" der vermögensrechtlichen Sicherungen auch Ballerstedt, Fschr. Knur, S. 14 f.

[62] Heckelmann AcP 179 (1979), 1 (35).

ebenso wie Reuter zu dem Ergebnis kommt, die „einzig wirksame Schranke gegenüber völliger Demontage der Mitgliederrechte im BGB-Verein“ könne theoretisch überhaupt nur § 39 BGB darstellen.[63] Aber auch dieses Regulativ versagt nach Auffassung Heckelmanns: Das einzelne Vereinsmitglied besitzt keinen Anteil am Vereinsvermögen. Beim Austritt eines Mitglieds kommen Abfindungsansprüche des Mitglieds nicht in Betracht. Ein Austritt schlägt also voll zum seinem wirtschaftlichen Nachteil durch, weil ihm danach nichts mehr von seinen früheren Rechten verbleibt.[64] Daraus schließt Heckelmann das Versagen des Vereinsrechts bezüglich des Schutzes vermögensmäßiger Interessen des Vereinsmitglieds durch das Vereinsrecht. Ein Vergleich mit der Rechtsstellung des Mitglieds im Recht der Kapitalgesellschaften und Genossenschaften macht die Singularität dieser Strukturschwäche deutlich.[65] Sie läßt sich damit erklären, daß der Gesetzgeber den Idealvereinen relevante Vermögensinteressen nicht zur Betreuung zuordnen wollte. Schwierkus spricht davon, daß das BGB-Vereinsrecht auch in seinen Innenbeziehungen „ausschließlich auf die Bedürfnisse solcher Vereinigungen zugeschnitten ist, die eine ideelle Haupttätigkeit entfalten; einen Wandel der Normsituation hat es seit Erlaß des BGB hier nicht gegeben“.[66]

3. Zwischenergebnis zum Nebenzweckprivileg

Vor dem Hintergrund der Ausführungen Heckelmanns und Schwierkus', die Reuter seinen Bedenken zugrundelegt, ist ihm insoweit[67] zuzustimmen; ihre grundsätzliche Berechtigung ist nicht in bezug auf die Gewerkschaften abzustreiten: Die Nicht-Existenz eines Normkomplexes im Vereinsrecht des BGB, der mitgliedschaftlichen Interessen in vermögensrechtlicher Hinsicht Rechnung trägt, stellt ein Hindernis bezüglich der Anwendbarkeit des Rechts der Idealvereine auch auf die Gewerkschaften dar. Dabei braucht nicht einmal das (potentielle) konkrete Interesse eines Mitglieds an einer bestimmten rechtlichen Ausgestaltung seiner Mitgliedschaft in vermögensrechtlicher Hinsicht in concreto dargetan zu werden. Vielmehr reicht es aus, daß keine Normstrukturen (wie etwa Rechnungslegungspflichten[68] oder Abfindungsansprüche) vorhanden sind, die solche Interessen überhaupt schützen könnten. Der vom BGB für den Verein bereitgestellte Normkomplex „paßt“ also unter dem hier untersuchten Aspekt vermögenswerter Interessen der Gewerkschaftsmitglieder wegen gewerkschaftlicher „Lei-

---

[63] So auch Baecker, Grenzen der Vereinsautonomie, S. 34.
[64] Heckelmann AcP 179 (1979), 1 (37 f.).
[65] Heckelmann AcP 179 (1979), 1 (38 f.).
[66] Schwierkus, Rechtsfähiger Verein, S. 76.
[67] MünchKomm/Reuter §§ 21, 22 Rn. 9 ff.
[68] Dazu Heckelmann AcP 179 (1979), 1 (35) gegen Knauth, Rechtsformverfehlung, S. 76 ff.

stungen" nicht auf die Gewerkschaften. Gerade dies ist aber ein wesentliches Argument, wenn es – wie an dieser Stelle bei der Prüfung der auf die Gewerkschaften anwendbaren Rechtsform – darauf ankommt, einen zur Lösung des anstehenden Regelungsbedarfs adäquaten Normkomplex zu finden.

Eine extensive Auslegung des Nebenzweckprivilegs ist also keineswegs angebracht – vielmehr müßte das Nebenzweckprivileg hinsichtlich der Leistungen der Gewerkschaft an ihre Mitglieder eher restriktiv gehandhabt werden.

Als *Zwischenergebnis* ist somit festzuhalten, daß hinsichtlich des Komplexes „Leistungen der Gewerkschaft an ihre Mitglieder" das BGB-Vereinsrecht nicht als für die Gewerkschaften geeignetes Regelungsinstrumentarium erscheint.

§ 5 Die wirtschaftliche Betätigung der Gewerkschaften

Darf ein Idealverein indirekt – ausgelagert – wirtschaftliche Interessen verfolgen? Darf also die Gewerkschaft, ohne sich als „wirtschaftlicher Verein" i.S.d. § 22 BGB behandeln lassen zu müssen (wie immer die Rechtsfolgen auch seien!), ihre wirtschaftlichen Interessen wahrnehmen? Die Rechtslage ist unklar.

I. Die Bedeutung der gemeinwirtschaftlichen Betätigung der Gewerkschaften

Die Gewerkschaften entsprechen in der „wirtschaftlichen Betätigung", die sie entfalten, in vielerlei Hinsicht nicht dem Bild des klassischen Idealvereins. Ausgehend von der Überlegung, als nichtrechtsfähigen Vereinen sei den Gewerkschaften – schon z. B. mangels Grundbuchfähigkeit[1] – ein Geschäftsbetrieb auch in nur geringem Ausmaß unmöglich, verfielen die Gewerkschaften auf den Ausweg, Treuhänder einzuschalten, welche die entsprechenden Rechte für sie wahrnehmen.[2] Mit dem Umweg über Treuhandgesellschaften vertreten die DGB-Gewerkschaften über den DGB heute wirtschaftliche Interessen in beträchtlichem Ausmaß. Es wirft ein

---

[1] Vgl. Reichert/Dannecker/Kühr Rn. 1812; hier wird auch über Gestaltungsmöglichkeiten informiert, (treten für Grundbuchfähigkeit ein); für die Grundbuchfähigkeit auch des nichtrechtsfähigen Vereins Habscheid AcP 155, 375 (401 ff.); für ein Sonderrecht für Massenorganisationen RGRK/ Steffen § 54 Rn. 16. Einen Überblick bietet Staudinger/ Coing, § 54 Rn. 79. Die Grundbuchfähigkeit wird bejaht von MünchKomm/Reuter § 54 Rn. 10 und von Wiedemann, Gesellschaftsrecht I, § 4 II 2 a S. 209. Dagegen ist K. Schmidt, NJW 1984, 2249 ff.

[2] Vgl. Brisch, Rechtsstellung, S. 42 ff.

bezeichnendes Licht auf die Unzulänglichkeit der Einstufung der Gewerkschaften als nichtrechtsfähige Vereinigungen, daß diese auch fast 40 Jahre nach Inkrafttreten des Grundgesetzes und von Art. 9 III GG noch dazu gezwungen sind, sich einer Treuhandregelung zu bedienen, wenn sie auch nur ein eigenes Haus haben wollen. Die Treuhandregelung kann durchaus zu erheblichen Unzuträglichkeiten führen.[3]

Bei den gewerkschaftlichen Unternehmen handelt es sich teilweise um Unternehmen, die steuerlich als gemeinnützig anerkannt worden sind, aber auch etwa um eine bedeutende Geschäftsbank, einen Verlag oder um Versicherungsunternehmen.[4] Das nur mittelbare Engagement der Gewerkschaften wirkt sich auf die Notwendigkeit einer Untersuchung der Relevanz dieses Tuns für die Einstufung in das System des Vereinsrechts nicht aus. „Die Betätigung in wirtschaftlichen Geschäften nimmt dem Verein – abgesehen von dem Nebenzweckprivileg – den Charakter als Idealverein, gleich ob die Betätigung unmittelbar oder mittelbar erfolgt".[5]

Dieses starke wirtschaftliche Engagement der Gewerkschaften ist „ideologisch" begründet: Die Gewerkschaften befinden sich historisch in einer skeptischen Haltung zu dem kapitalistischen Wirtschaftssystem, das – wenn auch modifiziert in Form der sozialen Marktwirtschaft – der geltenden Wirtschaftsverfassung der Bundesrepublik Deutschland zugrundeliegt.[6] Die IG Bergbau und Engergie will sogar die Bergbau- und Energiewirtschaft in Gemeineigentum überführen.[7] Die Skepsis gegenüber dem geltenden marktwirtschaftlichen System äußert sich u.a. in der Überzeugung, es sei ein besseres System denkbar. Diese Überzeugung drückt sich aus in dem Versuch, durch „eigene" wirtschaftliche Betätigung in großem Umfang Grundsätze einer Wirtschaft zu praktizieren, die jedenfalls anderen als bloßen Kriterien der Gewinnmaximierung dienen soll. Die Gewerkschaften wollen mit den sog. gemeinwirtschaftlichen Unternehmen „die notwendigen organisatorischen Grundlagen schaffen, um tiefgreifende soziale Mißstände und beste-

---

[3] Brisch, Rechtsstellung, S. 44, weist darauf hin, daß sich bei auf Treuhänderschaft beruhenden Systemen große Schwierigkeiten ergeben können, wenn Richtungsstreitigkeiten innerhalb der Gewerkschaften auftreten und sich einzelne Gewerkschaften oder Teile ihrer Mitgliederschaft aus dem gemeinsamen Verband lösen.

[4] Einzelheiten zu der tatsächlichen Ausdehnung der wirtschaftlichen Aktivitäten der Gewerkschaften und weitere Nachweise finden sich bei Schaub, Arbeitsrechtshandbuch, § 189 I 7 und bei von Loesch, Aufgabenwandel, S. 293; er nennt die Branchen Lebensmitteleinzelhandel, Bauwirtschaft, Wohnungswirtschaft, Versicherungswirtschaft, Bankwesen, Touristikbereich und Verlagswesen.

[5] Flume, Juristische Person, S. 106.

[6] In der Satzung der IG Metall sind als „Aufgaben und Ziele" insbesondere genannt: „3. Demokratisierung der Wirtschaft ... 4. ... Errichtung von Wirtschafts- und Sozialräten; Überführung von Schlüsselindustrien und anderen markt- und wirtschaftsbeherrschenden Unternehmungen in Gemeineigentum"; vgl. auch § 3 lit. a Bau-Steine-Erden; § 2 Nr. 7 Gew. Leder; § 4 lit. e DGB.

[7] § 5 lit. d der Satzung.

hende Notlagen der Arbeitnehmer zu mildern, einseitiger Abhängigkeit entgegenzuwirken ... und gesellschaftliche Alternativen zur Durchsetzung von sozialer Gerechtigkeit und sozialem Fortschritt aufzubauen".[8] Gleichzeitig erwarten die Gewerkschaften auch eine angemessene Verzinsung des eingesetzten Kapitals.[9]

II. Haftungsrisiken am Beispiel der „Neuen Heimat"

1. Umfang des wirtschaftlichen Engagements der Gewerkschaften

Markantes Beispiel dieser gewerkschaftlichen Aktivitäten war bis zum 1. 10. 1986[10] und nach dem Scheitern des Versuchs der Gewerkschaften, sich von der „Neuen Heimat" zu trennen, wieder ab Ende 1986[11] das Engagement der Gewerkschaften im gemeinnützigen Wohnungsbau. Der DGB und die Einzelgewerkschaften waren über ihre Vermögens- und Treuhandgesellschaften[12] zu insgesamt 100 % an der „Neuen Heimat" beteiligt.[13] Die „Neue Heimat" mit ihren zentral gelenkten regionalen Tochtergesellschaften verfügte im Jahre 1980 über ca. 320.000 eigene Wohnungen.[14] In die tagespolitische Diskussion kamen die „Neue Heimat" und die Haltung des DGB zu dem mit der „Neuen Heimat" verbundenen Engagement der Gewerkschaften dadurch, daß die „Neue Heimat" zum Jahresende 1984 in ihrer Konzernbilanz Verbindlichkeiten von knapp 18 Mrd. DM aufwies,[15] so daß an der wirtschaftlichen Gesundheit der „Neuen Heimat" angesichts von Notverkäufen von Wohnungen und anderen Wirtschaftsgütern Zweifel aufkamen.[16]

---

[8] Beschluß des DGB auf seinem 12. ordentlichen Bundeskongreß, zitiert nach BT-Drucks. 10/5452, abgedruckt ZIP 1986, 803 (813).

[9] Bundesausschuß des Deutschen Gewerkschaftsbundes, Sitzung vom. 6.12.1978, Beschluß: ... „In den gemeinwirtschaftlichen Unternehmen ist Vermögen der Gewerkschaften eingesetzt. Es ist zu erhalten und angemessen zu verzinsen"; abgedr. bei v. Loesch, Gemeinwirtschaftliche Unternehmen, S. 388.

[10] Am 1.10.1986 übernahm „Die Neue Gesellschaft" m.b.H. Vermögensbildung, hinter der ein Privatunternehmer stand, zu einem symbolischen Kaufpreis von 1 DM die „Neue Heimat"-Gruppe; vgl. Bericht des 3. Untersuchungsausschusses „Neue Heimat" S. 124 ff.

[11] Ein Treuhänder der Gewerkschaften übernahm eine von den Gewerkschaften gebildete Auffanggesellschaft, die durch einen Treuhänder vertreten wird, die „Neue Heimat". Dazu Bericht des 3. Untersuchungsausschusses „Neue Heimat" S. 135 f.

[12] Zu den technischen Fragen einer solchen Konstruktion (Errichtung der Gesellschaften über Strohmänner) siehe Knauth, Rechtsformverfehlung, S. 155 f.

[13] Bundesregierung in BT-Drucks. 10/5452, ZIP 1986, 803 (811).

[14] Bundesregierung in BT-Drucks. 10/5452, ZIP 1986, 803 (804).

[15] Bundesregierung in BT-Drucks. 10/5452, ZIP 1986, 803 (807).

[16] Der als neutraler Mittler eingesetzte Unternehmensberater Meier-Preschany kam am 8.3.1986 zu dem Ergebnis, daß mindestens die Zuführung von rd. 4 Mrd. DM Eigenkapital erforderlich sei, vgl. Beschlußempfehlung, S. 123.

2. Denkbare Anspruchsgrundlagen für die Einstandspflicht

Die Bundesregierung vertrat in ihrer Antwort auf eine entsprechende Anfrage der die Regierung tragenden Parteien die Auffassung, aus ihrer Sicht habe „der wirtschaftliche Eigentümer, nämlich der DGB mit seinen 17 Einzelgewerkschaften für die ‚Neue Heimat‘ einzustehen“.[17] Unter juristischen Gesichtspunkten weist die Bundesregierung darauf hin, daß nach ihrer Auffassung eine Haftung der Gewerkschaften für ihre Beteiligungsgesellschaften nach mehreren Anspruchsgrundlagen in Betracht komme.[18]

Ob die Rechtsmeinung der Bundesregierung zu diesen zivilrechtlichen Fragen zutrifft, mag angesichts der auch tages- und parteipolitischen Brisanz des Themas dahingestellt bleiben. Es ist nicht auszuschließen, daß die Stellungnahme der Bundesregierung parteipolitisch gefärbt ist. Deshalb wäre es unzulässig, aus solchen politischen Stellungnahmen für die Gewerkschaften (u.U. nachteilige) Folgerungen zu ziehen.

Es ist jedoch evident und wird bei der „Neuen Heimat“ exemplarisch deutlich, daß die gemeinwirtschaftliche Betätigung der Gewerkschaften für diese auch Haftungsrisiken mit sich bringt.

Es ist an dieser Stelle, an der nur die Rechtsformfrage zu diskutieren ist, nicht möglich, auf zur Zeit heftig umstrittene Probleme konzernrechtlicher Haftungsregelungen einzugehen. In diesem Zusammenhang sei nur die auch von der Bundesregierung angeführte neue Entscheidung (Autokran) des BGH zur Haftung des herrschenden Unternehmens im sog. qualifizierten faktischen GmbH-Konzern[19] erwähnt. Jedoch ist der Hinweis angebracht, daß eine bloße rechtliche Trennung zwischen den Gewerkschaften, den von Treuhändern gegründeten Treuhandgesellschaften (GmbH) und den von diesen Treuhandgesellschaften beherrschten gemeinwirtschaftlichen Unternehmen von der Rechtsordnung nicht unbedingt anerkannt wird. Leiten die Eigentümer (Gewerkschaften bzw. Treuhandgesellschaften) die Geschäfte ihrer gemeinwirtschaftlichen Unternehmen in qualifizierter Weise durch Weisungen und ähnliche Eingriffe faktisch selbst, so kann etwa dies als Anhaltspunkt einer Haftung der Eigentümer in Betracht kommen.[20] Das konkrete Vorliegen dieser Kriterien im Fall der Gewerkschaften braucht hier nicht untersucht zu werden. Es reicht für die Rechtsformfrage aus, wenn typische Gefährdungen dargelegt werden. Typische Gefährdungen ergeben sich aber gerade aus dem Gedanken der Gemeinnützigkeit, der

[17] Bundesregierung in BT-Drucks. 10/5452, ZIP 1986, 803 (804).

[18] Nach der neuen Rechtsprechung des BGH in der sog. Autokran-Entscheidung (BGHZ 95, 330) entsprechend § 302 AktG; BT-Drucks. 10/5452, ZIP 1986, 803 (808).

[19] BGHZ 95, 330.

[20] BGHZ 95, 330 Ls. b); S. 337 f.; eine umfangreiche Darstellung der Fragen, die speziell auf die Gewerkschaften und ihre Haftung im Problemkomplex der Neuen Heimat abgestellt ist, findet sich bei P. Ulmer, Rechtsgutachten, S. 426 f.

schon aus seiner Intention heraus in einem gewissen Spannungsverhältnis zu dem geltenden Wirtschaftssystem steht. Wer mit dem Betrieb eines Unternehmens „tiefgreifende soziale Mißstände und bestehende Notlagen der Arbeitnehmer“[21] mildern will, wird schwerlich darlegen können, das Unternehmen hätte seine Geschäfte auch ohne Einflußnahme der Eigentümer in diesem „sozialen“ Sinne seine Geschäfte in gleicher Weise geführt – dann wäre ja gerade das Betreiben gemeinnütziger, also abweichend von „normalen kapitalistischen“ Kriterien geführter Unternehmen überflüssig! Sehr zweifelhaft scheint aber, ob bereits daraus eine konzernrechtliche Haftung hergeleitet werden kann.[22] Der Gesichtspunkt konzernrechtlicher Verantwortung eines Idealvereins, der ausgelagerte wirtschaftliche Tätigkeiten betreibt, muß aber bereits hier angedeutet werden, da der BGH *gerade in dieser möglichen Haftung* des Vereins ein Korrektiv sieht, das seiner Ansicht nach eine solche wirtschaftliche Aktivität rechtsformunschädlich sein lassen kann.[23] Es ist zu vermuten, daß der BGH, schon um seine Argumentation nicht allzu anfechtbar zu gestalten, das Vorliegen einer konzernrechtlichen Haftung jedenfalls nicht unrealistisch strengen Voraussetzungen unterstellen wird.

3. „Faktische“ Einstandspflicht

Eine konkrete Zahl mag hinsichtlich des Haftungsrisikos informativ sein: Ohne daß eine entsprechende Rechtspflicht etwa von Gläubigern des den Gewerkschaften gehörenden Unternehmens geltend gemacht worden wäre, haben die Gewerkschaften für das in wirtschaftliche Schwierigkeiten geratene (nicht gemeinnützige) ihnen gehörende Bauunternehmen „Neue Heimat Städtebau“ eine Zahlung von 1,5 Mrd. DM geleistet.[24] Flume sieht allerdings gerade in einer solchen faktischen Einstands“pflicht“ des Idealvereins ein Argument *für* die Unschädlichkeit eines ausgelagerten Geschäftsbetriebs für die Idealvereinseigenschaft, wenn er (im Blick auf die Problematik des Berufsfußballs) ausführt, es sei „damit zu rechnen, daß der ‚fette Verein‘ seine Lizenz-Fußball-Kapitalgesellschaft nicht in Konkurs gehen lassen

[21] Siehe den Beschluß des DGB auf seinem 12. ordentlichen Bundeskongreß, zitiert nach BT-Drucks. 10/5452, abgedruckt ZIP 1986, 803 (813).

[22] Eine dezentral ausgeübte einheitliche Leitung, die sich auf allgemeine Vorgaben oder auch auf Einzeleingriffe beschränkt, reicht nicht aus; vgl. P. Ulmer, Rechtsgutachten S. 427.

[23] BGHZ 85, 84 (91): „Zutreffend haben die Bekl. in diesem Zusammenhang unter Berufung auf eine von ihnen überreichte privatgutachterliche Stellungnahme darauf hingewiesen, daß das Fehlen einer wirtschaftlichen Haftungsgrundlage mangels einer für den eingetragenen Verein gesetzlich vorgeschriebenen Mindestkapitalausstattung weitgehend dadurch ausgeglichen werde, daß die Ansprüche der Gläubiger der abhängigen AG gegen den Verein als herrschendes Unternehmen ergänzt würden durch die persönliche und gesamtschuldnerische Haftung des Vorstands des herrschenden Unternehmens und der Vorstands- und Aufsichtsratsmitglieder des abhängigen.“

[24] BT-Drucks. 10/5452, ZIP 1986, 803 (811).

wird".[25] Dem ist zu widersprechen. Denn gerade dann, wenn sich der Idealverein so verhält, wie Flume es selbst vorhersagt, ist für den *Idealverein* durch die Auslagerung nichts gewonnen!

4. Zwischenergebnis

Zu dem Gesichtspunkt der gemeinwirtschaftlichen Unternehmen – unabhängig von ihrer Gemeinnützigkeit – läßt sich also feststellen, daß eine konkrete Gefährdung von erheblichen wirtschaftlichen Interessen der Gewerkschaften und somit auch mediatisiert der Gewerkschaftsmitglieder durch diese wirtschaftliche Betätigung gegeben ist.

III. Rückwirkungen der wirtschaftlichen Betätigung auf das auf die Gewerkschaften anwendbare Recht

1. Das ADAC-Urteil

Die Leitentscheidung zu diesem Komplex ist das sog. ADAC-Urteil des BGH.[26] Der BGH formulierte folgenden Leitsatz: „Die unternehmerische Tätigkeit einer von einem Idealverein (hier dem ADAC) gegründeten und betriebenen AG (hier der ADAC-Rechtsschutzversicherungs-AG) ist dem Verein nicht als eigener wirtschaftlicher Geschäftsbetrieb i.S.d. § 22 BGB zuzurechnen, wenn die AG den bei ihr Versicherten und ihren sonstigen Gläubigern alle mit der Rechtsform einer solchen Gesellschaft verbundenen Sicherheiten bietet".

Die zu entscheidende Klage konkurrierender Rechtsschutzversicherer hatte einen wettbewerbsrechtlichen Hintergrund.[27] Der BGH prüfte deshalb den geltend gemachten Rechtsformverstoß unter dem Gesichtspunkt, ob ein Gesetzesverstoß vorliege, der das Betreiben des Versicherungsgeschäftes als unlauter erscheinen lassen könne.[28] Die Rechtsformfrage spielte also nur mittelbar eine Rolle, nämlich insofern, als bei Mißbrauch der Rechtsform des eingetragenen Idealvereins ein Wettbewerbsverstoß hätte vorliegen können.[29] Gleichwohl finden sich grundlegende Ausführungen. Der BGH

[25] Flume, Juristische Person, S. 113 Fn. 75.

[26] BGHZ 85, 84.

[27] Zu diesem Ausganspunkt des Urteils umfassend Kübler, ZHR 147 (1983), 454 ff.

[28] BGHZ 85, 84 (87 f.).

[29] Der BGH konnte die Frage, ob eine vereinsrechtlich unzulässige wirtschaftliche Betätigung eines Wirtschaftsvereins wettbewerbswidrig ist, im ADAC-Urteil offenlassen, da er einen Verstoß gegen §§ 21, 22 ablehnte. In einer späteren Entscheidung (Fernsehzuschauerforschung, BGH NJW 1986, 3201), trennte der BGH insofern die (unterstellte) wirtschaftliche Betätigung eines e.V. von der Wettbewerbswidrigkeit, insbesondere liege in unzulässiger wirtschaftlicher Betätigung („Vorsprung durch Rechtsbruch") kein Sittenverstoß nach § 1 UWG (a.a.O. S. 3202).

betont, die rechtliche und organisatorische Trennung der Versicherungs-AG von dem ADAC e.V. schliesse es aus, die Geschäftstätigkeit der Versicherungs-AG dem e.V. vereinsrechtlich zuzurechnen.[30] Dabei orientiert sich die vom BGH vorgenommene teleologische Auslegung der §§ 21, 22 BGB am Gläubigerschutz, wobei der BGH vor allem auf die Mindestkapitalausstattung und auf Bilanzierungs-, Publizitäts- und Prüfungspflichten hinweist.[31] Dem Gläubigerschutz sei aber durch die handelsrechtlichen Spezialvorschriften Genüge getan. Im Ergebnis lehnte der BGH es mithin ab, aus der in ausgelagerter Form betriebenen Wirtschaftstätigkeit des Idealvereins Rückschlüsse auf die Idealvereinseigenschaft zu ziehen.

2. Literaturstimmen zum ADAC-Fall

Die Literatur hatte teilweise zu bedenken gegeben, die bloße Kapitalaufbringungs- und Erhaltungsgarantie, wie sie etwa das Aktienrecht bereithalte, genüge den Belangen des Gläubigerschutzes nicht, weil dieser es erfordere, daß die „natürlichen Trägerpersonen mit dem wirtschaftlichen Schicksal der Gesellschaft“[32] verknüpft seien. Das sei aber nicht der Fall, wenn ein (Ideal)Verein in ausgelagerter Form ein wirtschaftliches Unternehmen betreibe. Der BGH widerspricht dem Bedenken mit dem Argument, das Gesetz sichere den Rechtsverkehr „*allein* durch die Bestimmungen über die Aufbringung und Erhaltung des Grund- oder Stammkapitals“.[33]

Diese Auffassung trifft auf Zustimmung,[34] aber auch auf Widerspruch.[35] Besonders deutlich spricht sich Reuter gegen die vom BGH seiner Entscheidung zugrundegelegte Auffassung aus, den Erfordernissen des Gläubigerschutzes sei durch die Vorschriften über z. B. die Kapitalaufbringung und -erhaltung genügt. Reuter vertritt die These, Haftungsgrundlage sei das Gesellschaftsvermögen. Das Grundkapital sei dazu weder geeignet noch bestimmt; in ihm verkörpere sich lediglich eine Risikobeteiligung der Eigentümer. Eine risikobewußte Unternehmenspolitik sei durch das wirtschaftliche Interesse der letztlich entscheidenden natürlichen Personen gesichert.[36] Die persönliche Haftung in Personengesellschaften und die Kapitaleinlage

---

[30] BGHZ 85, 84 (89).

[31] BGHZ 85, 84 (89).

[32] Vgl. BGH NJW 1983 569 (571); in BGHZ 85, 84 insoweit nicht mit abgedruckt.

[33] BGH NJW 1983, 569 (571), insofern in BGHZ 85, 84 nicht mit abgedruckt.

[34] K. Schmidt, NJW 1983, 543; auch K. Schmidt AcP 182 (1982) 1, (30), wobei unklar bleibt, ob hier nur wegen des Nebenzweckprivilegs und im Ergebnis die Unschädlichkeit bejaht wird; im Ansatz (Gläubigerschutz durch institutionelle Sicherungen der handelsrechtlichen Körperschaft) auch Flume, I/2 S. 113 Fn. 75.

[35] Vor allem Schwierkus, Rechtsfähiger Verein, S. 310 ff. (ADAC = wirtschaftlicher Verein); Flume, Juristische Person, S. 113 f.

[36] MünchKomm/Reuter §§ 21, 22 Rn. 10.

im Recht der Kapitalgesellschaften üben danach einen erzieherischen Einfluß auf die Gesellschafter aus.[37]

Eben solche natürlichen Personen, die ein eigenes wirtschaftliches Interesse am Wohlergehen des Unternehmens hätten, fehlten aber im Fall des von einem Verein ausgelagerten Geschäftsbetriebs. Reuter spricht dem BGH das Verständnis für die Wirkungsweise der aktien- bzw. GmbH-rechtlichen Kapitalsicherung ab.[38] Er erwägt allerdings, ob nicht die besonders strengen Regelungen bezüglich der AG im AktG eine Ersatzfunktion für das fehlende synchrone Interesse natürlicher Personen als der wirtschaftlichen Eigentümer bieten. Wiedemann vertritt hinsichtlich der GmbH & Co. KG offensichtlich eine ähnliche Auffassung, wenn er bildlich ausführt, daß bei dieser Gesellschaftsform „ein Bordcomputer den mitfliegenden Piloten ersetzen" muß, was „die Rechtsingenieure veranlassen (müsse), für ein automatisches Sicherheitssystemzu sorgen, mit dem der Ausfall des persönlich steuernden Gesellschafters wettgemacht wird".[39] Auch für die GmbH betont er, daß die Legitimation der Haftungsbeschränkung darin bestehe, daß die natürlichen Trägerpersonen einen angemessenen und endgültigen Risikobeitrag zur Verfügung halten.[40] Eine solche Auffassung hat eine gewisse Stütze in einer Bemerkung des Bundesverfassungsgerichts im Mitbestimmungsurteil, wonach sich bei juristischen Personen typischerweise ein „Auseinanderfallen von Gebrauch des Eigentums und Verantwortung für diesen Gebrauch" feststellen lasse,[41] was für die Verfassungskonformität der Mitbestimmung spreche.

Uneinheitlich ist die Einschätzung, ob generell in der Auslagerung wirtschaftlicher Tätigkeiten von Idealvereinen ein Mittel zum Gläubigerschutz zu sehen sei. K. Schmidt etwa leugnet dies, indem er mit Blick auf die hauptsächlich diskutierte Frage der Auslagerung der Lizenzspielerabteilungen der Bundesliga-Fußballvereine meint, es sei kein Vorteil darin zu sehen, den Gläubigern „statt eines fetten Vereins eine magere Tochtergesellschaft als Schuldnerin" vorzusetzen.[42]

3. Anwendung auf die Gewerkschaften

Eine Stellungnahme zu dem Problemkreis muß sich einerseits an der Tatsache orientieren, daß der BGH in Kenntnis der Gegenargumente für die

[37] Reuter, ZHR 151 (1987), 237 (247).

[38] MünchKomm/Reuter §§ 21, 22 Rn. 10 Fn. 31; vgl. auch konkret zu dem ADAC-Urteil Reuter in ZIP, 1984, 1052 (1056 f.).

[39] Wiedemann, JZ 1986, 855 (856).

[40] Wiedemann, ZGR 1986, 656 (671).

[41] BVerfGE 50, 290 (348).

[42] AcP 182 (1982), 1 (29).

Praxis wohl vorerst entscheidend und eindeutig in einer Grundsatzentscheidung zugunsten des Weges optiert hat, der ihm hinsichtlich des Konfliktes zwischen Gläubigerschutzbedürfnissen und dem von der Praxis vorgebrachten Wunsch nach einer Betätigung auf wirtschaftlichem Gebiet auch von Idealvereinen von der Literatur vorgezeichnet worden war: Hier war nämlich teilweise gerade die Auslagerung wirtschaftlicher Tätigkeiten auf Körperschaften des Handelsrechts als Mittel empfohlen worden, dem Trägerverein die Idealvereinseigenschaft zu erhalten.[43]

Muß, wer sich der Auffassung des BGH im ADAC-Urteil[44] anschließt, die wirtschaftliche Betätigung der Gewerkschaften als für ihre Einstufung als Idealvereine unbeachtlich ansehen? Diese Frage verlangt eine Untersuchung der die Entscheidung des BGH im ADAC-Urteil tragenden Prämissen darauf, inwieweit ihnen Relevanz auch für die hier nur zu untersuchende Problematik der Gewerkschaften zukommt.

Eine Aufgliederung der Gründe für die Entscheidung des BGH im ADAC-Urteil muß im wesentlichen drei Komplexe der Entscheidungsbegründung und der Kritik an dieser unterscheiden. Zum einen geht es um die Gläubigerinteressen, zum anderen um den Gesichtspunkt des Mitgliederschutzes (Schutz der Mitglieder des Vereins, der den ausgelagerten Geschäftsbetrieb betreibt), wobei diese beiden Gesichtspunkte in einer später noch zu beachtenden Weise miteinander in Wechselwirkung treten. Ferner betrifft die Entscheidung auch vom BGH selbst angedeutete konzernrechtliche Gesichtspunkte. Während der konzernrechtliche Aspekt eine ausführlichere Wertung im weiteren Verlauf dieser Arbeit erfahren soll, sind die Aspekte des Gläubiger- und des Mitgliederschutzes im folgenden zu untersuchen.

Die von Reuter und Heckelmann ihren Überlegungen zugrundegelegte Annahme einer institutionellen Schwäche des Rechts des Idealvereins hinsichtlich des Schutzes mitgliedschaftlicher Belange ist oben erörtert worden.[45] Dort wurde im Ergebnis festgehalten, daß das Idealvereinsrechts zur Erfassung einer Körperschaft mit erheblichen finanziellen (wirtschaftlichen) Interessen nicht geeignet ist. Es stellt sich die Frage, ob hierin eine Kollision mit der Wertung liegt, die der BGH im ADAC-Urteil getroffen hat. Diese Schlußfolgerung würde voraussetzen, daß der BGH sich in dem ADAC-Urteil mit Fragen des Mitgliederschutzes befaßt hat, wie Reuter und Heckelmann ihn ihren Überlegungen zugrundelegen. Was sind nun im einzelnen die teleologischen Richtpunkte, die der Gesichtspunkt des Schutzes vermögenswerter Interessen der Verbandsmitglieder für die Frage der Zulässigkeit der Auslagerung wirtschaftlicher Betätigung vorgibt?

---

[43] Vor allem von Hemmerich, Möglichkeiten und Grenzen, S. 119 ff., der sich der BGH ausdrücklich anschließt. Auch Heckelmann, AcP 179 (1979) 1, 4. ff.); Knauth, S. 153 ff.

[44] BGHZ 85, 84.

[45] S.o. S. 48 ff.

Das Telos des Mitgliederschutzes zu beachten, bedeutet nicht unbedingt, die Mitglieder durch die Verbandsführung in Vermögensinteressen als bedroht anzusehen, ohne daß jedoch diese Aspekte a priori als sachfremd und unrealistisch anzusehen wären.[46] Als bedrohte Vermögensinteressen kommen primäre Vermögensinteressen (wie im Fall des § 128 HGB) oder sekundäre Vermögensinteressen (mediatisiert durch die ideelle und nicht als konkretes Vermögensrecht garantierte Beteiligung am Verbandsvermögen) in Betracht. Diese Vermögensinteressen sind, wie oben dagelegt, nicht durch das BGB-Vereinsrecht geschützt. Welche Auswirkungen dies auf die Auseinandersetzung mit dem Urteil des BGH im ADAC-Fall hat, hängt davon ab, inwieweit diese Entscheidung zu den Aspekten des Mitgliederschutzes Stellung nimmt. Um dies analysieren zu können, muß unterschieden werden zwischen zwei Schichten der Diskussion um vereinsrechtlichen Mitgliederschutz: Es gibt nämlich die oben behandelte Schicht des in erster Linie intendierten direkten Mitgliederschutzes und die zweite Linie des durch Mitgliederschutz reflexartig bewirkten Gläubigerschutzes.

4. Gläubigerschutz durch Mitgliederschutz

Mitgliederschutz hat eine *institutionelle Komponente.* Die Körperschaften, die der Gesetzgeber dem Rechtsverkehr überantwortet, haben nicht zufällig ein gesetzlich mehr oder minder ausführlich geregeltes Innenrecht, das jeweils nur in Teilbereichen dispositiv ist.[47] Mag auch die im Einzelfall auftretende Frage der Disponibilität der verschiedenen mitgliedschaftlichen Rechte der primären Schutzrichtung dieser Rechte gemäß unter dem Stichwort „Individualschutz" oder etwa „unverzichtbarer Selbstschutz"[48] stattfinden, so zeigt sich doch der institutionelle Charakter, den mitgliedschaftliche Rechte (auch) aufweisen, deutlich an dem Paradigma einer Körperschaft, in der diese Kontrolle fehlt, nämlich der zivilrechtlichen Stiftung: Das für diese nach § 80 BGB geltende Konzessionssystem hat den Zweck, die Entstehung „toten Vermögens" zu kontrollieren[49], und die staatliche Stiftungsaufsicht, der die Stiftung unterstellt ist, sichert den Rechtsverkehr vor Fehlentwicklungen des solchermaßen konzessioniert entstandenen „toten Vermögens" ab.[50] Diese institutionelle Seite des Mitgliederschutzes

[46] Erinnert sei nur an die öffentliche Debatte um die Verwendung von „Gewerkschaftsgeldern" für in wirtschaftliche Schwierigkeiten geratene wirtschaftliche Unternehmungen der Gewerkschaften im Jahre 1986, wobei durchaus auch Gewerkschaftsmitglieder die Verwendung „ihrer" Gelder monieren.

[47] Ausführlich behandelt z. B. Wiedemann die Frage der Reichweite der Dispositivität von mitgliedschaftlichen Verwaltungs-, Vermögens-, Kontroll- und sog. Lösungsrechten, Gesellschaftsrecht I, § 7 II 1, S. 366 ff.

[48] So etwa bei Wiedemann I, S. 366 ff.

[49] So Wiedemann, Gesellschaftsrecht I, S. 206

[50] Von Werthern, Unternehmensverfassungsrecht, S. 151 ff.; Ebersbach, Handbuch, S. 122 ff.

ist wohl letztlich auch als der Hintergrund der von Reuter postulierten Anbindung des Verbandsgeschicks an mitgliedschaftliche Interessen anzusehen.[51] Vor diesem Hintergrund kann es nur befremden, daß der BGH nicht nur im wesentlichen, sondern explizit sogar „allein" in der weitgehend ausdifferenzierten Regelungsstruktur der handelsrechtlichen Körperschaften die Bedürfnisse des Gläubigerschutzes befriedigt sieht.[52] Die vom BGH unterstellte Möglichkeit einer säuberlichen Scheidung zwischen Mitgliederinteressen, die durch Mitgliederschutzvorschriften, und Gläubigerinteressen, die durch Gläubigerschutzvorschriften zu schützen sind, existiert eben nicht, wie das Beispiel der Stiftung in geradezu leuchtender Weise zeigt. Ein weiteres Beispiel ist die Diskussion um das GmbH-Konzernrecht, die sich deutlich bereits in dem Titel eines Aufsatzes von P. Ulmer widerspiegelt:[53] „Der Gläubigerschutz im faktischen GmbH-Konzern beim Fehlen von Minderheitsgesellschaftern".[54] Ulmer legt dar, daß der Gesetzgeber „sich grundsätzlich für den indirekten Schutz der Gläubiger durch Bestandssicherung der Gesellschaft entschieden hat",[55] was bedeutet, daß regelmäßig die Mitglieder des Verbandes mit der Durchsetzung ihrer Ansprüche auch den Schutz der Gläubiger verfolgen. Daß sie diesen Schutz nicht primär intendieren, spielt in diesem Zusammenhang keine Rolle. Deshalb geht der Einwand fehl, den Hemmerich in Verteidigung des ADAC-Urteils erhebt, wenn sie bemerkt, das „Eigeninteresse der Gesellschafter am wirtschaftlichen Erfolg der Gesellschaft kann zwar im Einzelfall reflexartig auch den Gläubigern zugute kommen. Auf seine Definition und Umsetzung haben diese jedoch keinen *Anspruch*".[56] Es geht nicht darum, ob die Gläubiger einen Anspruch gegen (Minderheits)Gesellschafter auf Durchsetzung diesen etwa zustehender mitgliedschaftlicher Befugnisse haben, sondern daß die in die wirtschaftliche Vernunft der außenstehenden Gesellschafter gelegte Wahrnehmung, so sie erfolgt, auch Gläubigern nutzt.[57] Es geht also darum, daß Mitgliederschutz gleichzeitig auch Gläubigerschutz bedeutet und den Fortbestand der Körperschaft fördert. Diese institutionelle Seite des Mitgliederschutzes aber ignoriert der 1. Senat des BGH in seinem ADAC-

---

[51] So auch H. Baumann, VVaG mit kooptierter Vertreterversammlung, S. 31; MünchKomm/Reuter, vor § 80 Rn. 28.

[52] Wörtlich: Die Sicherheit des Rechtsverkehrs wird „allein durch die Bestimmungen über die Aufbringung und Erhaltung des Grund- oder Stammkapitals als Haftungsgrundlage für die Gesellschaftsverbindlichkeiten sowie durch die den Gesellschaften obliegenden Bilanzierungs- Publizitäts- und Prüfungspflichten" gewährleistet, BGH NJW 1983, 569 (571), insoweit in BGHZ 85, 84 ff. nicht mit abgedruckt.

[53] Von einer reflexartigen Anknüpfung des Gläubigerschutzes an den Minderheitenschutz spricht für das GmbH-Konzernrecht auch Emmerich, AG 1987, 1 (4).

[54] ZHR 148 (1984), 391.

[55] ZHR 148 (1984), 391 (408 ff.); in diesem Sinne prognostiziert Fleck auch die weitere Entwicklung des GmbH-Konzernrechts, WM 1986, 1205 (1210).

[56] Hemmerich, BB 1983, 26 (27).

[57] Zum Ausfall dieses reflexartigen Gläubigerschutzes bei den Gewerkschaften P. Ulmer, Rechtsgutachten, S. 428.

Urteil. Die institutionelle Seite des Mitgliederschutzes klingt auch etwa bei Wiedemann an: „Die Beachtung des Unternehmensverhaltenskodex' bedarf zusätzlicher Rechtskontrolle, wenn die Eigentümeraufsicht versagt“ und: „Unkontrollierte Verwaltung fremden Vermögens soll es nicht geben“.[58] Diesen Sätzen wird in abstracto auch der BGH nur zustimmen können. Die Schlußfolgerung aus ihnen muß aber die von Reuter gezogene sein: Keine Trennung von Mitgliederinteressen und Gläubigerinteressen; eine handelsrechtliche Körperschaft oder im Konzern die Beherrschung einer handelsrechtlichen Körperschaft ohne die Anbindung an Mitgliederinteressen ist *abzulehnen*.

IV. Folgerungen für die Gewerkschaften

In dieser Arbeit kann nicht umfassend zur Rechtsprechung des BGH zur Auslagerung wirtschaftlicher Tätigkeiten von Idealvereinen auf Körperschaften des Handelsrechts[59] Stellung genommen werden; Kritik im einzelnen und das Aufzeigen von Alternativen ist nicht möglich.[60] Es kann aber festgestellt werden, daß diese Rechtsprechung nicht auf die Gewerkschaften angewendet werden kann.

1. Mitgliederschutz und Rechtsform nach Ansicht des BGH im ADAC-Fall

Wie aber ist aus der Sicht des *BGH* zu entscheiden? Die Rechtsprechung des BGH im ADAC-Urteil würde – übertragen auf die Gewerkschaften – zu dem Ergebnis führen, daß die ausgelagerte Wirtschaftstätigkeit dem „idealen“ Charakter der großen Arbeitnehmerkoalitionen nicht abträglich ist. Damit ist aber auch aus dem Blickpunkt derjenigen Ansicht, die dem BGH folgt, kein endgültiges Ergebnis dahingehend erzielt, daß für die hier (ausschließlich) behandelte Teilfrage der ausgelagerten Tätigkeiten das Recht des Idealvereins sich als zwingend auf die Gewerkschaften anwendbar erweist. Denn dafür wäre erforderlich, daß diese Ansicht ihr Ergebnis, das sie mit Gläubigerinteressen begründet hat (und auch in der Argumentation

[58] Wiedemann, Gesellschaftsrecht I, § 6 IV 3 (2), S. 354.

[59] Und die diese Rechtsprechung vorbereitende Literatur, wie etwa Hemmerich, Möglichkeiten und Grenzen wirtschaftlicher Betätigung von Idealvereinen.

[60] Angedeutet sei immerhin, daß das im Grunde berechtigte Verlangen nach einer Ausgliederung der wirtschaftlichen Tätigkeiten der Idealvereine dadurch erreicht werden könnte, daß das angedeutete innerverbandliche Kontrolldefizit (freiwillig) kompensiert wird, etwa durch eine den für Aktiengesellschaften vorgeschriebenen externen Kontrollen und Prüfungen ähnliche unabhängige, von Dritten ausgeführte Kontrolle mit Entscheidungsbefugnissen, die vergleichbar sind denen der Hauptversammlung der AG. Nach der Ansicht Flumes reicht eine völlige Verselbständigung der Tochter aus (Flume I/2 S. 114). Diese Ansicht könnte zwar konzernrechtlichen Haftungsrisiken gerecht werden. Ihr ist jedoch nicht zu folgen, weil sie den anderen Gesichtspunkten (Mitgliederschutz, Gläubigerschutz durch Mitgliederschutz) nicht genügt.

Reuters[61] spielt der Gesichtspunkt des Mitgliederschutzes in erster Linie insoweit eine Rolle, als Gläubigergesichtspunkte dadurch reflexartig Schutz erfahren), zusätzlich mit Gesichtspunkten des Mitgliederschutzes absichert. Im ADAC-Fall war der Blick auf diesen Gesichtspunkt durch die wettbewerbsrechtliche Einkleidung des Rechtsstreits, die wegen dieser Einkleidung nur über einen gedanklichen Umweg überhaupt zum Vereinsrecht führte,[62] behindert. Die Betrachtung des BGH richtete sich nicht auf den Mitgliederschutz und nicht auf die Frage einer funktionierenden Innenstruktur des ADAC zur Verwaltung der 100%igen Beteiligung an der Versicherungs-AG. Man darf aus dem ADAC-Urteil nicht mehr herauslesen, als es entschieden hat; Fragen der innerverbandlichen Struktur des Idealvereins ADAC e.V. und die Frage der Idealvereinseigenschaft des e.V. gehören nicht zu den Komplexen, zu denen der BGH Stellung nahm. Das ADAC-Urteil gibt also keine Antwort auf Fragen des Mitgliederschutzes.[63] Eine solche Antwort müsste sich aber ausführlich mit im wesentlichen wohl unangefochtenen und auch hier zugrundegelegten Grundannahmen des Vereinsrechts auseinandersetzen, von denen Flume eine dahingehend formuliert, daß ein Verein, „der eine Kapitalgesellschaft beherrscht, die sich wirtschaftlich betätigt", ein wirtschaftlicher Verein ist.[64]

2. Institutioneller Mitgliederschutz im Holzmüller-Urteil

Eine Vernachlässigung des Mitgliederschutzes ist aber gerade von der Rechtsprechung des II. Zivilsenats nicht zu erwarten. Dieser hat in dem Urteil BGHZ 83, 122 („Holzmüller") einen Fall in grundsätzlicher Weise entschieden, der ebenfalls die Auslagerung einer wirtschaftlichen Tätigkeit und die damit verbundene Mediatisierung mitgliedschaftlicher Kontrolle betraf. Die Gefahren einer qualitativ durchschlagenden Verdünnung von Mitgliedschaftsrechten hat der BGH wie folgt beschrieben:

> „Verlagert eine AG wesentliche Teile ihres Betriebsvermögens auf eine Tochtergesellschaft, so schwächt diese Strukturänderung selbst dann, wenn sämtliche Anteile in den Händen der Obergesellschaft verbleiben, die Rechtsstellung ihrer Aktionäre. Diese verlieren dadurch namentlich die Möglichkeit, im Rahmen der gemäß § 119 AktG der Hauptversammlung vorbehaltenen Befugnisse den Einsatz des abgespaltenen Betriebskapitals, das Risiko seines Verlusts und die Verwendung seiner Erträge unmittelbar zu beeinflussen".[65]

Die zu regelnden Sachfragen sind im Verein (nur) insoweit von denen in der Aktiengesellschaft verschieden, als mitgliedschaftliche Befugnisse des Aktionärs in ihrer gesetzlichen Ausgestaltung greifbarer sind und ihre Ver-

[61] Als des Hauptvertreters der die Auffassung des BGH ablehnenden Ansicht

[62] Dazu s.o. S. 60 ff.

[63] Obwohl es dies nach hiesiger Ansicht hätte tun müssen.

[64] Flume, Juristische Person, S. 107.

[65] BGHZ 83, 122 (136).

letzung eine finanziell motivierte Klage wahrscheinlicher macht[66] als im Verein. Die Nichtexistenz mitgliedschaftlicher Rechte im Verein und folglich die Unmöglichkeit ihrer Verkürzung wird aber nirgendwo behauptet; auf einen bloß quantitativen Unterschied ließe sich eine Argumentation dahingehend, die durch die Mediatisierung eintretende[67] Verkürzung mitgliedschaftlicher Rechte sei grundsätzlich im Verein anders zu behandeln als in einer handelsrechtlichen Körperschaft, aber nicht stützen. Deshalb ist auch vom Standpunkt des BGH und der ihm entsprechenden Ansichten in der Literatur aus hinsichtlich des Betreibens wirtschaftlicher Tätigkeiten durch die Gewerkschaft eine Berücksichtigung mitgliedschaftsschützender Aspekte möglich. Eine Berücksichtigung solcher Interessen würde aber dagegen sprechen, das Vereinsrecht des BGB auf die Gewerkschaften anzuwenden. Eine andere Beurteilung hat auch der BGH in seinem ADAC-Urteil nicht getroffen, da er sich mit dem Gesichtspunkt des Mitgliederschutzes nicht beschäftigt hat.

3. Mitgliederschutz und Rechtsform der Gewerkschaften aus Sicht der Literatur

Wie soll diejenige Literaturmeinung entscheiden, die mit Recht den von der Auffassung des Bundesgerichtshofs abweichenden Standpunkt vertritt, daß nämlich die ausgelagerte wirtschaftliche Betätigung zur Idealvereinseigenschaft in einem Spannungsverhältnis steht? Konsequent wäre es für sie, die Verweisung in § 54 S. 1 BGB ernst zu nehmen. Die theoretische Möglichkeit einer solchen Konsequenz wird auch von Reuter in Umrissen angedeutet.[68] Wenn eine zivilrechtliche Einordnung der Gewerkschaften zu einem Ergebnis käme, wonach die Gewerkschaftsmitglieder bzw. die Gewerkschaftsführung unübersehbaren Haftungsrisiken und den in bezug auf das innere Organisationsrecht strukturell vom Verbandsrecht stark unterschiedlichen Lösungen des Gesellschaftsrechts ausgesetzt wären, wäre dies aber mit Art. 9 III nicht vereinbar. Die in Art. 9 III GG enthaltene Garantie einer Entfaltungs- und rechtlich geschützten Bestandsmöglichkeit für die Gewerkschaften verbietet dies, ohne daß diese Unvereinbarkeit angesichts der für die Gewerkschaftsarbeit schwerwiegenden Rückwirkungen einer Anwendung des Rechts der BGB-Gesellschaft[69] einer näheren Darlegung bedürfte. Es genügt, darauf hinzuweisen, daß den Gewerkschaften in Art. 9 III GG das Recht auf freies Fortbestehen gewährleistet wird[70] und Art. 9 III

---

[66] So lag der Fall in dem Holzmüller-Urteil (Minderheitsaktionär).

[67] Und auch vom BGH nach seinen eindeutigen Ausführungen im Holzmüller-Urteil nicht zu bestreitende.

[68] MünchKomm/Reuter §§ 21, 22 Rn. 18 bei Fn. 48.

[69] Oder gar der handelsrechtlichen Personengesellschaften?

[70] Dazu Säcker, Grundprobleme, S. 33 ff.; BVerfGE 4, 96 (109); 28, 295 (304); Scholz, Koalitionsfreiheit, S. 258 ff.

ihnen einen Anspruch auf eine funktionsgerechte Organisationsform einräumt.[71] Weder wäre der Anspruch auf freies Fortbestehen bei existenzgefährdenden Haftungsansprüchen gesichert noch stellt das Recht der handelsrechtlichen Gesellschaften eine funktionsgerechte Organisationsform dar.

Ist aber nach dieser Ansicht festzustellen, daß die Gewerkschaften wie in der ausgelagerten Gründung wirtschaftlicher Organisationen Aktivitäten entfalten dürfen, die ein „normaler" Verein nicht entfalten könnte, ohne dem Verdikt des § 22 BGB zu unterfallen, so wird dadurch der Sonderstatus der Gewerkschaften auch bezüglich der materiellrechtlichen Vereinsklassenabgrenzung hinreichend deutlich.

V. Ist das wirtschaftliche Engagement der Gewerkschaften durch das Nebenzweckprivileg gedeckt?

Wenn man wie die h. M. die Gewerkschaften als Vereine i.S. des BGB-Vereinsrechts ansieht, liegt es nahe, zu prüfen, ob ihre wirtschaftlichen Betätigungen durch das Nebenzweckprivileg gedeckt sind. Betrachtungen in der Literatur sind zu diesem Problem naturgemäß nicht ersichtlich, da die Frage der Rechtsform der Gewerkschaften nicht problematisiert wird.

1. Auslegungskriterien für das Nebenzweckprivileg

Das Nebenzweckprivileg ist teleologisch auszulegen. Bei der oben diskutierten Frage der wirtschaftlichen Leistungen der Gewerkschaften an ihre Mitglieder wurde als das dort im Vordergrund stehende Telos bei der Interpretation des Nebenzweckprivilegs der Mitgliederschutz genannt. Hinsichtlich der wirtschaftlichen Betätigung der Gewerkschaften ist auch der Gläubigerschutz neben dem Mitgliederschutz als möglicher Gesichtspunkt bei der Auslegung des Nebenzweckprivilegs zu untersuchen.

Der Gesichtspunkt des Mitgliederschutzes spricht angesichts des völligen Versagens des BGB-Vereinsrechts bezüglich des Mitgliederschutzes eindeutig gegen die Unterstellung eines Verbandes mit bedeutenden wirtschaftlichen Unternehmungen unter das Recht des Idealvereins. Die einzelnen Gesichtspunkte des im Vereinsrecht fehlenden vermögensrechtlich orientierten Mitgliederschutzes sind oben dargestellt worden.[72] Sie müßten nach der hier vertretenen Auffassung konsequenterweise dazu führen, eine Erfassung der bedeutenden wirtschaftlichen Tätigkeiten der Gewerkschaften durch das Nebenzweckprivileg für geradezu absurd zu halten. Die Anwen-

[71] Scholz, Koalitionsfreiheit, S. 255.

[72] S. o. S. 48 ff.

dung des Rechts des BGB-Vereins auf einen Verband, der einen Konzern mit Umsätzen in Höhe von Milliarden DM leitet und der Haftungsrisiken in Höhe von mehreren Milliarden DM trägt,[73] ist dermaßen ungeeignet, daß ein „Nebenzweckprivileg“, das für Fälle wie die Vereinskantine gedacht ist, auf die „Neue Heimat“ oder die Bank für Gemeinwirtschaft nicht „paßt“.

2. Ansicht des Bundesgerichtshofes

Ist der BGH in diesem Punkt anderer Auffassung? Er hat in dem ADAC-Urteil, in dem eine mit den Gewerkschaften zumindest annähernd vergleichbare Konstellation vorlag, geprüft, ob der ADAC seinen Charakter als Idealverein[74] dadurch verliert, daß er die Leitung einer Versicherungs-Aktiengesellschaft innehat. Diese Passage des Urteils verdient eine genauere Analyse, um festzustellen, was der BGH auch in diesen das Nebenzweckprivileg betreffenden Ausführungen entschieden und aber auch, was er *nicht* entschieden hat.

Der BGH unterschied im ADAC-Urteil zwar nicht explizit, aber der Sache nach zwei Aspekte: Zum einen problematisierte er, ob eine eigene wirtschaftliche Tätigkeit des Idealvereins in der Leitung des ausgelagerten wirtschaftlichen Unternehmens zu sehen ist: Die Kläger im Verfahren um den ADAC wandten ein, der ADAC verhalte sich *dadurch* wie ein wirtschaftlicher Verein i.S.d. § 22 BGB, daß er die ADAC-Rechtsschutz-Versicherungs-AG „in vielfältiger Weise, insbesondere durch mietweise Überlassung von Verwaltungs- und Geschäftsräumen, durch Tätigkeiten des ADAC-Personals bei der Beratung und beim Abschluß von Versicherungsverträgen, durch die Überlassung der EDV-Anlage“ ...[75] etc. *unterstütze*. Diese *eigene* wirtschaftliche Tätigkeit des ADAC, die mit der Ausgliederung der Versicherungs-AG zwar zusammenhing, nicht aber die wirtschaftliche Tätigkeit der Versicherungs-AG selbst und deren Zurechnung zu dem Idealverein ADAC war Gegenstand der Betrachtungen des BGH zu dem Nebenzweckprivileg.

Nach Ansicht des BGH war es auch tatsächlich so, „daß diese von den Kl. behaupteten Tätigkeiten ... (des ADAC) in den Rahmen eines *eigenen*, rechtlich nicht verselbständigten Geschäftsbetriebs fallen und damit die Voraussetzungen für das Vorliegen eines wirtschaftlichen Geschäftsbetriebs i.S. der §§ 21 und 22 BGB erfüllen, weil es sich insoweit um planmäßige, auf Dauer angelegte und nach außen gerichtete, d.h. über den vereinsinternen Bereich hinausgehende, eigenunternehmerische Tätigkeiten handelt, die auf die Verschaffung vermögenswerter Vorteile zugunsten des Vereins oder

[73] Dazu siehe im einzelnen unten § 6.

[74] Der ADAC ist ein e.V.

[75] BGHZ 85, 84 (92).

seiner Mitglieder abzielen".[76] Die Definition des wirtschaftlichen Geschäftsbetriebs, die der BGH hier zugrundelegt, entspricht zwar nicht dem aktuellen Stand der einschlägigen Dogmatik;[77] immerhin ist das Institut des Nebenzweckprivilegs aber nicht ernsthaft angefochten und konnte deshalb vom BGH diesem Aspekt seiner Entscheidung zugrundegelegt werden. Der BGH kam also zu dem Schluß, diese von ihm als solche eingestufte wirtschaftliche Betätigung des ADAC e.V. sei durch das Nebenzweckprivileg gedeckt.[78]

3. Zurechnung der ausgelagerten Tätigkeit

Für den BGH war die weitere Frage zu beantworten, ob dem Idealverein ADAC e.V. die Tätigkeit der von ihm betriebenen Versicherungs-AG in dem Sinne „zugerechnet" werden kann, daß es einer gesonderten Rechtfertigung bedurft hätte, in dieser, sei es auch ausgelagerten, wirtschaftlichen Tätigkeit kein Hindernis für die Einstufung als Idealverein zu sehen. Für den BGH bestand die Möglichkeit, die wirtschaftliche Betätigung auch dann für eine potentiell eintragungsschädliche Aktivität zu halten, wenn diese in ausgelagerter Form betrieben wird. Dies wird in der Literatur unter dem Stichwort der „Zurechnung"[79] der ausgelagerten Tätigkeit zu dem Verein behandelt und teilweise auch gefordert.[80] Der BGH nimmt zu dieser Auffassung nicht explizit Stellung, kommt aber eindeutig zu dem Ergebnis, in der Tätigkeit der Versicherungs-AG könne „ein eigener wirtschaftlicher Geschäftsbetrieb des Bekl. zu 1 (ADAC) i.S. der §§ 21 und 22 BGB auch nicht deshalb erblickt werden, weil dem Bekl. zu 1 sämtliche Anteile der Bekl. zu 3 (Versicherungs-AG) gehören und weil er mit ihr nach der Behauptung der Kl. personell in vielfacher Hinsicht verflochten ist und geschäftsleitende Befugnisse in der von ihm allein beherrschten Gesellschaft ausübt." Der BGH sah sich deshalb nicht veranlaßt, zu der Frage des Nebenzweckprivilegs Stellung zu nehmen, die sich dann gestellt hätte, wenn der BGH den Standpunkt geteilt hätte, die ausgelagerte wirtschaftliche Tätigkeit sei dem Verein zuzurechnen. Darüber enthält das Urteil also keine Aussage.

4. Zusammenfassung

Es ist fraglich, wieweit das ADAC-Urteil, das von dem für das Wettbewerbsrecht zuständigen ersten Senat stammt, Allgemeingültigkeit bean-

---

[76] BGHZ 85, 84 (92) (Hervorhebung vom Verf.).

[77] Mit Recht kritisiert von K. Schmidt, NJW 1983, 543 (544 f.) und Hemmerich, BB 1983, 332 (333).

[78] BGHZ 85, 84 (93), zustimmend Hemmerich, BB 1983, 332 (333).

[79] So etwa Hemmerich, BB 1983, 26 (27).

[80] Mit umfassender Begründung etwa von K. Schmidt in AcP 182 (1982), 1 (23). Dagegen Hemmerich BB 1983, 26 (28 f.).

spruchen darf.[81] Unabhängig davon aber, ob tatsächlich den Vorstellungen des BGH zur ausgelagerten wirtschaftlichen Betätigung von Idealvereinen zu folgen ist, lassen sich auf der Basis des ADAC-Urteils bisher folgende Schlußfolgerungen ziehen: Der BGH lehnt zwar eine Zurechnung der ausgelagerten wirtschaftlichen Tätigkeit zu dem Idealverein ab, verweist aber auf die *konzernrechtliche Verantwortung* des Idealvereins. *Diese* soll deshalb im folgenden untersucht werden. Eine Deckung durch das Nebenzweckprivileg bejaht der BGH nur für die eigene Leitungstätigkeit des Idealvereins; hinsichtlich der ausgelagerten Tätigkeiten stellt sich ihm die Frage nicht.

§ 6 Konzernrechtliche Gesichtspunkte

I. Die Gewerkschaft – ein „herrschendes Unternehmen"?

1. Erforderlichkeit konzernrechtlicher Überlegungen als Konsequenz der Rechtsprechung des BGH zum Vereinsrecht

Konzernrechtliche Gesichtspunkte bringt der BGH, wie angedeutet, selbst ins Blickfeld, indem er nämlich eine mögliche konzernrechtliche Inanspruchnahme des Vereins bzw. der ihn repräsentierenden Vorstandsmitglieder in Erwägung zieht. Im einzelnen führt der BGH aus, falls dem Idealverein (ADAC e.V.) sämtliche Anteile der AG gehörten, er mit dieser personell eng verflochten sei und er geschäftsleitende Befugnisse ausübe, so sei davon auszugehen, daß die AG „als abhängiges Unternehmen i.S. des § 17 AktG"[1] von dem e.V. beherrscht werde, wobei es sich (wie wohl in der Regel) um einen faktischen Konzern handele. Anwendbar sei deshalb § 317 AktG,[2] wonach das herrschende Unternehmen den Gläubigern zum Verlustausgleich verpflichtet ist. Wenn man nun davon ausgeht, daß Konzernrecht (auch)[3] Gläubigerschutz intendiert, ein „Idealverein" als beherrschendes Unternehmen i.S.d. Konzernrechts aber typischerweise gerade über kein relevantes Haftkapital verfügt, mit dem einschlägige Gläubigerinteresen befriedigt werden könnten, so sieht sich der BGH vor die Schwierigkeit gestellt, die in der Konsequenz seiner Ansicht liegende konzernrechtliche Konstellation nicht befriedigend (im Sinne einer die Gläubigerinteressen ausreichend abdeckenden Haftungsgrundlage) lösen zu können. Es bleibt dem BGH nur noch die Verweisung auf die Haftung der Repräsentanten des

---

[81] Insofern zurückhaltend Kübler, ZHR 147 (1983), 454 (455).

[1] Unternehmen i.S.d. § 17 AktG ist weit zu verstehen; auch eine einzelne natürliche Person kann „Unternehmen" i.S.d. § 17 AktG sein, vgl. BGHZ 95, 330 (349).

[2] BGHZ 85, 84 (91).

[3] Neben dem Schutz von Minderheitsgesellschaftern, die in der hier interessierenden Konstellation nicht vorhanden sind. Vgl. nur Großkomm/Würdinger, Vorbem. vor § 291 ff. AktG, IV 2 b. In der Rechtsprechung zuletzt BGHZ 95, 330 (343).

beherrschenden Unternehmens, also des Vereinsvorstands. In der Tat bejaht er konsequent die Anwendbarkeit von §§ 317 IV, 309 IV AktG,[4] durch den „die Ansprüche der Gläubiger der abhängigen AG gegen den Verein als herrschendes Unternehmen ergänzt würden durch die persönliche und gesamtschuldnerische Haftung des Vorstands des herrschenden Unternehmens und der Vorstands- und Aufsichtsratsmitglieder des abhängigen".[5]

Können diese Überlegungen auch Bedeutung für die Gewerkschaften erhalten? Diese sind bezüglich der „Neuen Heimat" als herrschendes Unternehmen i.S.d. §§ 16-18 AktG anzusehen.[6] Deshalb treffen sie grundsätzlich auch die konzernrechtlichen Haftungsfolgen.

2. Bedenken gegen die Anwendung der konzernrechtlichen Haftung auf die Gewerkschaften

Um die Kritik überspitzt zu formulieren:[7] Wie soll der Vorsitzende des DGB einige Milliarden DM aufbringen? Primär aber fragt es sich, ob eine konzernrechtliche Haftung des das ausgelagerte Unternehmen tragenden Idealvereins tatsächlich ein taugliches Äquivalent für direkte wirtschaftliche Interessen der als wirtschaftliche Eigentümer primär am Wohlergehen des beherrschten Unternehmens interessierten natürlichen Personen darstellt (wie besonders von Reuter[8] gefordert), ob den vom BGH in den Vordergrund gerückten Gläubigerinteressen tatsächlich, wie vom BGH unterstellt, durch diese konzernrechtliche Haftung ausreichend gedient ist und wie es sich in die innerverbandliche Rechtslage des herrschenden Vereins einfügt, wenn dessen Repräsentanten nach konzernrechtlichen Grundsätzen haften.

3. Geltung konzernrechtlicher Schutzzwecke für die Gewerkschaften

Warum eigentlich geht der BGH auf die Frage der konzernrechtlichen Haftung ein? Von seinem Standpunkt aus hätte es genügt, auf die rechtsformspezifische Gläubigerabsicherung der handelsrechtlichen Körperschaften hinzuweisen. Aber – und darin ist dem BGH zuzustimmen[9] – es

[4] BGHZ 85, 84 (90 f.).

[5] BGHZ 85, 84 (91).

[6] Ulmer, Rechtsgutachten, S. 420 ff.

[7] Offensichtlich fällt eine andere Reaktion schwer; auch Flume, der in seiner „Juristischen Person" nur noch kursorisch auf das ADAC-Urteil eingehen konnte, bezeichnet diese Passage des Urteils als „wunderliche Argumentation" (Flume, Juristische Person, S. 114).

[8] MünchKomm/Reuter, §§ 21, 22 Rn. 10

[9] Insofern zustimmend, wenn auch mit einem hier nicht zu erörternden Ergebnis (Zulässigkeit der ausgelagerten Tätigkeit bei völliger Selbständigkeit der Tochter) Flume, Juristische Person, S. 114. Die Problematik zeigt sich deutlich in dem

liegt eben bei dem von einem *Verein* ausgelagerten Unternehmen grundsätzlich die gleiche Gläubigerinteressen gefährdende Situation vor wie sonst bei einem beherrschten Unternehmen: durch den Wegfall der Kongruenz der Interessenlage der Eigentümer und Gläubiger bezüglich des wirtschaftlichen Wohlergehens des Unternehmens entsteht eine gläubigergefährdende Situation. Beleg für den Wegfall des Interessengleichlaufs, der ein Korrektiv durch die Rechtsordnung zugunsten der Gläubiger fordert, ist auch, daß Konzernrecht *gleichzeitig* Minderheiten- und Gläubigerschutz ist: Die Interessen der Minderheit sind eben genauso wie die der Gläubiger gefährdet, wenn die Mehrheit nicht mehr das Unternehmensinteresse, sondern ein außerhalb des Unternehmens liegendes Konzerninteresse verfolgt.[10] Ebenso vorstellbar ist aber auch, daß die Verselbständigung von Management-Interessen, die nicht notwendigerweise kongruent sein müssen mit dem Interesse des Unternehmens „an sich“[11] bzw. dem „Unternehmensinteresse“,[12] dem Wohlergehen des Verbandes abträglich ist.

Es gibt Manager, die ihrem Unternehmen gegenüber untreu handeln, indem sie ihre persönlichen Interessen vorweg befriedigen, ebenso wie es Manager gibt, die ihrer Aufgabe ohne bösen Willen nicht gewachsen sind. Den Gefahren einer solchen Verselbständigung von Managerinteressen begegnet in der handelsrechtlichen Körperschaft notfalls die Mitgliederversammlung mit bohrenden Fragen nach der Gewinnausschüttung. Wie aber, wenn in der Mitgliederversammlung persönlich an der Gewinnverwendung desinteressierte Strohmänner oder Treuhänder sitzen? Wie, wenn bei direkter Kontrolle der ausgelagerten Körperschaft durch den Vorstand des Idealvereins dieser seine Pflichten gegenüber seinem Verein zur sorgfältigen Verwaltung des Vereinsvermögens[13] dahingend interpretiert, eine besondere Kontrolle des Unternehmens sei – gerade wenn keine Einflußnahme auf die konkrete Geschäftsführung erfolgt – nicht geboten. Dies könnte er damit

---

Beschluß des OLG Hamm v. 3.11.1986 (AG 1987, 38 ff., mit abl. Anmerkung Mertens), in der das OLG Hamm wenigstens ein relativ neutrales Aufsichtsratsmitglied fordert, wenn keine unzulässige qualifizierte Konzernierung einer Aktiengesellschaft vorliegen soll. Dazu auch Flume, Juristische Person, S. 122 ff., K. Schmidt, Gesellschaftsrecht, S. 728.

[10] Oben § 5 III 4.

[11] Wiedemann, Gesellschaftsrecht I, S. 37 ff.; Zöllner, Schranken mitgliedschaftlicher Stimmrechtsmacht, S. 67 Fn. 1.; zu dem Begriff des Unternehmensinteresses vgl. Jürgenmeyer, Unternehmensinteresse, S. 1 ff. (Unternehmensinteresse sei mehr als die Summe von Partikularinteressen); Teubner, ZHR 149 (1985), 470 (484) (Korrektiv für die Steuerung des Unternehmenshandelns, wenn diese nicht funktionsgenau operiert); skeptisch K. Schmidt, Gesellschaftsrecht, S. 613.

[12] Verstanden als das Wohl des Unternehmens als Wirkungseinheit, vgl. Wiedemann, Gesellschaftsrecht I, S. 56 ff.

[13] Diese verbandsinterne Verpflichtung des herrschenden Konzernunternehmens stellt Hommelhoff sogar in den Mittelpunkt seiner These einer Konzernleitungspflicht; den Gesichtspunkten des Verlustausgleichs und der Mithaft erkennt er demgegenüber einen „bloß argumentations*verstärkenden*“ Charakter“ zu (Hervorheb. im Original), siehe Konzernleitungspflicht S. 74, S. 43 ff.

begründen, daß eine Gewinnausschüttung an den Verein nicht bezweckt ist und andererseits das beherrschte Unternehmen „alle mit der Rechtsform einer solchen Gesellschaft erforderlichen Sicherheiten bietet".[14] In konzernrechtlichem Zusammenhang findet sich im Schrifttum die Aussage: „Die Beachtung des Unternehmensverhaltenskodex' bedarf zusätzlicher Rechtskontrolle, wenn die Eigentümeraufsicht versagt".[15] Dies sollte aber ein Grund sein, bei der Bestimmung der anwendbaren Normkomplexe – hier: des auf die Gewerkschaften, die wirtschaftliche Tätigkeiten auf von ihnen kontrollierte handelsrechtliche Körperschaften auslagern, anwendbaren Normkomplexes – darauf zu achten, daß die Eigentümeraufsicht nicht systembedingt und geradezu zwangsläufig versagen *muß*. Eben diese Gefahr besteht aber – wie oben gezeigt[16] – wenn das BGB-Vereinsrecht im Hinblick auf die Gewerkschaften zur Anwendung gebracht wird!

II. Verfassungsrechtliche Bedenken gegen eine vereinsrechtliche Verweisung auf die konzernrechtliche Haftung

Ob der Auffassung des BGH für die Gewerkschaften gefolgt werden kann, ist schon deshalb fraglich, weil sich an dieser Stelle die Gefahr verfassungswidriger Ergebnisse wegen einer Verletzung von Art. 9 III GG abzeichnet. Eine Auffassung, die wie diejenige des BGH zu finanziell unkontrollierten[17] Haftungsfolgen für die Gewerkschaften und die Führer der Gewerkschaften führen kann, muß sich an den Ergebnissen messen lassen, die diese Auffassung auf die Lebensfähigkeit der Gewerkschaften hat. Oder – andersherum formuliert – wer behauptet, die Gewerkschaften seien als gewöhnliche Vereine einzustufen, muß bedenken, daß dies nach der Rechtsprechung des BGH zum Vereinsrecht[18] Haftungsfolgen haben kann, bei denen in letzter Konsequenz die Existenz der Gewerkschaft auf dem Spiel steht. Wäre aber die Koalitionsbetätigungsgarantie gewahrt, wenn das ganze Gewerkschaftssystem durch finanziell unkontrollierbare konzernrechtliche Haftungsfolgen bedroht wäre?

Es ist zu fragen, ob man noch von einer verfassungskonformen Praxis sprechen könnte, wenn die Führer der Gewerkschaften der persönlichen und gesamtschuldnerischen Haftung als Vorstände des herrschenden Unternehmens und regelmäßig gleichzeitig als Aufsichtsratsmitglieder des abhän-

---

[14] BGHZ 85, 84 Ls. 1.

[15] Wiedemann, Gesellschaftsrecht I, S. 353.

[16] S.o. § 5 III 4.

[17] Wie soll nach Meinung des BGH denn die Eingehung von Risiken in der Größenordnung von Milliarden DM durch den Verband kontrolliert werden? Spätestens bei der Konsequenz von den Verband ruinierenden Haftungsfolgen, verursacht durch einen dazu nicht ausgebildeten Vereinsvorstand, hätte der BGH auf Aspekte des Schutzes mitgliedschaftlicher Positionen eingehen müssen.

[18] Im ADAC-Urteil (BGHZ 85, 84).

gigen Unternehmens[19] unterlägen. Zwar läßt sich Art. 9 III GG nicht eine Bestandsgarantie der konkreten existierenden Arbeitnehmerorganisationen in dem Sinne entnehmen, daß eine Haftung der Gewerkschaften für von ihnen betriebene wirtschaftliche Aktivitäten grundsätzlich schon deshalb ausgeschlossen ist, weil eine solche Haftung die Entfaltungsmöglichkeiten der Arbeitnehmerkoalitionen beeinträchtige und damit in den Schutzbereich des Art. 9 III GG eingreife. Insofern hätte sich die Gewerkschaft, wenn sie sich in den Bereich des Marktes begibt, auch den Gesetzen der Wettbewerbswirtschaft zu beugen. Doch Art. 9 III GG ermöglicht eine autonome Ordnung des Arbeitslebens durch die Koalitionen.[20] Dies bedeutet, daß das Leitbild einer „Kampf- und Ausgleichsordnung der Koalitionen“[21] funktions- (und damit streikfähige) Arbeitnehmerkoalitionen voraussetzt. Das verfassungsrechtliche Erfordernis funktionsfähiger Koalitionen müßte zum Verdikt der Verfassungswidrigkeit der Rechtsprechung des BGH führen, wenn diese zur Folge hätte, daß die Gewerkschaften sich wirtschaftlich mit den genannten Haftungsrisiken engagieren können, ohne durch ein adäquates Verbandsrecht innerverbandlich dazu gerüstet zu sein. Der BGH erlaubt die ausgelagerte wirtschaftliche Betätigung von Idealvereinen, wie im ADAC-Urteil, mit der Begründung, der Idealverein hafte ebenso wie dessen Vorstand, womit der BGH den Gedanken der Schadensprävention zurückstellt. Der BGH fragt im ADAC-Urteil nicht, wie Mechanismen zur Kontrolle der wirtschaftlichen Engagements von Idealvereinen institutionalisiert werden könnten bzw. ob die vereinsrechtliche Nicht-Berücksichtigung wirtschaftlicher Interessen der Zulässigkeit einer Betätigung eines Idealvereins als Konzernobergesellschaft entgegensteht. Er gibt sich mit einer seiner Meinung nach ausreichenden Sicherung von Gläubigerinteressen zufrieden, begnügt sich also mit der Schadensbegrenzung. Daß der Idealverein dabei potentiell in seiner Existenz gefährdet ist und wegen der drohenden persönlichen Haftung der Vorstandsmitglieder auch in seiner Betätigung gestört wird, bewertet der BGH grundsätzlich nicht anders als parallele Fälle bei handelsrechtlichen Körperschaften. Diese Fragen muß der BGH sich auch nicht unbedingt stellen,[22] solange es „nur“ einfache Idealvereine i.S.d. BGB sind, deren wirtschaftliches Engagement ihre Existenz bedroht. Die Entscheidung des ADAC-Falles brauchte dem BGH auch deshalb in concreto nicht sonderlich schwer zu fallen, weil das in der Bundesrepublik Deutschland geltende System der Versicherungsaufsicht einen Fall der Insolvenz eines Versicherungsunternehmens sehr unwahrscheinlich macht.[23]

---

[19] BGHZ 85, 84 (91).

[20] BVerfGE 44, 322 (341).

[21] Badura, Recht der Koalitionen, in: Arbeitsrecht der Gegenwart, 17 (19); zustimmend Scholz, in: Maunz/Dürig, GG, Art. 9 Rn. 164.

[22] Anderer Ansicht sind allerdings Reuter und K. Schmidt bereits für den relativ unproblematischen Fall des normalen Idealvereins!

[23] Goldberg/Müller, VAG, Einleitung, (S. 45 ff.).

Anders aber sieht die Lage hinsichtlich der Gewerkschaften aus. Die wirtschaftliche Existenz und das gute Funktionieren der Gewerkschaften sind in der Bundesrepublik für den gesamten Staat von größter Bedeutung. Auch dann, wenn bloß eine Haftung der Gewerkschaften in Frage steht, wird damit ihre Funktionsfähigkeit in einem Ausmaß gestört, das Auswirkungen auf das gesamte soziale und wirtschaftliche Leben der Republik haben kann. Es sei hier nur daran erinnert, daß ein einzelner bedeutender Streik eine Gewerkschaft durchaus mehrere hundert Millionen DM an Streikunterstützung kosten kann.[24] Die Gewerkschaften sind also auf gesunde wirtschaftliche Verhältnisse angewiesen, wenn sie die Rolle wahrnehmen sollen, die das Grundgesetz ihnen zugedacht hat. Die Rechtsprechung des BGH zum Vereinsrecht hätte, wenn man sie auf die Gewerkschaften anwendete, zur Folge, daß auf die Gewerkschaften erhebliche haftungsrechtliche Konsequenzen zukämen, obwohl im Vereinsrecht des BGB keine Mechanismen zur Steuerung solcher Gefahren vorgesehen sind.

Wenn das Vereinsrecht des BGB auf die Gewerkschaften angewendet würde, so würde ein Verbandsrecht zur Verfügung gestellt, das keine mitgliedschaftliche Kontrolle des wirtschaftlichen Engagements des Verbandes ermöglichte und statt dessen die arbeitskampffinanzierende Vermögensbildung des Verbandes durch konzernrechtliche Haftungsrisiken in Gefahr brächte.[25] Dies ist abzulehnen.

Diese Erwägungen basieren auf dem Gedanken, daß die Gewerkschaften, wie dies vom BGH im ADAC-Fall unterstellt wurde, eine Leitungsfunktion im konzernrechtlichen Sinne ausüben.

Die knappen Andeutungen des BGH im ADAC-Urteil dürfen dahingehend verstanden werden, daß er von einer Ausübung von Leitungsmacht durch den „herrschenden Idealverein" im ADAC-Fall ausging.[26] Die vom BGH dargelegten haftungsrechtlichen Konsequenzen, die die Ausübung dieser von Hommelhoff so genannten Konzernleitungspflicht haben kann, bestehen typischerweise[27] in der Haftung des „herrschenden Vereins", „ergänzt" durch die „persönliche und gesamtschuldnerische Haftung des

[24] Die IG Metall beziffert ihre Unterstützungsleistungen in dem großen Metallarbeitskampf 1984 mit 350 – 500 Mio. DM; vgl. mit weiteren Angaben Kirchner, RdA 1986, 159 (160).

[25] Vgl. zu dem aus Art. 9 III GG resultierenden Anspruch der Gewerkschaften auf eine funktionsgerechte Organisationsform Scholz, Koalitionsfreiheit, S. 255.

[26] Auch Flume geht offensichtlich von dieser Annahme aus; Juristische Person, S. 114. Ob die Auffassung des BGH im ADAC-Urteil allerdings dahin interpretiert werden darf, daß der BGH der hier vertretenen Auffassung folgt, wonach das Fehlen einer Leitung des beherrschten Unternehmens durch den herrschenden Verein aus vereinsrechtlichen Gesichtspunkten als unzulässig anzusehen wäre, muß man angesichts der grundsätzlichen Tendenz des ADAC-Urteils aber bezweifeln.

[27] Da eben typischerweise der Idealverein keine relevante Haftungsmasse besitzt, vgl. BGHZ 85, 84 (91).

Vorstands des herrschenden Unternehmens".[28] Herrschendes Unternehmen wäre in diesem Falle die Gewerkschaft. Eben dies muß aber zu Bedenken[29] Anlaß geben:

Macht sich ein herrschendes Unternehmen, das seiner Konzernleitungspflicht nachkommt, potentiell ausgleichspflichtig, so muß diese Ausgleichspflicht aus vereinsrechtlicher Sicht Rückwirkungen haben auf die Zulässigkeit einer solchen Konzernleitung und damit auf die Zulässigkeit einer ausgelagerten wirtschaftlichen Tätigkeit überhaupt.

Das BGB-Vereinsrecht ist auf ganz andere Probleme als auf das der Kontrolle einer Konzernleitung angelegt. Deshalb enthält es kein geeignetes Instrumentarium für die hinsichtlich der wirtschaftlichen Beteiligung an ausgelagerten Betrieben zur Regelung anstehenden Probleme. Dies ist nicht verwunderlich, sollte aber in der Konsequenz dazu führen, daß anerkannt wird, daß das Vereinsrecht im Hinblick auf die wirtschaftlichen Aktivitäten der Gewerkschaften für die Anwendung auf diese nicht geeignet ist.

§ 7 Zusammenfassung der Ergebnisse einer zivilrechtlichen Einstufung der Gewerkschaften in das System des BGB-Vereinsrechts

Die wirtschaftlich bedeutende Funktion des Abschlusses von *Tarifverträgen* und der übrigen den Typus der Arbeitnehmerkoalition prägenden Aktivitäten der Gewerkschaften ist als solche für die Annahme eines „Idealvereins" unschädlich. Insoweit ist allenfalls Platz für die Annahme gewisser „öffentlich-rechtlicher" Eigenschaften der Gewerkschaften bzw. für eine Berücksichtigung dieser Gesichtspunkte bei der Determination des Verbandsinnenrechts, auch wenn das BGB-Vereinsrecht zugrundegelegt würde.

Hinsichtlich der vielfältigen *Service- und Versicherungsfunktionen* den Mitgliedern gegenüber sind die Gewerkschaften außerhalb des Rahmens der Kriterien angesiedelt, die das Bild des Idealvereins abstecken, den das BGB seiner Systematik zugrundelegt. Hinsichtlich des Versicherungskomplexes wäre theoretisch mit der Lehre vom Nebenzweckprivileg zu helfen.[1] Insofern ist festzustellen, daß eine „klassische Subsumtion", soweit eine solche auf dem unsicheren Rechtsgebiet der Vereinsklassenabgrenzung überhaupt möglich ist, durchaus zu dem Ergebnis kommen könnte, die Gewerkschaften seien nichtrechtsfähige Vereine. Dieses Ergebnis ist aber abzulehnen; es erfaßt den wirklichen Status der Gewerkschaften nicht zutreffend. Die

---

[28] BGHZ 85, 84 (91).

[29] In der Kritik überzeugend auch schon für den normalen Idealverein Flume, Juristische Person, S. 113 ff.

[1] So etwa die Lösung von K. Schmidt, Rpfleger 1972, 286 ff, 343 ff. (353).

Gewerkschaften haben sich aufgrund der bedeutenden Funktion, die ihnen nicht nur auf ideal"wirtschaftlichem" Gebiet, sondern auch hinsichtlich der Versicherungsfunktionen und damit auf einem Gebiet mit teilweise strukturell existenzsichernder Funktion zugewachsen sind, so sehr entwickelt, daß auch unter isolierter Betrachtungsweise der Versicherungsfunktion die Einstufung als Idealverein unter Berücksichtigung mitgliedschaftlicher Interessen unzutreffend ist.

Der Gesichtspunkt des Betreibens *ausgelagerter wirtschaftlicher Tätigkeiten* schließlich macht deutlich sichtbar, daß die Gewerkschaften, mindestens wegen der Gefahren, die nach der Rechtsprechung des BGH für sie entstünden, wenn sie als Idealvereine im Sinne des BGB eingestuft würden, ein gesondertes, für sie speziell angepaßtes Verbandsrecht erforderlich ist.

In der *Gesamtschau* ist danach aus zivilrechtlicher Sicht eine Einstufung der Gewerkschaften als Idealvereine, insbesondere wenn man ihre besondere verfassungsrechtliche Stellung berücksichtigt, *abzulehnen*.

§ 8 Zivilrechtliche Auswirkungen der verfassungsrechtlichen Absicherung der Koalitionsautonomie

I. Öffentlich-rechtliche Gesichtspunkte für die Bestimmung der Rechtsform der Gewerkschaften

Welche Auswirkungen hat die verfassungsrechtliche Sonderstellung der Gewerkschaften nach Art. 9 III GG auf ihre Einordnung in das zivilrechtliche Körperschaftsrecht? Dieser Frage soll im folgenden nicht nur dadurch nachgegangen werden, daß in abstrakter Weise Rückschlüsse aus der verfassungsrechtlichen Absicherung auf eine daraus gebotene zivilrechtliche Einordnung gezogen werden. Vielmehr soll zuerst an einem erdachten Beispiel gezeigt werden, wie sich in concreto der besondere Schutz der Verfassung für die Koalitionen auswirken kann und auch jetzt, in allerdings versteckter Form, schon auswirkt:

1. Reichweite der Garantie wirtschaftlicher Betätigung

Denkbar ist eine Fallgestaltung wie die folgende: Die Gewerkschaften beschließen, sich in der Form wirtschaftlich zu betätigen, daß sie mit Mitgliedsbeiträgen (ausgelagerte) Unternehmen betreiben und etwaige Gewinne an die Mitglieder wieder ausschütten. Es ließe sich vorstellen, daß die Gewerkschaftsführung beschlösse, etwa höhere Mitgliedsbeiträge zu erheben oder auch ohne Erhebung zusätzlicher Mitgliedsbeiträge das erhebliche Vermögen der Gewerkschaften gezielt einzusetzen und sich mit dem

Geld mehrheitlich z. B. an bedeutenden Unternehmen zu beteiligen (Mögliche Schlagzeile: „DGB kauft VW“). Die Gewerkschaften könnten so erhebliche Teile der deutschen Volkswirtschaft unter ihre Kontrolle bringen.

Wie soll die formal-rechtliche Einschätzung der Gewerkschaften in einem solchen Fall aussehen? Muß man dann nicht endgültig die bisher (nur!) implizit vorhandene Vorstellung aufgeben, die Gewerkschaften seien „Ideal“vereine, mindestens unterfielen die wirtschaftlichen Aktivitäten aber dem Nebenzweckprivileg?

Würde man den Gewerkschaften also solch ein „Experiment“ verwehren können? Immerhin betreiben die DGB-Gewerkschaften es in ähnlicher Form, nämlich in Form der sog. Gemeinwirtschaft, – abgesehen von der fehlenden Gewinnausschüttung – bereits seit längerer Zeit. Auch bereits der Rahmen der sog. Gemeinwirtschaft läßt sich kaum noch als geringfügig und leicht überschaubar bezeichnen. Warum sollte man also ein oben geschildertes Experiment den Gewerkschaften verwehren wollen, solange man die bisherigen gemeinwirtschaftlichen Aktivitäten der Gewerkschaften für mit dem Status des Idealvereins vereinbar hält?

2. Bedeutung eines denkbaren umfassenden wirtschaftlichen Engagements der Gewerkschaften

Wie wäre es, wenn die Gewerkschaften eine großangelegte Vermögensumschichtung aus dem Bereich der freien Marktwirtschaft in die „bessere“ Gemeinwirtschaft[1] mit Hilfe von Gewerkschaftsbeiträgen betreiben würden? Dann läge eine Beurteilung nahe, die im Vergleich zu der heutigen Gleichgültigkeit gegenüber der mit der wirtschaftlichen Betätigung der Gewerkschaften verbundenen Problematik erheblich kritischer wäre.

Ein *qualitativer* Unterschied zur heute betriebenen Gemeinwirtschaft wäre aber auf den ersten Blick kaum nachzuweisen und höchstens mit einer an dem Gedanken des Umschlagens von Quantität in Qualität orientierten, an die Auslegung des Nebenzweckprivilegs angelehnten Argumentation begründbar. Diese Argumentation müsste etwa so lauten: Man hält eine geringe wirtschaftliche Betätigung eines Idealvereins im Rahmen des Nebenzweckprivilegs für unbedenklich. Also vollzieht sich nach der Lehre vom Nebenzweckprivileg bei einer Überschreitung einer gewissen quantitativen Grenze hier ein Umschlag im Qualitativen.[2] Es wäre dann zu sagen, ebenso sei auch bei einer Überschreitung einer gewissen Grenze[3] wirtschaft-

[1] Jedenfalls halten die DGB-Gewerkschaften Gemeinwirtschaft für eine bessere Wirtschaftsform, vgl. den Beschluß des DGB auf seinem 12. ordentlichen Bundeskongreß, zitiert nach BT-Drucks. 10/5452, abgedruckt ZIP 1986, 803 (813).

[2] Nämlich vom Idealverein zum wirtschaftlichen Verein.

[3] Wie wäre diese zu bestimmen?

lichen Engagements der Gewerkschaften eine Marke überschritten, bis zu der man die Einstufung als nichtrechtsfähiger Verein akzeptieren könne bzw. es sei die Grenze des der Gewerkschaft Erlaubten dadurch überschritten. Hierin läge nicht nur eine Parallele zum Nebenzweckprivileg, sondern es würde sich um nichts anderes als das herkömmliche Nebentätigkeitsprivileg handeln. Nach der hier vertretenen Auffassung ist es kaum möglich, die wirtschaftliche Betätigung der Gewerkschaften auch schon im Rahmen der bisher von ihnen betriebenen Gemeinwirtschaft mit dem Nebentätigkeitsprivileg zu erfassen.[4] Eine Rechtsauffassung jedoch, die ein solches „Umschlagen in Qualität", also die Anwendbarkeit des Nebenzweckprivilegs auf die bisherige wirtschaftliche Betätigung der Gewerkschaften annähme, müßte sich spätestens hier mit den verfassungsrechtlichen Implikationen der Gewerkschafts-Wirtschaft befassen: Eine Auffassung nämlich, die davon ausgeht, ab einer gewissen Grenze der Betätigung sei die Gewerkschaft als ein wirtschaftlicher Verein anzusehen, stieße hier auf verfassungsrechtliche Bedenken, denen im folgenden nachgegangen werden soll. Um bloß hypothetische Erwägungen handelt es sich trotz des erdachten Ausgangsfalles nicht, weil bereits, bevor das Ergebnis einer solchen verfassungsrechtlichen Analyse vorliegt, gesagt werden kann, daß verfassungsrechtliche Einwirkungen auf das Zivilrecht unabhängig davon gelten, wie sich die Gewerkschaften aktuell verhalten. Wenn die Gewerkschaften verfassungsrechtlich eine besondere Rechtsstellung haben sollen, so ist dies *immer* zu berücksichtigen, also auch dann, wenn die Gewerkschaften die nach h. M. durch das Nebenzweckprivileg gezogenen Grenzen nicht überschreiten.

II. Verfassungsrechtliche Vorgaben für die Rechtsformfrage

1. Geltung des Art. 9 III GG für die Arbeitnehmerkoalitionen

Die Gewerkschaften können als solche das Grundrecht aus Art. 9 III GG für sich in Anspruch nehmen. Die Begründung differiert zwar: Die herrschende Meinung und besonders das Bundesverfassungsgericht gehen davon aus, daß Art. 9 III GG ein Doppelgrundrecht gewährleiste, also sowohl dem einzelnen als auch den Koalitionen als solchen zustehe.[5] Scholz vertritt demgegenüber die Auffassung, Art. 9 III GG entfalte Wirkung primär für den einzelnen und für die Koalition nur durch Vermittlung über Art. 19 III GG.[6] Die Resultate stimmen aber nach beiden Theorien anerkanntermaßen

[4] S.o. § 4 III; § 5 V.

[5] BVerfGE 19, 303 (312); 18, 18 (26); 38, 281 (303); Hesse § 12 I 8 c; Rn. 414 ff.; Säker, Grundprobleme, S. 33 ff.; von Mangoldt/ Klein, Art. 9 Anm. V 3; Rüthers, in: Brox/Rüthers, Arbeitskampfrecht, Rn. 83; Galperin, AuR 1965, 1 ff.

[6] Scholz, Koalitionsfreiheit, S. 135 ff., 249 ff. und in: Maunz/Dürig, Art. 9 Rn. 173.

grundsätzlich überein.[7] Dies bedeutet, daß die Gewerkschaften jedenfalls im Ergebnis dem Schutz des Art. 9 III GG unterstehen. Wie weit aber schützt Art. 9 III GG die Gewerkschaften, wenn sie sich wirtschaftlich betätigen? Die Frage muß für den hier interessierenden Teilbereich genauer lauten: Schützt das Grundgesetz die Gewerkschaften davor, in der Rechtsformfrage nach allgemeinen zivilrechtlichen Grundsätzen beurteilt zu werden und dem Verdikt zu unterfallen, es handele sich bei ihnen um wirtschaftliche Vereine?

2. Der Schutzbereich des Art. 9 III GG

An dieser Stelle kann naturgemäß keine umfassende Untersuchung der Reichweite des Art. 9 III GG erfolgen. Deshalb sollen im folgenden die beiden wesentlichen Auffassungen geprüft werden.

Scholz führt als ein Ergebnis seiner einschlägigen öffentlich-rechtlichen Untersuchungen [8] aus, „daß der einfache Gesetzgeber gehalten ist, auch den Koalitionsverbänden bestandsrechtlich adäquate Organisationsformen zur Verfügung zu stellen".[9]

Der große Senat des BAG hat entschieden, das korporative Daseinsrecht der Koalitionen umfasse das Existenzrecht der Koalitionen und die vereinsinterne Verbandsautonomie; beides unterliege nicht der beschränkenden gesetzlichen Normierung.[10] Konkret auf die hier relevante Fragestellung bezogen könnte dies besagen, daß eine Erfassung der Gewerkschaften nach dem Recht der BGB-Gesellschaft[11] verfassungswidrig wäre, weil die BGB-Gesellschaft eine für die Gewerkschaften inadäquate Organisationsform darstellen würde. Allerdings setzt eine solche Schlußfolgerung voraus, daß auch das wirtschaftliche Engagement der Gewerkschaften in den Schutzbereich des Art. 9 III GG fällt. Wäre dagegen das wirtschaftliche Engagement der Gewerkschaften von Art. 9 III nicht mehr erfaßt, so ließen sich die Konsequenzen, die die Gewerkschaft zivilrechtlich träfen, kaum als Verstoß gegen Art. 9 III GG verstehen; die Gewerkschaften müssten sich eine Art „Verschulden gegen sich selbst" vorhalten lassen.

Eine literarische Behandlung der mit der wirtschaftlichen Betätigung der Gewerkschaften verbundenen Probleme ist nicht ersichtlich. So geht Scholz in seiner umfänglichen Monographie auf dieses Thema ebensowenig ein wie die Kommentare zum Grundgesetz.

---

7 So auch Scholz in: Maunz/Dürig Art. 9 Rn. 25.

8 Scholz geht seiner Grundannahme folgend für die Argumentation von Art. 19 III GG aus.

9 Scholz, Koalitionsfreiheit, S. 255.

10 BAGE 20, 175 (211).

11 Oder gar der OHG, wie es in der Konsequenz des zivilrechtlichen Vereinsrechts und insbesondere des § 54 S. 1 BGB läge.

Welche Lösungen ergeben sich nach den verschiedenen Antworten auf die Frage nach der Reichweite des Schutzbereichs für die Rechtsformfrage?

Eine Möglichkeit besteht darin, den Gewerkschaften wegen der wirtschaftlichen Betätigungen den grundgesetzlichen Schutz im ganzen abzusprechen. Eine solche Lösung muß aber als mit den Realitäten in keiner Weise vereinbar ausscheiden. Das wirtschaftliche Engagement ist kein völlig nebensächlicher Annex gewerkschaftlicher Tätigkeit. Die Konsequenz wäre eine völlig ungewisse Haftungslage nach §§ 705 ff. BGB.[12] Das Grundrecht, sich mit anderen in einer Koalition zusammenzuschließen, wäre unzumutbar eingeschränkt, wenn mit der Mitgliedschaft in einer Gewerkschaft das Risiko unbeschränkter Haftung verbunden wäre. Dies wäre mit Sicherheit verfassungswidrig.

Eine *zweite* Möglichkeit besteht in der Trennung der wirtschaftlichen Betätigungen von den übrigen Aktivitäten der Gewerkschaften, die zweifelsfrei dem Schutz des Art. 9 III GG unterfallen. Hier würde augenblicklich die Frage auftauchen, wie eine solche Trennung aussehen sollte: müssten die Gewerkschaften die wirtschaftliche Betätigung aufgeben? Wie, wenn sie dazu nicht bereit sind? Soll dann das Fallbeil des § 705 BGB über ihnen niedergehen?[13] Wäre das verfassungsgemäß?

Die *dritte* Möglichkeit ist die einzig realistische und verfassungskonforme: Die Gewerkschaften handeln unter dem Schutz des Art. 9 III GG, wenn sie sich wirtschaftlich betätigen. Diese wirtschaftliche Tätigkeit ist allerdings nur in ihrem Kernbereich geschützt: keineswegs können die Gewerkschaften für alles, was mit ihren wirtschaftlichen Aktivitäten zusammenhängt, Sonderrechte beanspruchen. So wäre es etwa kaum zu begründen, daß Regelungen des Kartellrechts bloß deshalb keine Anwendung finden sollten, weil sie sich gegen eine Gewerkschaft wenden würden. Den Gewerkschaften ist jedoch vom Grundgesetz garantiert, daß sie sich wirtschaftlich betätigen dürfen.

3. Einschlägige Rechtsprechung zu Art. 9 III GG

Aus dem nicht sehr umfangreichen einschlägigen grundrechtsdogmatischen Rechtsprechungsmaterial läßt sich das soeben eher pragmatisch gefundene Ergebnis untermauern:

---

[12] Die Gewerkschaftsmitglieder wären danach als Gesellschafter einer BGB-Gesellschaft anzusehen, die für Gesellschaftsschulden persönlich mit ihrem ganzen Vermögen haften, vgl. statt aller Palandt/Heinrichs, § 718 Anm., 4 a.

[13] Nach dem Recht der BGB-Gesellschaft haftet nicht nur der Verband, sondern es haften auch die Mitglieder mit ihrem Privatvermögen; nach § 54 S. 2 haftet zusätzlich noch der für den Verband Handelnde dem Geschäftspartner uneingeschränkt (vgl. dazu Kertess, Haftung des für einen nichtrechtsfähigen Verein Handelnden, S. 1 ff., 30 ff.).

a) Das Verfolgen koalitionsspezifischer Ziele

Mit ihrem wirtschaftlichen Engagement verfolgen die Gewerkschaften, wenn auch nur noch mittelbar, ihre koalitionsspezifischen Ziele. Damit ist das Kriterium als erfüllt anzusehen, wonach sich der Schutz des Art. 9 III GG dann auf eine Gewerkschaftstätigkeit erstreckt, wenn diese die in Art. 9 III GG besonders geschützten Aufgaben verfolgt. Das Bundesverfassungsgericht betont, daß die Rechtsordnung den Koalitionen das Recht gibt, ihre Zwecke (der Förderung der Arbeits- und Wirtschaftsbedingungen) „durch spezifisch koalitionsgemäße Betätigung zu verwirklichen".[14] So hielt das Bundesverfassungsgericht das Engagement der Gewerkschaften im Personalvertretungswesen mit dem Argument durch von Art. 9 III GG geschützt, diese Vorschrift unterscheide „nicht danach, ob die Koalitionen es unternehmen, die Arbeits- und Wirtschaftsbedingungen unmittelbar oder mittelbar zu wahren und zu fördern". Aus diesem Grunde sei die allgemeine Frage, welche Bereiche außer dem Tarifvertragsrecht durch Art. 9 III GG geschützt seien, für das (konkret strittige) Engagement im Personalvertretungswesen zu bejahen, vor allem, da die historische Entwicklung zu berücksichtigen sei,[15] deren Ergebnis im konkreten Fall das gewerkschaftliche Engagement im Personalvertretungswesen gewesen sei.

Eine solch historisch gewachsene Entwicklung hat auch die wirtschaftliche Betätigung der Gewerkschaften genommen. Die Interessenorganisation der Arbeitnehmer, die in einem Gegensatz zu den Arbeitgebern steht, zeigt ein geradezu paradigmatisch zur Förderung der Arbeits-und Wirtschaftsbedingungen geeignetes Engagement, wenn sie sich in eigenen wirtschaftlichen Unternehmungen den Freiraum schafft, die von ihr vertretenen Ansichten einer „besseren" Arbeits- und Wirtschaftsordnung zu realisieren. Die Ziele der von den Gewerkschaften betriebenen „Gemeinwirtschaft" bestehen in solchen Verbesserungsidealen.[16] Ob diese Ziele nun in der Praxis auch erreicht werden, die gemeinwirtschaftlichen Unternehmen also tatsächlich eine „bessere" Wirtschaft repräsentieren, kann für ihr grundsätzliches Unterfallen unter den Schutzbereich nicht relevant sein, ist doch der Begriff des „Förderns" in Art. 9 III GG auch einem Experiment gegenüber offen. Das Experiment fördert die Erkenntnis auch in seinem Fehlschlagen.

b) Das Problem der Kernbereichsgarantie

Grundsätzlich ist den Gewerkschaften zur Entfaltung und Verwirklichung der verbandseigenen Ziele ein Betätigungsbereich zur Verwirk-

---

[14] BVerfGE 18, 18 (26).
[15] BVerfGE 19, 303 (313 f.); Hervorhebung von mir.
[16] Siehe oben § 5 I.

lichung koalitionstypischer Ziele garantiert, der über den jeder Vereinigung schon nach Art. 9 I GG zustehenden Freiraum hinausreicht. Als Beispiel dafür kann das Streikrecht gelten. Arbeitskämpfe greifen massiv in die Position der Arbeitgeber und Arbeitnehmer[17] ein und führen betriebs- und volkswirtschaftlich gesehen zu erheblichen Produktionsausfällen. Nach der Rechtsprechung des Bundesarbeitsgerichts sind Arbeitskämpfe nur rechtmäßig, wenn sie von der Gewerkschaft geführt werden.[18] Die Gewerkschaft hat also die Macht, in zivilrechtlich geschützte Positionen einzugreifen,[19] was eine Besonderheit in unserem Rechtssystem darstellt.[20] Daß eine *solche*, aus Art. 9 III GG gewährleistete Machtbefugnis der Koalitionen einerseits zwar durch Art. 9 III geschützt ist, aber andererseits auch Reglementierungen und Einschränkungen unterliegt und deshalb nach der Rechtsprechung des Bundesverfassungsgerichts nur in seinem Kernbereich garantiert ist, leuchtet ein: Die besondere Machtbefugnis der Koalitionen verlangt verantwortungsvollen Umgang mit den Eingriffsbefugnissen und somit eine Rechtskontrolle der Wahrnehmung dieser außerordentlichen Kompetenzen. Nach dieser Rechtsprechung umfaßt der Schutzbereich des Art. 9 III GG die Sicherung der spezifisch koalitionsgemäßen Betätigung; diese ist aber nur für einen Kernbereich gewährleistet.[21] Das Bundesarbeitsgericht faßt dies so zusammen: „Heute besteht Einigkeit darüber, daß das Streikrecht einen notwendigen Bestandteil der freiheitlichen Kampf- und Ausgleichsordnung darstellt, die durch Art. 9 III GG im Kern gewährleistet ist".[22] Die Ausgestaltung des Streikrechts im einzelnen wie beispielsweise die Frage der Zulässigkeit der sog. „Neuen Beweglichkeit" und die Reichweite des ultima ratio-Prinzips obliegt dann wiederum dem einfachen Gesetzgeber.[23] Für die wirtschaftliche Betätigung der Gewerkschaften gilt dazu, daß „der Gegenstand der Gewährleistung auf sich wandelnde wirtschaftliche[24] und soziale Bedingungen bezogen ist, die mehr als bei anderen Freiheitsrechten die Möglichkeit zu Modifikationen und Fortentwicklungen lassen müssen".[25]

---

[17] Zu diesem Aspekt siehe Bauer/Röder, DB 1984, 1096 (1097) und Vorderwülbecke, BB 1987, 750 (755).

[18] BAG AP Nr. 32 zu Art. 9 GG Arbeitskampf Gr. B II 1; BAG DB 1978, 1403 f.

[19] Die Gewerkschaftsmitglieder sind innerverbandlich verpflichtet, dem Streikaufruf Folge zu leisten; der Streik wiederum hat eine Suspendierung der arbeitsvertraglichen Verpflichtungen der Arbeitnehmer zur Folge. Vgl. dazu Vorderwülbecke, BB 1987, 750 (752).

[20] Das privilegierte Streikrecht ist auf gewerkschaftlich geführte Arbeitsniederlegungen beschränkt, vgl. dazu nur Seiter, Streikrecht, S. 191 ff.

[21] BVerfGE 50, 290 (368); 58, 233 (247).

[22] BAGE 33, 140 (151). NJW 1980, 1642 (1644).

[23] Vgl. beispielhaft zu den verfassungsrechtlichen Fragen, die im Zusammenhang mit der „Neuen Beweglichkeit" auftauchen, Loritz, ZfA 1985, 185 (202 ff.).

[24] Zu der schillernden Bedeutung des Wortes „wirtschaftlich" ausführlich oben § 4 I, II.

[25] BVerfGE 50, 290 (368).

Als Teil der sich wandelnden wirtschaftlichen und sozialen Bedingungen verändert sich auch der Schutzbereich des Art. 9 III GG. Ebenso wie die wirtschaftliche Umwelt, die mit zu gestalten die Gewerkschaften angetreten sind, sich ändert, dürfen auch diese flexibel reagieren. Konkret auf die Frage der gewerkschaftlichen Betätigung im Bereich der Gemeinwirtschaft bezogen bedeutet dies, daß den Gewerkschaften – verfassungsrechtlich geboten - Gelegenheit geben werden muß, sich selbst unternehmerisch im Sinne des von ihnen bereits praktizierten Experimentes „Gemeinwirtschaft" oder des hier spekulativ vorgestellten Experimentes „Umverteilungswirtschaft" zu betätigen. Die Gewerkschaften können den Veränderungen des sie umgebenden Umfeldes gegenüber reagieren, indem sie ihrerseits Strategien entwickeln und testen, die den von ihnen vertretenen Ideen angesichts der häufig veränderten wirtschaftlichen Situation angemesssen sind. Typisch mag der Strukturwandel sein, der dem Wirtschaftssystem entsprechend aus dauernden Konzentrationstendenzen resultiert. Hier kann für eine Gewerkschaft ein Anreiz liegen, den Versuch der Bildung eines eigenen „Konzerns" zu wagen, der ihre Vorstellung von adäquater wirtschaftlicher Betätigung auch großer Unternehmen in der Praxis testet und demonstriert. Die Gewerkschaften sind durch Art. 9 III GG deshalb insofern geschützt, als die Zulässigkeit der Betätigung in Frage steht. Das bedeutet etwa, daß das Zivilrecht es den Gewerkschaften z. B. nicht unter Verweis auf die §§ 21, 22 BGB untersagen kann, einen Gewerkschaftskonzern aufzubauen und sich allgemein wirtschaftlich zu engagieren. Andererseits gewährt das Grundgesetz den Gewerkschaften durch die Garantie der Koalitionsfreiheit keinen Freibrief. Ein kartellrechtswidriges Verhalten könnte schwerlich mit dem Hinweis auf Art. 9 III GG legitimiert werden.

4. Keine Erforderlichkeit bloßer Gewährleistung des Kernbereichs

Der vom Bundesverfassungsgericht betonte Gesichtspunkt der Offenheit gegenüber „sich wandelnde(n) soziale(n) und wirtschaftliche(n) Bedingungen" kommt um so mehr zum Tragen, als die „klassische Indikation" für eine restriktive Auslegung des Umfangs des von Art. 9 III G garantierten Schutzbereichs nicht eingreift. Wenn etwa das BAG seine Rechtsprechung, eine Arbeitskampfmaßnahme dürfe nur als ultima ratio ausgerufen werden, damit begründet, kampfunbeteiligte Dritte und die Allgemeinheit seien vor den Streikfolgen zu schützen,[26] so stellt dies einen Anwendungsfall einer Auslegung des Art. 9 III dar, die Bedacht nimmt auf die Folgen, die eine zu weitgehende Interpretation der Koalitionsautonomie etwa für Dritte oder auch für die Arbeitgeber mit sich brächte. Ist aber solche Rücksichtnahme und die mit ihr einhergehende Restriktion der Auslegung der Reichweite der

---

[26] BAG AP Nr. 43 zu Art. 9 GG, Gr. III A 1 a.

Koalitionsautonomie im Hinblick auf die wirtschaftliche Betätigung der Gewerkschaften ebenfalls geboten? An dieser Stelle können sicher nicht alle rechtlichen Aspekte erwähnt werden, die die wirtschaftliche Betätigung der Gewerkschaften mit sich bringt. Was aber die hier diskutierte Frage des auf die Gewerkschaften anwendbaren Verbandsrechts angeht, so sind die Aspekte des Gläubiger- und des Mitgliederschutzes Gegenstand eingehender Betrachtung gewesen; sie rechtfertigen vielleicht die Konsequenz, daß nicht (ausschließlich) das Vereinsrecht des BGB auf die Gewerkschaften Anwendung finden kann, nicht jedoch den Schluß, wirtschaftliche Betätigungen der Gewerkschaften stellten ein solches Risikopotential dar, daß zum Schutz übergeordneter Belange ein Eingriff in den Schutzbereich, wenn auch vielleicht nicht in den Kernbereich der durch Art. 9 III GG geschützten Koalitionsbetätigung, geboten sei.

5. Offenheit des Grundgesetzes gegenüber Veränderungen der Wirtschaft

Zusammenfassend läßt sich feststellen, daß der vom Bundesverfassungsgericht betonte Aspekt der sich wandelnden wirtschaftlichen und sozialen Bedingungen, der die Möglichkeit zu Modifikationen und Fortentwicklungen lassen müsse,[27] zwar primär auf die Rechtfertigung von Reglementierungen gerichtet ist, die auf die durch Art. 9 III GG geschützten Koalitionsbetätigungen zurückwirken. Er muß aber auch hinsichtlich der wirtschaftlichen Betätigung der Koalitionen zu deren Gunsten beachtet werden.

Das Bundesverfassungsgericht hat wiederholt betont, „daß das Grundgesetz wirtschaftspolitisch neutral sei".[28] Diese Offenheit des Grundgesetzes gegenüber sonst grundrechtskonformen Wirtschaftssystemen muß ebenfalls zugunsten eines gewerkschaftlichen Gemeinnützigkeitsexperiments beachtet werden: Das von den Gewerkschaften betriebene Experiment Gemeinwirtschaft hat das Wirtschaftssystem, dessen jeweils aktuell geltende Strukturen vom Grundgesetz nur insofern festgeschrieben sind, als sie sich mittelbar aus den individuellen Einzelgrundrechten ergeben, zum Gegenstand; es will mindestens Teilkorrekturen an diesem System ausprobieren. Ohne daß damit die vom Bundesverfassungsgericht vertretene Ansicht der grundsätzlichen Neutralität der Verfassung gegenüber dem Wirtschaftssystem dazu verwendet werden soll, gerade umgekehrt eine mindestens strukturell in der gemeinwirtschaftlichen Betätigung der Gewerkschaften angelegte Veränderung der Wirtschaftsordnung auch noch durch eine grundgesetzliche Absicherung zu rechtfertigen, muß doch festgehalten werden, daß das Bekenntnis zu der These, daß die Wirtschaftsordnung grundgesetzlich nicht aus-

---

[27] BVerfGE 50, 290 (368).

[28] So zusammenfassend u.m.w.N. BVerfGE 50, 290 (338); ebenso ausführlich Scholz, Koalitionsfreiheit, S. 165 f.

drücklich vorgegeben ist und mithin eine Veränderung „vertragen“ muß, Aktualität in dem Moment erlangt, wo die Gewerkschaft sich gemeinwirtschaftlich engagiert und eben diese Veränderung sucht. Die Gewerkschaften haben nach dem Vereinsrecht des BGB für solch unternehmerisches Handeln als „Idealverein“ keine Möglichkeiten. Das einschlägige Interesse der Gewerkschaften kann jedoch auf den Schutz des Art. 9 III GG verweisen.

III. Zusammenfassung

Konsequenz der angestellten verfassungsrechtlichen Überlegungen muß sein, die wirtschaftlichen Betätigungen der Gewerkschaften als dem Schutzbereich des Art. 9 III GG unterfallend anzusehen. Verfassungsrechtlich ergibt sich also das Bild eines Schutzes auch der wirtschaftlichen Betätigungen der Gewerkschaften, und zwar weit über die bloße wirtschaftliche Unterstützung klassischer koalitionsmäßiger Betätigungen wie der Unterhaltung einer Streikkasse hinausgehend. Unabhängig davon, ob man die herkömmlichen wirtschaftlichen Betätigungen der Gewerkschaften für vereinbar hält mit dem Status eines Idealvereins oder, wie die hier vertretene Auffassung, für mit dem Status des Idealvereins unvereinbar, ergibt der Aspekt des besonderen Schutzes der wirtschaftlichen Betätigung der Gewerkschaften durch Art. 9 III GG, daß eine Einordnung der Gewerkschaften unter die Kategorien des Vereinsrechts des BGB nicht möglich ist. Eine solche Einordnungsmöglichkeit setzt nämlich voraus, daß es verfassungsrechtlich erlaubt wäre, den Gewerkschaften tatsächlich wegen der von ihnen betriebenen wirtschaftlichen Betätigung den Status eines „wirtschaftlichen Vereins“ mit der insofern weiterhin gültigen Verweisung des § 54 S. 1 BGB auf das Gesellschaftsrecht zuzuordnen. Da aber die wirtschaftliche Betätigung der Gewerkschaften dem Schutz des Art. 9 III unterliegt, würde es eine Verletzung des den Gewerkschaften aus Art. 9 III zustehenden Anspruchs darstellen, der darauf geht, von der (Zivil)-Rechtsordnung mit einem Verbandsrecht ausgestattet zu werden, das zur Regelung der Aufgaben geeignet ist, denen sich ein Verbandsrecht für die Gewerkschaften zu stellen hat; die Gewerkschaften haben Anspruch auf Bereitstellung einer funktionsgerechten Organisationsform.[29] Danach würde sich der besondere verfassungsrechtliche Status der Gewerkschaften dahingehend auswirken, daß die Einordnung als Idealverein für sie a priori unpassend wäre. Die Gewerkschaften fielen aus dem Vereinsrecht des BGB heraus.

---

[29] Zu diesem Anspruch vgl. Scholz, Koalitionsfreiheit, S. 255.

IV. Der verfassungsrechtliche Schutz der individuellen Koalitionsfreiheit des einzelnen Gewerkschaftsmitglieds

Der Gesichtspunkt des Schutzes mitgliedschaftlicher Rechte muß bei der Frage, ob ein Verein als wirtschaftlicher Verein oder als Idealverein einzustufen ist, immer berücksichtigt werden. Insofern ergab die Analyse, daß bei den Gewerkschaften der Gesichtspunkt des Mitgliederschutzes zu dem (Zwischen-)Ergebnis führt, daß die Gewerkschaften unter diesem Gesichtspunkt nicht mehr als Idealvereine angesehen werden können.[30] Tragender Grund dieses Resultates war das Ergebnis einer Analyse des Schutzes mitgliedschaftlicher Interessen in einem Verein mit wirtschaftlicher Betätigung. Insbesondere Heckelmann hat nachgewiesen, daß das Vereinsrecht des BGB kein Normenkomplex ist, der zum Schutz wirtschaftlicher Interessen des Vereinsmitglieds geeignet ist.[31]

Im folgenden soll der Aspekt des gebotenen Mitgliederschutzes und dessen Vereinbarkeit mit der Anwendbarkeit des Vereinsrechts des BGB unter einem weiteren Gesichtspunkt erörtert werden: Inwieweit verlangt das Grundgesetz in seiner dem Wortlaut nach zumindest primären[32] Garantie der Koalitionsfreiheit des *einzelnen* einen Mitgliederschutz, der vom Vereinsrecht des BGB nicht gewährleistet werden kann?

1. Denkbare Konflikte zwischen individueller und kollektiver Koalitionsfreiheit

Die Möglichkeit eines Konfliktes zwischen individuellem Recht auf koalitionsmäßige Betätigung und dem koalitionsmäßigen Recht der Gewerkschaft als solcher, das nach h. M. ebenfalls von Art. 9 III GG garantiert ist, ergibt sich bereits aus der Struktur des Grundrechts der Koalitionsfreiheit. Dieses Grundrecht kann nur in Gemeinschaft mit anderen wahrgenommen werden. Die Gemeinschaft, innerhalb derer das Grundrecht des einzelnen realisiert werden kann, genießt ihrerseits aber – und dies stellt einen möglichen Konfliktpunkt dar – eine bereits nach Art. 9 I GG und regelmäßig auch nach Art. 9 III GG grundgesetzlich geschützte Autonomie. Wird, wie die h. M. dies tut, das Grundrecht des Art. 9 III GG als Doppelgrundrecht ausgelegt und somit der Koalition als solcher ein nicht nur abgeleiteter Grundrechtsschutz gewährleistet, so ist die Gefahr einer freiheitsbeschränkenden Grundrechtskonkurrenz[33] in besonderem Maße vorhanden. Es taucht die Frage auf, ob das Vereinsrecht des BGB dieser Gefahr entgegenwirken kann. Das Grundrecht des einzelnen aus Art. 9 III hat auch nach der Theorie

---

[30] Siehe oben § 4 III 3.

[31] Heckelmann, AcP 179 (1979), 1 (34 ff.).

[32] Zu dem Disput über die Dogmatik des Art. 9 III GG vgl. oben § 8 II 1.

[33] So Scholz, Koalitionsfreiheit, S. 62.

vom Doppelgrundrecht unzweifelhaft eigenständige Bedeutung. Ist es durch das Vereinsrecht des BGB aber zur vollen Entfaltung gebracht? Dagegen bestehen Bedenken: schließlich hat der Gesetzgeber bei der Schaffung des Vereinsrechts des BGB eine Konstellation nicht zu berücksichtigen brauchen, in der der einzelne zur Grundrechtswahrnehmung auf die Mitgliedschaft in einer bestimmten Organisation angewiesen ist. Eben dies ist aber bei der Gewerkschaftsmitgliedschaft der Fall, während das BGB-Vereinsrecht davon ausgeht, daß ein Mitglied des Verbandes ohne Schwierigkeiten aus diesem aussscheiden kann. Bei den Gewerkschaften jedoch verliert das Mitglied durch das Ausscheiden regelmäßig die einzige tatsächliche Möglichkeit zur Grundrechtsaktualisierung.

2. Kollidierende Verbandsinteressen

Der Berücksichtigung der individuellen Koalitionsautonomie steht als mögliches Gegeninteresse die Autonomie der Vereinigung gegenüber. Diese findet ihren positivrechtlichen Ausdruck im Vereinsrecht des BGB, das eine mögliche Kollision der Vereinsautonomie mit Mitgliederinteressen im Hinblick auf die regelmäßig fehlende wirtschaftliche Dringlichkeit solcher Interessen grundsätzlich dadurch löst, daß der Vereinsautonomie der Vorrang gegeben wird. Dem einzelnen Mitglied wird die Chance einer Realisierung seiner Vorstellungen nicht, wie dies etwa vom Parteiengesetz intendiert ist, dadurch gesichert, daß innerverbandliche Mindestanforderungen, etwa für eine authentische Repräsentation mitgliedschaftlicher Interessen innerhalb des Verbandes getroffen würden.[34] Eine Regelung, wie sie beispielsweise § 7 I 2 ParteiG vorsieht: „Die gebietliche Gliederung muß so weit ausgebaut sein, daß den einzelnen Mitgliedern eine angemessene Mitwirkung an der Willensbildung der Partei möglich ist“, findet sich im Vereinsrecht des BGB (naturgemäß) nicht. Die primäre vereinsrechtliche Gewährleistung mitgliedschaftlicher „Rechte“ bietet in negativer Form § 39 BGB (das Austrittsrecht).[35] Aber sogar in dieser Vorschrift, die als wichtigste Mitgliederschutzvorschrift bezeichnet wird,[36] bleibt das BGB hinter dem zurück, was dem einzelnen Koalitionsmitglied verfassungsrechtlich als Mindestmaß mitgliedschaftlicher Rechte nach Art. 9 III GG gewährleistet ist. Die in § 39 II BGB vorgesehene Möglichkeit, in der Vereinssatzung eine Kündigungsfrist von bis zu zwei Jahren vorzusehen (Berücksichtigung autonomer Vereinsinteressen) kollidiert mit dem Grundrecht der Koalitionsfreiheit des einzelnen in der Weise, daß die durch das Grundrecht notwendig[37]

[34] Stern, Staatsrecht I, § 13 III 4 a); Seifert, Politische Parteien, S. 194 f.; Badura, Staatsrecht, Rn. D 21.

[35] Heckelmann, AcP 179 (1979), 1 (35)

[36] Heckelmann, AcP 179 (1979), 1 (35)

[37] Zu dieser Notwendigkeit Scholz, Koalitionsfreiheit, S. 41 f.

mitgarantierte negative Koalitionsfreiheit nicht ausreichend gewährleistet ist, wenn ein Gewerkschaftsmitglied einer solch langen Austrittsfrist unterworfen ist.[38] § 39 II BGB gilt deshalb für Arbeitnehmerkoalitionen nicht.[39]

3. Ergebnis

Die Vermutung, daß die Antinomie zwischen individueller und kollektiver Koalitionsfreiheit[40] durch das Vereinsrecht des BGB nicht in verfassungskonformer Weise aufgelöst wird, hat sich also bestätigt. Die §§ 21 ff. BGB sind nicht darauf angelegt, dem Mitglied *innerhalb* des Verbandes die Verwirklichung seines Grundrechts auf koalitionsmäßige Betätigung zu garantieren. Nach dem Modell des BGB sichert (erst und nur) das Austrittsrecht des einzelnen, daß die Interessen der Beteiligten durch den Verband (seine Satzung) ausreichend berücksichtigt werden.[41] Dieses Modell kann deshalb keine Geltung mehr beanspruchen, wenn die ihm zugrundeliegende Möglichkeit des Austritts von dem Mitglied mit dem Verlust der Chance zur Realisierung seines Grundrechts erkauft werden würde.[42] Die Rechtsordnung kann einem Gewerkschaftsmitglied nicht ansinnen, es möge sich eine andere Gewerkschaft suchen, wenn seine Rechte in der Gewerkschaft nicht beachtet werden. Es gibt häufig keine vergleichbare Gewerkschaft. Für den Organisationsbereich der IG Metall hat der BGH dies so formuliert: „Ein Metall-Arbeiter ist daher auf die Mitgliedschaft bei der Bekl. angewiesen, wenn er im sozialen Bereich angemessen und schlagkräftig repräsentiert sein will".[43] Diese Lage ist aber im Vereinsrecht des BGB nicht berücksichtigt.

Mit der vom Grundgesetz gewährten Koalitionsfreiheit ist ein innergewerkschaftliches Verbandsrecht also unvereinbar, das dem Gesichtspunkt des Schutzes mitgliedschaftlicher Rechte *innerhalb* der Koalition, auf den der einzelne aus der Struktur des Grundrechts heraus angewiesen ist, keine Rechnung trägt. Der BGH hat hinsichtlich der höchstzulässigen Austrittsfrist festgestellt,[44] daß diese Bedenken für das Vereinsrecht des BGB zutreffen. Die oben gestellte Frage, ob das Grundgesetz einen Mitgliederschutz

[38] BGH NJW 1981, 340.

[39] Das AG Ettenheim hält jede Satzungsbestimmung für nichtig, die für den Austritt aus einer Gewerkschaft eine Kündigungsfrist vorsieht, NJW 1986, 979 f.

[40] Diese Antinomie besteht auch dann, wenn man wie Scholz die Lehre von einem Doppelgrundrecht ablehnt.

[41] Dazu MünchKomm/Reuter, § 39 Rn. 1; vgl. auch Fischer, Der Ausschluß aus dem Verein, S. 87 ff. Hier spricht sich Fischer gegen eine Verallgemeinerung der Angemessenheitskontrolle des Vereinsausschlusses auf alle Vereine aus.

[42] Reuter ZHR 148 (1984), 523 (527) geht offensichtlich davon aus, daß bei Gewerkschaften „die Freiwilligkeit der Mitgliedschaft infolge Marktmacht des Vereins o.ä. nicht real gewährleistet ist".

[43] BGHZ 93, 151 (153).

[44] BGH NJW 1981, 340.

verlangt, der vom Vereinsrecht des BGB nicht gewährleistet werden kann, ist also zu bejahen. Der Gesichtspunkt des verfassungsrechtlich gebotenen Schutzes des Mitgliedschaftsrechts des einzelnen Gewerkschaftsmitglieds gebietet es demnach, das Vereinsrecht des BGB, sofern es auf die Gewerkschaften angewendet wird, nicht nur in dem inzwischen höchstrichterlich entschiedenen Punkt der Austrittspflicht oder dem ebenfalls vom BGH entschiedenen Aspekt des Aufnahmezwanges[45] als mit dem Individualgrundrecht des einzelnen unvereinbar anzusehen. Vielmehr hat der Gesetzgeber des BGB eine Situation wie sie durch Art. 9 III GG mit seinem Individualgrundrecht und den daraus erwachsenden Forderungen an ein innergewerkschaftliches Verbandsrecht entstanden ist, nicht geregelt.

Das BGB-Vereinsrecht ist also nicht geeignet, das Individualgrundrecht aus Art. 9 III GG in einer verfassungsmäßig ausreichenden Weise zu gewährleisten.[46]

V. Flumes Ansicht einer öffentlich-rechtlich gebotenen Beibehaltung des vereinsrechtlichen Status quo

1. Öffentlich-rechtliche Gesichtspunkte für eine Einstufung als Idealvereine

Es ist zu prüfen, ob nicht der verfassungsrechtliche Sonderstatus der Gewerkschaften geradezu eine *Beibehaltung* des gewerkschaftsverbandsrechtlichen Status quo gebietet, so daß die Gewerkschaften weiterhin als nichtrechtsfähige Vereine angesehen werden müssen. Insbesondere muß der Frage nachgegangen werden, ob eine lex specialis für die Gewerkschaften deren Stellung in einer verfassungsrechtlich bedenklichen Art und Weise angriffe. Solche Befürchtungen sind nicht mit dem für den Verfasser naheliegenden Argument aus der Welt zu schaffen, die Bemühungen um ein den Gewerkschaften adäquates Verbandsrecht könnten kaum als in geradezu verfassungswidriger Weise gewerkschaftsschädlich angesehen werden. Eine ausführlichere Befassung mit dieser Frage ist schon deshalb erforderlich, weil im zivilrechtlichen Schrifttum Flume die These vertritt, „Vereine, die mit öffentlichen Aufgaben betraut sind, wie die Technischen Überwachungsvereine oder das Deutsche Rote Kreuz" ... und „einen wirtschaftlichen Geschäftsbetrieb im Sinne des Gewerbesteuerrechts und so auch des § 22 BGB zum Gegenstand haben, sind ... wegen ihrer öffentlichen Aufgabe nicht den wirtschaftlichen Vereinen zuzurechnen".[47] Es bliebe also bei der Idealvereinseigenschaft, so daß die Unterstellung dieser Verbände unter das

---

[45] BGHZ 93, 151; zuletzt bestätigt durch BGH NJW 1988, 552 (555).

[46] So im Ergebnis auch Reuter, ZHR 148 (1984), 523 (526 ff.) und MünchKomm/Reuter, vor § 21 Rn. 66 ff, Rn. 123.

[47] Flume, Juristische Person, S. 110.

BGB-Vereinsrecht als unbedenklich erscheinen könnte. Die Argumentation Flumes, die auf andere Verbände als die Gewerkschaften abzielt, trifft von ihrer Struktur her erst recht auch auf die Gewerkschaften zu.

2. K. Schmidts Kritik an der Auffassung Flumes

Im Hinblick auf die begrenzte Aufgabenstellung dieser Arbeit braucht Flumes These nur für die Gewerkschaften untersucht zu werden. Für die von Flume primär behandelten Vereine wie TÜV oder DRK lehnt K. Schmidt die Ergebnisse Flumes mit dem Argument ab, es nütze dem Rechtsverkehr nichts, daß der Verein gewisse öffentliche Aufgaben wahrnehme; dieser Begriff sei auch zu vielschichtig und zu unscharf.[48] Deshalb versagt er den angesprochenen Verbänden die Organisationsform des Vereins bzw. verweist sie auf die problematische Eintragung nach § 22.[49]

3. Stellungnahme

Die Kritik, der Begriff der öffentlichen Aufgaben sei zu unscharf, trifft nicht zu auf die Frage, ob die Gewerkschaften aus den von Flume angerissenen Gründen – um es untechnisch auszudrücken – eine Sonderbehandlung bei der Frage der Einordnung unter die §§ 21 und 22 BGB erfahren müssen. Der Gesichtspunkt des Schutzes des Rechtsverkehrs stellt sich für die Gewerkschaften ebenfalls abweichend von den „normalen" Vereinen mit öffentlichen Aufgaben, weshalb auf die diesbezüglichen Ausführungen verwiesen sei.[50]

Wird, wie Flume es tut, ein öffentlich-rechtlicher Einfluß auf das Zivilrecht geltend gemacht, so ist diese These sowohl aus öffentlich-rechtlicher als auch aus zivilrechtlicher Sicht zu prüfen. Flume postuliert einen öffentlich-rechtlichen Einfluß und zieht daraus zivilrechtliche Konsequenzen. Es sei hier primär die Berechtigung der gezogenen zivilrechtlichen Konsequenzen geprüft; die verfassungsrechtliche Prämisse wurde, mit ausführlicher Behandlung der Besonderheiten der Rechtslage bezüglich der Gewerkschaft, in dem vorangehenden Kapitel erörtert. Dabei stellte es sich heraus, daß Flumes öffentlich-rechtlicher Ausgangspunkt auf die Gewerkschaft zutrifft.

---

48 K. Schmidt, Verbandsrecht, S. 143; ebenfalls gegen ein Privileg der Verbände mit öffentlichen Aufgaben Mummenhoff, Gründungssysteme, S. 149 ff.

49 Die Verweisung auf § 22 ist von Fragen der Durchführbarkeit abgesehen schon deshalb höchst problematisch, weil die Einstufung als wirtschaftlicher Verein ja beinhaltet, daß das Vereinsrecht ja gerade als auf einen solchen Verein unpassend erkannt wurde.

50 Siehe oben § 5 III 3.

a) Beurteilung aus öffentlich-rechtlicher Sicht

Beurteilt man die von Flume postulierten zivilrechtlichen Konsequenzen aus öffentlich-rechtlicher Sicht und somit dem Thema „Gewerkschaften" folgend unter verfassungsrechtlichem Aspekt, so fragt es sich allerdings, ob die von Flume behauptetete Notwendigkeit einer „Verbiegung" des Zivilrechts überhaupt existiert. Angesichts des Befundes, daß sich das öffentlich-rechtliche Schrifttum einerseits durch Vielschichtigkeit auszeichnet, sich aber andererseits kaum eine Behandlung des hier fraglichen konkreten Themenbereichs findet, muß es an dieser Stelle genügen, auf die einschlägige Monographie von Scholz als detailliertester Behandlung des Themas zu verweisen. Danach versteht sich die Verpflichtung des Gesetzgebers zur Bereitstellung bestandsrechtlich adäquater Organisationsformen gerade „*nicht* als Gewährleistung des organisationsrechtlichen status quo. Sie sichert z. B. den Gewerkschaften nicht unbedingt die von ihnen bisher bevorzugte Rechtsform des nicht-rechtsfähigen Vereins. Sicher ist ihnen nur die *allgemeine* Bereitstellung einer funktionsgerechten Organisationsform".[51]

Aus verfassungsrechtlicher Sicht ist also die Konsequenz Flumes, wonach die Gewerkschaften (von denen Flume allerdings nicht spricht) als Idealvereine i.S.d. § 21 BGB angesehen werden müssten, nicht unbedingt geboten. Das heißt nicht, daß die *Prämisse* Flumes abzulehnen wäre, nach der ja im wesentlichen für die fraglichen „Vereine, die mit öffentlichen Aufgaben betraut sind", im einzelnen benannte Konsequenzen hinsichtlich der Einordnung in das System der §§ 21, 22 BGB zu ziehen wären.[52]

b) Beurteilung aus zivilrechtlicher Sicht

Aus zivilrechtlicher Sicht ist zu fragen, ob das von Flume angestrebte Ziel der postulierten verfassungsrechtlichen bzw. allgemein öffentlich-rechtlichen Vorgaben durch Verweisung auf das Recht des Idealvereins tatsächlich in adäquater Weise erreicht werden kann. Wiederum soll die Frage nur für die von Flume nicht ausdrücklich behandelten Gewerkschaften erörtert werden. Hier liefert Flume selbst Anlaß zu Zweifeln an dieser „zivilrechtlichen" Lösung verfassungsrechtlicher Vorgaben, wenn er andeutet, daß er hinsichtlich der Eignung des Vereinsrechts für die fraglichen „Vereine" Zweifel hege. In ähnlicher Form werden diese Zweifel auch in dieser Arbeit vertreten. Flume sagt, es sei „Sache des besonderen öffentlichen Auftraggebers, dafür zu sorgen, daß die innere Ordnung des mit öffentlichen Aufgaben betrauten Vereins diesen Aufgaben entsprechend geregelt wird ..."[53] Warum

[51] Scholz, Koalitionsfreiheit, S. 255 (Hervorheb. vom Verf.)

[52] Zu diesen verfassungsrechtlichen Vorgaben in bezug auf die Gewerkschaft im folgenden VI.

[53] Flume, Juristische Person, S. 110

soll dann aber das Vereinsrecht, das gerade als ungeeignet erkannt ist, doch wieder als adäquates Verbandsrecht berufen werden? Die fehlende Eignung des BGB-Vereinsrechts zur Erfassung und Lösung der möglichen Regelungsaufgaben ist doch gerade der Grund, warum Flume hinsichtlich der von ihm behandelten Vereine mit öffentlichen Aufgaben ebenso wie die hier vertretene Ansicht hinsichtlich der Gewerkschaften zu dem Schluß kommt, das BGB-Vereinsrecht sei „an sich" auf solche Verbände nicht anwendbar! Offensichtlich gelangt Flume deshalb zu seinem Ergebnis, weil er eine Alternative nicht sieht: als zumutbare Alternative erscheint ihm wohl nur, daß sich die fraglichen Vereine in der (geradezu exotischen) Rechtsform des eingetragenen wirtschaftlichen Vereins nach § 22 BGB organisieren könnten.[54] Als befriedigende Lösung kann es demnach nicht erscheinen, die Gewerkschaften „trotzdem" dem BGB-Verbandsrecht zu unterstellen. Gerade für die Gewerkschaften bietet es sich an, etwa gebotene Konsequenzen aus der verfassungsrechtlichen Einwirkung auf das Zivilrecht in aller gebotenen Deutlichkeit herauszuarbeiten und zu ziehen. Flume muß bei der von ihm allgemeiner behandelten Problematik „Rücksicht nehmen" auf das zivilrechtliche System der verschiedenen Verbandsformen, das ihm als Datum begegnet. Für die singulär gelagerte Frage der Gewerkschaften muß die Antwort nicht notwendig ebenso ausfallen.

VI. Rechtsformwahlfreiheit oder Rechtsformzwang der Gewerkschaften

Über den soeben diskutierten Ansatz hinausgehend, wonach der einfache Gesetzgeber[55] verfassungsrechtlich (nur) gehalten ist, den Koalitionsverbänden bestandsrechtlich adäquate Organisationsformen zur Verfügung zu stellen,[56] wird auch die Auffassung vertreten, Art. 9 III GG garantiere den Gewerkschaften überhaupt „die freie Wahl der Rechtsform".[57] Zwar ist sehr zweifelhaft, ob es sich bei diesen Ansichten überhaupt um ernstgemeinte eigene Meinungsäußerungen handelt.[58] Gleichwohl soll diese Ansicht im folgenden gewürdigt werden. Sie hätte für die Einordnungsfrage im wesentlichen zweierlei zur Folge:

---

[54] Flume, Juristischer Person, S. 111.

[55] Und dementsprechend im Bereich des Richterrechts (Art. 1 III GG) auch der Richter.

[56] Scholz, Koalitionsfreiheit, S. 255.

[57] Von Münch in: v. Münch, Art. 9 Rn. 46; ebenso Reichert/Dannecker/Kühr Rn. 2179. Beide Autoren liefern keine Begründung ihrer Ansicht.

[58] Von Münch argumentiert unter unzutreffender Berufung auf Dietz in: Grundrechte III/1 S. 417 (436 ff.); Reichert/Dannecker/Kühr Rn. 2179 berufen sich in fehlsamer Weise auf Scholz in: Maunz/Dürig, Rn. 245.

1. Konsequenzen in formeller Hinsicht

In formeller Hinsicht wären alle Überlegungen dahingehend, welche Rechtsform die den Gewerkschaften adäquate ist, obsolet, wenn sich die Gewerkschaft nur einmal für eine Rechtsform entschieden hat. Dies würde bedeuten, daß die allgemeinen für die Einordnung in eine zivilrechtliche Verbandsform relevanten Kriterien für die Gewerkschaften außer Kraft gesetzt würden. Die Dogmatik zur Abgrenzung von wirtschaftlichem Verein zum Idealverein würde also eine Ausnahmeregelung zugunsten der Gewerkschaften erfahren. Eine solche Auffassung oder Konsequenz ist aber bisher ausdrücklich noch nicht vertreten worden, auch nicht von den Vertretern der genannten Ansicht, die den Gewerkschaften die Wahlfreiheit zubilligt. Offensichtlich sind die dort auftretenden Probleme gar nicht bedacht worden, was angesichts der bislang fehlenden eingehenden Behandlung des Gewerkschaftsverbandsrechts nicht verwundert.

2. Konsequenzen in materieller Hinsicht

Die zweite Konsequenz wäre eher materieller Natur und hinge von der ersten ab: Hätten die Gewerkschaften wirklich das Wahlrecht, so könnten sie eine Rechtsform wählen, die vom Verbandsinnenrecht her auf sie nicht passen würde. Dies wiederum könnte Rückwirkungen auf die Stellung der Verbandsmitglieder haben, die in ihren Einzelheiten beachtlich sein können. Ohne diesen materiellrechtlichen Auswirkungen eines Rechts der Gewerkschaften auf freie Wahl der Rechtsform im einzelnen nachzugehen, ist doch befremdlich, daß die Verbandsführung[59] es in der Hand haben soll, das materielle Verbandsrecht, das sich ja nur rudimentär in den Satzungen geregelt findet und deshalb weitgehend rechtsformabhängig ist, durch einfache Rechtsformwahl umgestalten zu können.

3. Ergebnis

Die Ansicht, wonach die Verfassung den Gewerkschaften die freie Wahl der Rechtsform garantiert, ist mithin abzulehnen: Sie läßt nicht erkennen, daß sie die Auswirkungen bedenkt, die sie in zivilrechtlicher Hinsicht haben würde und sie gibt keine Antwort auf die Frage, warum es möglich sein soll, daß auf dem Umweg Rechtsformwahl weitgehende materielle Auswirkungen auf die Stellung der Verbandsmitglieder eintreten können.[60] Auch geht sie von der falschen Prämisse aus, die Gewerkschaften hätten sich positiv

[59] Jedenfalls de facto würde eine solche Rechtsformentscheidung von der Verbandsführung getroffen werden.

[60] Bzw. daß trotz der Freiheit der Rechtsformwahl solche Wirkungen doch nicht eintreten.

für eine bestimmte Rechtsform, nämlich die des nichtrechtsfähigen Vereins, entschieden.[61] Eine positive Rechtsformwahl wird man in der historisch bedingten Entscheidung der Gewerkschaften, keine Eintragung in das Vereinsregister suchen zu wollen, kaum finden können.[62] § 61 II BGB[63] ermächtigte die Verwaltungsbehörde, der Eintragung von Vereinen, die einen politischen, sozialpolitischen oder religiösen Zweck verfolgten, zu widersprechen. Es ist „so gut wie sicher, daß die Gewerkschaften unter der Geltung dieser Vorschriften die Rechtsfähigkeit nicht erlangen konnten".[64] Es kann „für die Gewerkschaften auf Grund ihrer Tradition und in Anbetracht ihrer besonderen Stellung nicht in Frage kommen, die Rechtsform des privatrechtlichen rechtsfähigen Vereins anzunehmen".[65] Angesichts dieser Rechtslage handelt es sich bei der Nicht-Eintragung der Gewerkschaften um eine bloß negative Entscheidung, aus der weitgehende Schlüsse auf eine „Wahl" einer bestimmten Rechtsform nicht gezogen werden dürfen.

VII. Ergebnis der Untersuchung der Auswirkungen des Schutzes von Art. 9 III GG auf die Rechtsformfrage

Die Gewerkschaften stehen nicht nur hinsichtlich der von ihnen bereits seit längerem betriebenen umfangreichen Betätigungen im wirtschaftlichen Bereich unter dem Schutz des Grundrechtes aus Art. 9 III GG, sie könnten diese Aktivitäten auch noch in erheblichem Maße ausweiten, ohne den Schutz des Grundrechts aus Art. 9 III GG zu verlieren. Diese bloße Möglichkeit macht aber bereits deutlich, was aus verfassungsrechtlicher Sicht zur Rechtsformfrage der Gewerkschaften zu bemerken ist: Die h. M., die dem zivilrechtlichen „Phänomen Gewerkschaft" durch die Dichotomie des BGB-Vereinsrechts mit seiner Gegenüberstellung von Idealverein und wirtschaftlichem Verein zu begegnen sucht, würde spätestens da auf unüberwindliche Grenzen stoßen, wo auch für die h. M. unleugbar die These von den Gewerkschaften als „Idealvereinen" wegen zu weitgehender wirtschaftlicher Aktivitäten der Gewerkschaften nicht mehr vertretbar wäre und wo sie als Konsequenz eine Verweisung der Gewerkschaften auf eine Rechtsform des Handelsrechts annehmen müsste. Eine solche Konsequenz kann aber so eindeutig nicht gezogen werden, daß sich eine nähere Erörterung erübrigt.[66]

---

[61] „In der Praxis bevorzugen die Gewerkschaften die Rechtsform des nichtrechtsfähigen Vereins", v. Münch in: v. Münch Art. 9 Rn. 46.

[62] Vgl. dazu Kögler, Arbeiterbewegung, S. 120 ff.

[63] Er wurde durch die Weimarer Reichsverfassung außer Kraft gesetzt.

[64] BGHZ 50, 325 (328).

[65] Flume, ZHR 148 (1984), 503 (511).

[66] Angedeutet sei die Rechtsordnung der §§ 105 ff. HGB mit der Konsequenz der Haftung der Gewerkschaftsmitglieder nach § 128 HGB. Auch die Alternative, den Gewerkschaften die Rechtsform einer AG anzusinnen, bedarf einer näheren ablehnenden Erörterung nicht.

Es wurde festgestellt, daß es *a priori* unzulässig ist, die Konsequenzen aus der Prämisse zu ziehen, wonach die Gewerkschaften unter die §§ 21, 22 BGB zu subumieren seien. Dies hat Rückwirkungen auf die Prämisse selbst, denn es wird eine Alternative behauptet, die nicht besteht. Dies zu erkennen führt zu der Konsequenz, die Prämisse zu verwerfen. Es stimmt eben nicht, daß die Gewerkschaften entweder wirtschaftlicher Verein oder Idealverein sind. Sie sprengen schon aus verfassungsrechtlichen Gründen das vereinsrechtliche Schema; „sie passen überhaupt nicht in die Alternative des wirtschaftlichen und des Idealvereins".[67]

VIII. Schutz der Koalitionsfreiheit des einzelnen durch die Konvention zum Schutze der Menschenrechte und Grundfreiheiten und Anwendung des BGB-Vereinsrechts auf die Gewerkschaften

Art. 11 der Europäischen Konvention zum Schutze der Menschenrechte und Grundfreiheiten bestimmt:

> „(1) Alle Menschen haben das Recht, sich friedlich zu versammeln und sich frei mit anderen zusammenzuschließen, einschließlich des Rechts, zum Schutze ihrer Interessen Gewerkschaften zu bilden und ihnen beizutreten. (2) Die Ausübung dieser Rechte darf keinen anderen Einschränkungen unterworfen werden als den vom Gesetz vorgesehenen, die in einer demokratischen Gesellschaft im Interesse der äußeren und inneren Sicherheit, zur Aufrechterhaltung der Ordnung und zur Verbrechensverhütung, zum Schutze der Gesundheit und der Moral oder zum Schutze der Rechte und Freiheiten anderer notwendig sind ..."

Die Europäische Kommission für Menschenrechte hat in dieser Vorschrift, ähnlich wie dies soeben für Art. 9 III 1 GG ausgeführt wurde, eine Verpflichtung des Staates erblickt, dem einzelnen, wenn geboten, auch gegenüber seiner Gewerkschaft schützend zur Seite zu stehen, also Mitgliederschutz zu betreiben.

1. Der Fall Cheall gegen Vereinigtes Königreich

Im einzelnen ging es in dem 1985 entschiedenen Fall Cheall gegen Vereinigtes Königreich[68] um folgenden Sachverhalt: Der Kläger Cheall war aus der britischen Gewerkschaft ACTSS ausgetreten und in die konkurrierende Gewerkschaft APEX eingetreten. Aufgrund einer Beschwerde der ACTSS bei dem Gewerkschaftsdachverband TUC wies dieser die APEX an, die Mitgliedschaft von Cheall zu kündigen, was diese tat. Die dagegen gerichtete Klage des Cheall, der Mitglied der APEX bleiben wollte, wurde letztinstanz-

---

[67] So Flume, Juristische Person, für die von ihm behandelten Vereine mit öffentlichen Aufgaben wie DRK und TÜV; vgl. oben § 8 V.

[68] EKMR NJW 1986, 1414

lich vom House of Lords abgewiesen. Die Beschwerde wurde von der EKMR für unzulässig erklärt.

Als entscheidungserheblich sah die EKMR die Frage an, „inwieweit diese Konventionsbestimmung (sc. Art. 11) den Staat verpflichtet, ein Gewerkschaftsmitglied gegen Maßnahmen zu schützen, die seine eigene Gewerkschaft gegen es trifft".[69] Diese Frage bejaht die EKMR grundsätzlich, indem sie ausführt: „Damit das Recht, Gewerkschaften beizutreten, wirksam ist, muß der Staat den einzelnen allerdings gegen Mißbräuche schützen, die sich aus einer beherrschenden Stellung der Gewerkschaft ergeben können". Damit folgt die EKMR ihren Entscheidungen im Fall Marckx[70] und im Fall Young, James und Webster.[71] In diesem Fall hatte die EKMR, ebenfalls zur Frage des Art. 11 MRK, ausgeführt, daß ein Staat, wenn er seiner aus Art. 1 folgenden Pflicht zum Schutz der in der Konvention enthaltenen Rechte und Freiheiten nicht nachkomme und die Rechte und Freiheiten der Konvention in seiner staatlichen Gesetzgebung nicht absichere, die Verantwortung für die daraus resultierenden Verletzungen dieser Rechte und Freiheiten trage.[72] Diese Schutzpflicht des Staates betont die EKMR auch in ihrer neuen Entscheidung,[73] sieht allerdings in concreto in der Satzungsbestimmung der Gewerkschaft, auf Grund derer der Kläger Cheall ausgeschlossen wurde, keine „unsachgemäße" Vorschrift und deshalb in der Entscheidung des House of Lords keine Menschenrechtsverletzung.

2. Folgerungen

Oben wurde festgestellt, daß das Vereinsrecht des BGB Anforderungen mitgliederschützenden Charakters bereits seiner Anlage nach nicht gerecht werden will. Würde der Staat also ein Gewerkschaftsmitglied auf das BGB-Vereinsrecht verweisen, wenn Rechtsfragen des innergewerkschaftlichen Verbandsrechts (von denen die Mitgliedschaft nur eine mögliche ist) in Frage stehen, so würde der Staat nicht nur gegen Art. 9 III GG verstoßen,[74] sondern er würde möglicherweise auch Art. 11 MRK verletzen. Dabei ist denkbar, daß eine Verletzung des Art. 11 MRK sogar einfacher zu bejahen ist, weil der den einzelnen schützende Charakter dieser Menschenrechtsnorm evidenter ist als bei Art. 9 III GG, der hauptsächlich unter seinem von

---

[69] EKMR NJW 1986, 1414 (an der angegebenen Stelle lautet die Übersetzung: „gegen ihn trifft".

[70] EuGRZ 1979, 454 (455) § 31 der Gr.

[71] EuGRZ 1981, 559 = NJW 1982, 2717.

[72] EGMR in Fall Young, James und Webster gegen Vereinigtes Königreich, Human Rights Law Journal, 1981, 186 (§§ 48 f. der Gr.), insoweit in EuGRZ 1981, 559 und NJW 1982, 2717 nicht mit abgedruckt. Vgl. dazu auch Murswiek, JuS 1983, 58 f.

[73] EKMR NJW 1986, 1414 § 7 der Gr.

[74] Was z. B. für die Mindestkündigungsfrist anerkannt ist.

der h. M. betonten Aspekt der Garantie der kollektiven Koalitionsfreiheit betrachtet wird.

§ 9 Anerkannte Fälle verfassungsrechtlicher Rückwirkungen auf das Gewerkschaftsrecht

In der hier unternommenen Untersuchung des auf die Gewerkschaften anwendbaren Vereinsrechts zeichnet sich ein Ergebnis ab, wonach – zivilrechtlich geboten und verfassungsrechtlich abgesichert – ein Sonderverbandsrecht der Gewerkschaften gilt.

Im folgenden soll dargelegt werden, daß ein solches Resultat in unserem Rechtssystem keine Singularität darstellen würde, sondern vielmehr nur die logische und gebotene Weiterentwicklung der vor allem im Zivilprozeßrecht allgemein anerkannten Rechtsprechung zu Rechtsfragen der Gewerkschaften ist.

I. Die Gewerkschaften im Zivilprozeßrecht

Die Rechtsprechung hat sich hinsichtlich zivilprozessualer Fragen bereits den entsprechenden verfassungsrechtlichen Vorgaben gebeugt und ein Sonderrecht für die Gewerkschaften im zivilprozessualen Bereich geschaffen. Die verfassungsrechtliche Grundlegung dieser zivilprozessualen Rechtsprechung besteht in der Überlegung, daß die Gewerkschaft auch als nichtrechtsfähiger Verein von Verfassungs wegen die Möglichkeit effektiver Rechtsdurchsetzung haben muß.[1] Im einzelnen[2] ging es darum, daß der BGH die aktive Parteifähigkeit der Gewerkschaften bejaht hat,[3] obwohl dieser Rechtsfähigkeit § 50 ZPO entgegenzustehen schien.[4] Der BGH führte aus, die Frage der Anwendbarkeit des § 50 ZPO stelle sich zwar generell für alle nichtrechtsfähigen Vereine, brauche insoweit aber nicht beantwortet zu werden, da jedenfalls „den in Form nichtrechtsfähiger Idealvereine organisierten Gewerkschaften die Möglichkeit gegeben werden (müsse), bei den Zivilgerichten Rechtsschutz ... zu finden." In der gebotenen verfassungsrechtlichen Begründung seiner Entscheidung sagte der BGH:

---

[1] Ossenbühl, NJW 1965, 1561; Mayer-Maly, Landesreferate, S. 376 ff; Scholz, Koalitionsfreiheit, S. 255.

[2] BGHZ 42, 210 (215 f.); 50, 325 (328 ff.).

[3] Wenngleich auch anfänglich nur begrenzt auf die zu entscheidende Frage einer „Unterlassungs- und Schadensersatzklage gegen die Propaganda einer rivalisierenden Gewerkschaft" (BGHZ 42, 210 Ls. 1).

[4] Nach der hier vertretenen Auffassung würde § 50 ZPO die Gewerkschaften schon tatbestandsmäßig nicht erfassen. Kritisch zu der bisherigen Rechtsprechung auch Mummenhoff, Gründungssysteme, S. 235. dazu unten III.

„Das Grundgesetz hat im Art. 9 Abs. 3 das korporative Daseins- und Betätigungsrecht der zur Wahrung und Förderung der Arbeits- und Wirtschaftsbedingungen gebildetenen Vereinigungen unter den Schutz der Verfassung gestellt ... Diesem vom Grundgesetz geforderten Schutz darf sich das Verfahrensrecht nicht versagen. Es muß den Gewerkschaften die Möglichkeit eröffnen, die Gerichte ... anzurufen“.[5]

In der zweiten ÖTV-Entscheidung gestand der BGH den Gewerkschaften allgemein die volle (aktive) Parteifähigkeit zu, wobei er ausführte, daß eine „auf die Passivseite beschränkte Parteifähigkeit, wie sie sich aus § 50 ZPO im Wege des Umkehrschlusses ergibt, ... mit der jetzigen materiellen Gesetzeslage in unlösbarem Widerspruch stehen“ würde.[6] Dies ist eine mittelbare Berufung auf den verfassungsrechtlichen Schutz, den die Gewerkschaften geniessen: Der BGH zählt nämlich ausführlich die den Gewerkschaften durch den Gesetzgeber ausdrücklich zugewiesenen Mitwirkungsrechte auf.[7] Die Begründung stellt also wesentlich auf die Besonderheiten ab, die der einfache Gesetzgeber für die Gewerkschaften positiviert hat.[8] Die einzelnen positivrechtlichen materiellen Gewerkschaftsrechte ihrerseits sind aber nur die Konsequenzen aus der grundgesetzlich angelegten Sonderstellung der Gewerkschaften. Als Beispiele für diese aus der verfassungsrechtlichen Sonderstellung der Gewerkschaften folgenden materiellrechtlichen Besonderheiten nennt der BGH Befugnisse der Gewerkschaften nach dem Betriebsverfassungsgesetz, dem Mitbestimmungsgesetz oder in der Sozialversicherung. Was der BGH also mit „der jetzigen materiellen Gesetzeslage“[9] bezeichnet, ist mittelbar die „Verfassungslage“.

Die verfassungsrechtliche Sonderstellung der Gewerkschaften, die sich in den vom BGH angeführten gesetzlichen Rechten der Gewerkschaften nur ausdrückt, also ist es, die den BGH dazu bewogen hat, für sie im Zivilprozeßrecht eine besondere Rechtslage zu statuieren.

Es wurde spekuliert, die Rechtsprechung zur zivilprozessualen Behandlung der Gewerkschaften lasse sich auch auf den „normalen“ nichtrechtsfähigen Verein übertragen.[10] Der BGH hat sich aber in den zwanzig Jahren, die seit dem insoweit bahnbrechenden ÖTV-Urteil (1968) verflossen sind, nicht zu einer solch generalisierenden Behandlung aller nichtrechtsfähigen Vereine verstanden.[11] Es ist gleichgültig, ob man die „Nicht-Abschaffung“ des § 50 ZPO für die normalen nichtrechtsfähigen Vereine für falsch oder

---

[5] BGHZ 42, 210 (216 f.).

[6] BGHZ 50, 325 (333).

[7] Ausführlich BGHZ 50, 325 (330 ff.).

[8] So auch Medicus, BGB AT, Rn. 1141.

[9] BGHZ 50, 325 (333).

[10] Vgl. nur Habscheid, AcP 155 (1956), 375 (415 ff.); Fabricius, Relativität, S. 198 ff., 208. Umfangreiche Nachweise bei K. Schmidt, Verbandsrecht, S. 53 in Fn. 194.

[11] So auch mit umfangreichen Hinweisen K. Schmidt, Verbandsrecht, S. 52 ff.

richtig hält. Jedenfalls existiert in diesem zivilprozessualen Bereich de facto ein *Sonderrecht der Gewerkschaften.*

Hierbei handelt es sich nicht nur um ein materielles Sonderrecht, wie es etwa das Tarifvertragsrecht ist, sondern gerade um ein generell für alle *Gewerkschaften* gültiges Recht, das nur für Gewerkschaften in Anwendung kommt und nicht um ein für alle nichtrechtsfähigen Großvereine gültiges Recht.[12] Man kann auch davon sprechen, daß es sich um eine Lösung für eine umschriebene Sondergruppe von Vereinen handele, und nicht um ein auf alle nichtrechtsfähigen Vereine übertragbares Lösungskonzept.[13]

II. Materielles Gewerkschafts-Sonderrecht

Neben diesem zivilprozessualen „Gewerkschafts-Sonderrecht" existiert aber durchaus auch auf *materiellrechtlichem* Gebiet ein Sonderrecht für die Gewerkschaften. Wie anläßlich der genaueren Analyse des gewerkschaftlichen Verbandsinnenrechts noch im einzelnen darzulegen sein wird, hat sich aus verschiedenen Gründen eine spezielle „Gewerkschaftsrechtsprechung" entwickelt.

Das vom BGB in den Regelungen über den Idealverein vorgesehene Verbandsrecht hat sich in vielen Fällen als für die Gewerkschaften ungeeignet herausgestellt, so daß ein materielles Verbandsrecht *speziell für die Gewerkschaften* gefunden werden mußte. Grund für die Notwendigkeit solcher spezieller gewerkschaftlicher verbandsrechtlicher Normen ist der faktische Monopolcharakter der großen DGB-Gewerkschaften auf der einen Seite und die verfassungsrechtliche Garantie der Koalitionsfreiheit für das einzelne (potentielle) Gewerkschaftsmitglied auf der anderen Seite. Als Stichworte seien an dieser Stelle der Untersuchung nur der Aufnahmezwang und die Ausschlußkontrolle genannt.

1. Aufnahmezwang und Ausschlußkontrolle

Die Rechtsprechung hat den Anspruch von Bewerbern um die Aufnahme in eine Gewerkschaft und das Recht der Gewerkschaften auf den Ausschluß von Mitgliedern[14] dem Bereich der Verbandsautonomie weitgehend entzo-

---

[12] Flume, ZHR 148 (1984), 503 (511 f.); Mayer-Maly, Landesreferate, S. 377 f.

[13] K. Schmidt, Verbandszweck, S. 56. In diesem Zusammenhang ist die Beobachtung von Interesse, daß dem Gesetzgeber des BGB das Phänomen von Großvereinen nicht verborgen gewesen sein kann und deshalb als solches kaum eine Sonderrechtsprechung rechtfertigt. Z. B. hatte der „Kyffhäuser-Bund der Deutschen Landeskriegerverbände e.V." 1901 bereits 1.933.972 Mitglieder, vgl. Leist, Inneres Vereinsrecht, S. 199, Fn. 2.

[14] Dazu ausführlich Sachse, Aufnahme- und Verbleiberecht, S. 43 ff., 53 ff; zuletzt Reuter, NJW 1987, 2401.

gen und unter bestimmten Kriterien einen Aufnahmeanspruch des potentiellen Gewerkschaftsmitglieds ebenso anerkannt wie Einschränkungen des Rechts der Gewerkschaft auf Ausschließung von Mitgliedern statuiert.[15] In dieser Rechtsprechung zeichnet sich „die deutliche Tendenz ab, sich bei bedeutsamen Vereinigungen von dem ursprünglichen, am ‚lokalen Honoratiorenverein' orientierten Modell des Gesetzgebers zu lösen".[16] In seiner jüngsten Entscheidung zu dem Aufnahmeanspruch eines Gewerkschaftsmitgliedes betonte der BGH den Aufnahmeanspruch in einer Abkehr von der früher angeführten zivilrechtlichen Etikettierung des § 826 BGB (mißbräuchliche Ausnutzung einer Monopolstellung) und unter unmittelbarer Berufung auf die besondere Interessenlage, die dann vorliege, wenn ein „wesentliches oder grundlegendes Interesse am Erwerb der Mitgliedschaft" bestehe.[17] Für die IG Metall, um die es im Streitfall ging, befand der BGH, ein Metall-Arbeiter sei „auf die Mitgliedschaft bei der Bekl. angewiesen, wenn er im sozialen Bereich angemessen und schlagkräftig repräsentiert sein" wolle.[18] Die IG Metall sei deshalb „einem Aufnahmezwang für beitrittswillige Bewerber ihres Wirkungskreises unterworfen".[19] Die Angewiesenheit der Arbeitnehmer auf die Mitgliedschaft in der Gewerkschaft wiederum leitete der BGH unter Berufung auf die Rechtsprechung des Bundesverfassungsgerichts[20] vor allem[21] daraus her, daß die Gewerkschaften umfassend die Repräsentation der Arbeitnehmerinteressen in Staat und Gesellschaft wahrnähmen.[22]

In einer Entscheidung, die den Ausschluß von Gewerkschaftsmitgliedern aus der IG Chemie-Papier-Keramik wegen deren Kandidatur auf einer gewerkschaftsfremden Liste zur Betriebsratswahl betraf, bestätigte der BGH 1987 diese ständige Rechtsprechung.[23] Wiederum stellte er auf die überragende Machtstellung im wirtschaftlichen oder sozialen Bereich ab, die die IG Chemie-Papier-Keramik besitze. Diese mache es erforderlich, von sonst geltenden vereinsrechtlichen Grundsätzen abzuweichen.

---

[15] Eine ausführliche Bestandsaufnahme der einschlägigen Rechtsprechung findet sich bei Sachse, Aufnahme- und Verbleiberecht, S. 107 ff.

[16] Sachse, Aufnahme- und Verbleiberecht, S. 108; vgl. zu der Berücksichtigung dieses Gedankens in der Rechtsprechung des BGH auch Baecker, NJW 1984, 906 (907). Zu der Einstellung des BGB-Gesetzgebers, wonach die „Unterordnung der Mitglieder ... nicht zur Sklaverei werden (kann), wenn die Freiheit des Austritts aus dem Verein gesichert ist", vgl. Leist, Vereinsherrschaft, S. 11.

[17] BGHZ 93, 151 (152); ablehnend zu dieser Begründung, im Ergebnis aber zustimmend Reuter, JZ 1985, 536.

[18] BGHZ 93, 151 (153).

[19] BGHZ 93, 151 (153).

[20] BVerfGE 38, 281 (305).

[21] Der BGH verweist auch auf die mit der Mitgliedschaft verbundenen wirtschaftlichen Vorteile, BGHZ 93, 151 (154).

[22] Auf diese Repräsentationsfunktion will auch Reuter abstellen; JZ 1985, 536 f. und MünchKomm/Reuter, vor § 21 Rn. 66 ff., 123.

[23] BGH NJW 1988, 552 (555).

2. Allgemeingültigkeit dieser Rechtsprechung

Die für die IG Metall angewandte Argumentation trifft gleichermaßen auf die anderen großen Gewerkschaften zu. Der BGH beruft sich also bei der Statuierung eines grundsätzlichen Aufnahmezwangs für die Gewerkschaften auf die gerade von den Gewerkschaften wahrgenommenen Funktionen, die wiederum durch das Grundgesetz entweder garantiert sind oder vom einfachen Gesetzgeber in Konkretisierung der grundgesetzlichen Wertung bereitgestellt wurden. Wenngleich denkbar ist, daß die Aufnahmepflicht in Nachvollzug der vom BGH auf die Gewerkschaften angewandten Argumentation auch für andere große Interessenverbände bejaht wird,[24] so handelt es sich doch prinzipiell um eine spezielle Gewerkschafts-Rechtsprechung: Sie argumentiert mit den ihrem Wesen nach nur für die Gewerkschaft garantierten Rechten, den von den Gewerkschaften wahrgenommenen Tätigkeiten und den in bezug auf das grundgesetzlich garantierte Recht zur Organisation in einer Arbeitnehmerkoalition involvierten Interessen des einzelnen. Der BGH setzt also den allgemeinen vereinsrechtlichen Grundsatz, daß der Verein autonom über die Aufnahme neuer Mitglieder entscheidet, für die Gewerkschaften außer Kraft; es handelt sich um materielles Verbands-Sonderrecht.

3. Weitere Fälle der Unanwendbarkeit materiellen Vereinsrechts

Das weitgehend dispositive Vereinsrecht des BGB erweist sich also regelmäßig als auf die Gewerkschaften nicht anwendbar.[25]

a) Beispiel mitgliedschaftliche Sonderrechte

Im Vereinsrecht ist es etwa zuläsig, einem Mitglied Leitungsbefugnisse als mitgliedschaftliche Sonderrechte wie z. B. Mehrstimmrechte[26] einzuräumen[27] – eine Regel, die mit dem Erfordernis demokratischer Strukturen in den Gewerkschaften kollidieren würde und deshalb unwirksam sein müßte.

---

[24] Reuter spricht allgemein von Interessenverbänden, MünchKomm/ Reuter, vor § 21 Rn. 66 ff. In BGHZ 87, 337 (343 ff.) nahm der BGH z. B. die Klage eines Gewerkschaftsmitglieds gegen seinen Ausschluß zum Anlaß, allgemein seine Rechtsprechung zur Nachprüfung der Tatsachenermittlung im vereinsrechtlichen Disziplinarverfahren zu ändern.

[25] Sogar Bauernfeind, der in seiner Arbeit über „die Mitgliedschaft in Koalitionen" (Diss. Köln 1957) in der Anwendung des BGB-Vereinsrechts kein Problem sieht (S. 71), vertritt die Auffassung, daß z. B. eine satzungsmäßige Einschränkung des Rechts auf freie Meinungsäußerung unzulässig sei (S. 68 f.). Dabei geht er aber wohl von der unmittelbaren Geltung der Grundreche auch für Private aus.

[26] Kübler, Gesellschaftsrecht, § 10 IV 2 b, S. 128.

[27] RG, JW 1911, 747; K. Schmidt, Gesellschaftsrecht, S. 445.

b) Beipiel Vereinszweckänderung

Eine Änderung des Vereinszwecks kann nach §§ 40, 33 I 2 BGB satzungsgemäß einem Mehrheitsbeschluß übertragen werden. Dies wird zutreffend für die Gewerkschaften abgelehnt.[28]

III. Materielles Sonderrecht und Sonderverbandsrecht

1. Materielles Verbandsrecht und Rechtsform am Beispiel der körperschaftlich strukturierten Personengesellschaft

Für die Gewerkschaften gilt deshalb bereits unter der formellen Geltung des BGB-Vereinsrechts weitgehend eine von diesem abweichende materielle Rechtslage. Nun hat die Ausprägung einer sachlich zusammenhängenden, von allgemeinen Regeln abweichenden Rechtslage für ein sachlich abgegrenztes Spezialgebiet noch nicht unbedingt die Konsequenz, daß auch hinsichtlich der Rechtsformfrage eine abweichende Entscheidung zu treffen wäre. Immerhin ist ein Schluß vom materiellen Verbandsrecht auf die Rechtsform nicht geradezu abwegig: hinzuweisen wäre etwa auf die Rechtsprechung des BGH zu den Publikumskommanditgesellschaften mit der dort erfolgenden Anwendung von Grundsätzen aus dem Kapitalgesellschaftsrecht auf diese Form der Personenhandelsgesellschaft. Für die körperschaftlich strukturierten Personengesellschaften[29] hat der BGH richterrechtlich weitgehend die innerverbandliche Anwendung von Grundsätzen aus dem Recht der handelsrechtlichen Körperschaften statuiert.[30] Die materiellrechtliche Ausgestaltung dieser (im formalen Sinne) Personengesellschaften in der Art von Körperschaften hat anläßlich der Umsetzung der IV. EG-Bilanzrichtlinie im Bilanzrichtliniengesetz[31] zu der Forderung an den Gesetzgeber der Bundesrepublik Deutschland geführt, die Konsequenz aus der materiell-rechtlichen Ausgestaltung dieser Verbandsform zu ziehen und die in den EG-Richtlinien vorgesehenen Publizitäts- und Bilanzierungsvorschriften auch auf diejenigen Personengesellschaften zu erstrecken, die wie Körperschaften ausgestaltet sind.[32] Hier ist ein Fall gegeben, in dem wegen

---

[28] MünchKomm/Reuter, § 33 Rn. 9.

[29] Zu diesem Begriff Nitschke, Die körperschaftlich strukturierte Personengesellschaft S. 2 ff. und zu der Frage der Typenvermischung S. 14.

[30] So z. B. die Zulässigkeit satzungsändernder Mehrheitsbeschlüsse auch ohne Beachtung des im Recht der Personengesellschaften geltenden Bestimmtheitsgrundsatzes, BGHZ 71, 53 (56 ff.); zusammenfassend und mit weiteren Beispielen vgl. statt aller Wiedemann, Gesellschaftsrecht I, S. 502 und Kellermann in Fschr. Stimpel, S. 295 ff. Einer Ausdehnung dieser Rechtsprechung auf Personengesellschaften, die nicht Publikumsgesellschaften sind, widerspricht Marburger, NJW 1984, 2252 (2255 ff.).

[31] Vom 19.12.1985; BGBl I, 2355.

der materiellen Ausgestaltung des Verbandsinnenrechts die Rechtsform zugunsten der „wahren Rechtslage“ gesprengt, überwunden werden soll. Statt des „eigentlich“ anwendbaren Verbandsrechts wird ein anderes, besser passendes Verbandsrecht zur Anwendung gebracht. Es handelt sich um einen Fall des Übergreifens des materiellen Rechts auf das formelle Recht: Die körperschaftlich strukturierten Personengesellschaften sind zwar keine Körperschaften, sollen aber wie solche behandelt werden.[33]

2. Relevanz für die Gewerkschaften

Auch wenn die Forderung nach bilanzrechtlicher Erfassung der körperschaftlich strukturierten Personengesellschaften vom Gesetzgeber der Bundesrepublik Deutschland abgelehnt werden sollte, ist doch als rechtswissenschaftliche Beobachtung von Bedeutung, daß die Diskrepanz zwischen verbandsinterner Rechtslage und Rechtsform auf die Dauer neben den Korrekturversuchen durch die Rechtsprechung auch rechtspolitisch auf Widerstand stößt. Diese Entwicklung mag deshalb an dieser Stelle als Beispiel für die Schwierigkeiten stehen, die sich ergeben, wenn sich formelle Verbandsform und materielles Verbandsrecht nicht entsprechen.

Es soll aber der Versuch, von der materiellen Rechtslage des gewerkschaftlichen Verbandsinnenrechts Rückschlüsse auf die Rechtsformfrage zu ziehen, an dieser Stelle im einzelnen gar nicht unternommen werden. Daß in vielfältigen Bereichen Korrekturen angebracht worden sind und das nach h. M. „eigentlich“ auf die Gewerkschaften anwendbare Vereinsrecht doch nicht zur Anwendung gebracht wurde, ist bekannt.

Z. B. kommt eine Untersuchung, die sich mit § 54 S. 2 BGB beschäftigt, zu dem Ergebnis, auf die Gewerkschaften sei § 54 S. 2 wegen der „Sonderstellung“, die diese einnähmen, nicht mehr anwendbar.[34] Popp weist überzeugend nach, daß das Gebot der innerverbandlichen Demokratie, das nach ganz h. M. für die Gewerkschaften gilt, im Vereinsrecht des BGB keine Berücksichtigung gefunden hat.[35]

---

[32] In diesem Sinne ausführlich Schulze-Osterloh, ZHR 150 (1986), 403 (428 ff.); vgl. auch Marx/Delp, DB 1986, 289 mit Nachweisen. Steuerrechtlich wird die GmbH & Co. KG teilweise als Kapitalgesellschaft behandelt (siehe § 5 II KVStG).

[33] Die Kommission der Europäischen Gemeinschaften hat inzwischen den Entwurf einer dahingehenden Richtlinie beschlossen, vgl. die Nachweise bei Schulze-Osterloh, ZHR 150 (1986), 403 (430). Ablehnend dazu Barth, BB 1986, 2235 ff.

[34] Kertess, Haftung des für einen nichtrechtsfähigen Verein Handelnden, S. 41.

[35] Popp, Öffentliche Aufgaben, S. 163 ff., (170).

§ 10 Ergebnisse und mögliche Einwände

I. Zusammenfassung der Ergebnisse

Die Untersuchung begann mit der Frage, ob die Problematik mitgliedschaftlicher Kontrollbefugnisse des Gewerkschaftsmitglieds sinnvoll dadurch angegangen werden kann, daß man mit der h. M. von der Anwendbarkeit des Rechts des nichtrechtsfähigen Vereins auf die Gewerkschaften ausgeht. Der Einordnung der Gewerkschaften als nichtrechtsfähigen Vereinen stehen mehrere Gründe entgegen:

1. Die Gewerkschaften sind wegen der Leistungen an ihre Mitglieder nur noch mit Mühe als nichtrechtsfähige Vereine einzustufen.
2. Die Gewerkschaften sind wegen der von ihnen betriebenen wirtschaftlichen Geschäftsbetriebe aus Gesichtspunkten des Gläubiger- und des Mitgliederschutzes nicht als Idealvereine einzustufen.
3. Die Gewerkschaften können aus verfassungsrechtlichen Gründen auf keinen Fall wirtschaftliche Vereine sein, sondern müssten immer als Idealvereine eingestuft werden, wodurch sich erweist, daß die zivilrechtliche Einordnung in das Vereinsrecht des BGB a priori verfehlt ist.
4. Es widerspricht der Einstufung der Gewerkschaften als Idealvereinen, daß für wesentliche Problembereiche wie den Anspruch auf Aufnahme in eine Gewerkschaft oder die Möglichkeit für eine Gewerkschaft, Mitglieder auszuschließen, anerkannt ist, daß die Anwendung des Vereinsrechts zu verfassungswidrigen Verkürzungen der Rechte der Mitglieder führen würde. Entscheidende Teile des nach der h. M. anwendbaren Normenkomplexes sind also aus verfassungsrechtlichen Gründen auf die Gewerkschaften nicht anwendbar.
5. In zivilprozessualer Hinsicht ist eine Sonderstellung der Gewerkschaften anerkannt.

II. Konsequenzen aus diesen Ergebnissen

Als Ergebnis der Frage nach dem auf die Gewerkschaften anwendbaren Verbandsrecht ist also festzustellen, daß die Gewerkschaften sich aus Gründen der historischen Entwicklung und der verfassungsrechtlichen Sonderstellung, die sie nach dem Grundgesetz genießen, nicht zutreffend als Vereine i.S.d. BGB erfassen lassen. Es handelt sich bei den Gewerkschaften der Bundesrepublik Deutschland um *Körperschaften sui generis*, die in freier Körperschaftsbildung entstanden sind.[1]

---

[1] Interessant dazu auch die parallelen Forderungen Brischs (allerdings de lege ferenda), Rechtsstellung, S. 80.

III. Einwände Küblers

Zu diesem Ergebnis kommt auch Kübler[2] in einer Analyse der ÖTV-Entscheidungen des BGH. Überraschenderweise trifft er aber im Gegensatz zu dieser Arbeit die Feststellung, gegen die freie Körperschaftsbildung bestünden bei den Gewerkschaften[3] Bedenken, da dies den Verzicht auf normative Ansprüche an die Verbandsverfassung bedeute; die Anforderungen an die Organisationsstruktur der Gewerkschaften seien aber wegen der öffentlichen Funktionen, die die Gewerkschaften wahrnähmen, gerade besonders ausgeprägt. Dem ist zu widersprechen. Die Einstufung der Gewerkschaften als – im System der freien Körperschaftsbildung entstandene – Körperschaften sui generis ist, was Kübler übersieht, gerade deshalb zutreffend, weil *umgekehrt* die Einstufung als nichtrechtsfähige Vereine zu mit den – wie Kübler es nennt – öffentlichen Funktionen der Gewerkschaften unvereinbaren innerverbandlichen Konsequenzen führt. *Gerade* die Einstufung als Körperschaften sui generis eröffnet also den Weg, zu mit den besonderen Funktionen der Gewerkschaften im Hinblick auf Art. 9 III GG harmonierenden Ergebnissen zu kommen. Im Ergebnis stellt auch Kübler fest, die Rechtsprechung habe „für Gewerkschaften faktisch das ‚System der freien Körperschafsbildung' eingeführt".[4]

---

[2] Rechtsfähigkeit und Verbandsverfassung, S. 21.

[3] Bei den „normalen" nichtrechtsfähigen Vereinen hat Kübler dagegen keine Bedenken!

[4] Kübler, Gesellschaftsrecht, § 11 III 5, S. 137.

Teil 3

Kontrollrechte des Gewerkschaftsmitglieds

§ 11 Umschreibung des Verbandsrechts der Gewerkschaften

I. Einleitung

Ist auf die Gewerkschaften nicht (unmittelbar) das Vereinsrecht anwendbar, so fragt sich, welchen rechtlichen Normkomplexen – ob richterrechtlicher oder gesetzlicher Art – sich die mitgliedschaftlichen Rechte entnehmen lassen, die dem einzelnen Gewerkschaftsmitglied möglicherweise zustehen. Im folgenden soll der Versuch unternommen werden, allgemein anerkannte Grundsätze mitgliedschaftlicher Kontrollrechte in den verschiedenen Gesellschaftsformen zu untersuchen und auf die Möglichkeit zu prüfen, diese Grundsätze auf die Gewerkschaften anzuwenden.[1] Ein „allgemeines Verbandsrecht", das sich um die Herausarbeitung und Beantwortung von Fragen bemüht, die in den verschiedenen Verbandsformen auftreten, existiert bislang nur in Ansätzen.[2] Deshalb ist im folgenden eine getrennte Analsyse der einzelnen Verbandsformen unumgänglich.

Ausgangspunkt der Betrachtungen war die Beobachtung, daß die Einhaltung der den Gewerkschaften obliegenden, von der allgemeinen Rechtsordnung oder der mitgliedschaftlichen Position der Gewerkschaftsmitglieder gezogenen rechtlichen Grenzen in wesentlichen Punkten – am Beginn der Arbeit wurde die Problematik des Urabstimmungserfordernisses angedeutet[3] – durch die Mitglieder des Verbandes selbst überwacht werden muß. Deshalb ist die Fragestellung der Arbeit darauf zu konzentrieren, welche rechtlichen Befugnisse dem Gewerkschaftsmitglied zur Kontrolle der Verbandsführung zustehen.

---

[1] Diese Vorgehensweise wird auch gewählt von Säcker, Repräsentation von Großvereinen, S. 16 ff., für die Frage der Zulässigkeit repräsentativer Organisationsstrukturen.

[2] Für das mitgliedschaftliche Kontrollrecht ist etwa interessant die Untersuchung von Roitzsch, Minderheitenschutz im Verbandsrecht, 1980. Die Arbeit konnte aber z. B. die bedeutende Entscheidung BGHZ 83, 122 – Holzmüller – noch nicht berücksichtigen und ist deshalb nur von bedingter Aktualität. Müller-Erzbach, Mitgliedschaft, behandelt im Kapitel über die mitgliedschaftlichen Rechte das allgemeine mitgliedschaftliche Kontrollrecht bezeichnenderweise gar nicht, vgl. S. 210 ff.

[3] Oben § 1 II.

II. Vorgehensweise der Untersuchung

1. Rechtliche Einordnung der aufgezeigten Probleme

Die Dogmatik des Vereinsrechts, von dem die h. M. behauptet, es sei auf die Gewerkschaften anwendbar, ist – dies läßt sich schon ohne ein näheres Eingehen auf die vereinsrechtliche Rechtslage feststellen – nicht soweit erforscht, daß sich ein klar konturiertes Bild zu mitgliedschaftlichen Kontrollbefugnissen des Vereinsmitglieds zeichnen liesse.[4] Unabhängig davon aber, ob eine gewisse und unter Umständen sehr weitgehende Analogiefähigkeit oder gar die direkte Gültigkeit vereinsrechtlicher Dogmatik für die Gewerkschaften angenommen wird, wäre es von Bedeutung, einen Befund der vereinsrechtlichen Dogmatik zu erstellen, denn es handelt sich bei dem innergewerkschaftlichen Verbandsrecht jedenfalls um eine zum gewerkschaftlichen Verbandsrecht parallele Materie.

Die bisherige Domatik zum Vereinsrecht beschäftigt sich mit wenigen ausgewählten Fragestellungen. Mit besonderer Intensität wird etwa die Dogmatik der Vereinsklassenabgrenzung diskutiert.[5] Von den anderen Hauptdiskussionspunkten seien diejenigen zum Vereinsausschluß und zu der rechtlichen Kontrolle von Vereinsstrafen angeführt. Es wird angesichts der nur rudimentären Erkenntnisse hinsichtlich des mitgliedschaftlichen Kontrollrechts im Vereinsrecht unumgänglich sein, Rechtsprechung und Literatur zu diesen einzelnen Sachkomplexen auf Relevanz für das hier behandelte Thema hin zu untersuchen. Zuvor jedoch soll darauf eingegangen werden, inwieweit bereits von einer vereinsrechtlichen Dogmatik der Mitgliedschaftsklage gesprochen werden kann. Auch sofern das allgemeine Vereinsrecht in seiner Funktion als Grundstruktur eines Verbandsrechts behandelt wird, ist aber immer zu bedenken, daß die allgemeinen Regelungen „die Besonderheit des Berufsverbandsrechts gegenüber dem allgemeinen Vereinsrecht systematisch nicht zutreffend erfassen".[6] Ein Seitenblick auf gewerkschaftliche Besonderheiten und möglicherweise daraus resultierende Abweichungen in der innerverbandlichen Rechtslage ist also stets geboten.

---

[4] Reichert/Dannecker/Kühr, vgl. v. a. Rn. 426.; auch die Kommentierung Reuters in MünchKomm/ Reuter, §§ 21 ff. und Coings in Staudinger/ Coing, §§ 21 ff. geben insofern keine Auskünfte. Die einzigen Ansätze finden sich bei K. Schmidt, Der bürgerlich-rechtliche Verein mit wirtschaftlicher Tätigkeit, AcP 182 (1982), S. 1 ff. und Lutter, Theorie der Mitgliedschaft, AcP 180 (1980), 84 ff.

[5] Dazu ausführlich oben § 3 III.

[6] Säcker, in: Hueck/Nipperdey S. 1026, II/2.

2. Überblick über die möglichen Fragestellungen

Einen ersten Eindruck bezüglich der hier behandelten Problematik mitgliedschaftlicher Kompetenzen der Gewerkschaftsmitglieder soll ein Problem aus dem oben ausführlich behandelten Fragenkreis der Vereinsklassenabgrenzung vermitteln. K. Schmidt hat unter diesem (eingeschränkten) Blickwinkel die Frage behandelt, welche Sanktionen ein Verein des BGB zu erwarten hat, wenn er sich als Idealverein wirtschaftlich i. S. d. § 22 BGB betätigt.[7] Unter dem Begriff des „privatrechtlichen Mitgliederschutzes" findet sich dort die Überlegung, daß § 33 I 2 BGB für Zweckänderungen im Verein die Zustimmung aller Mitglieder verlangt.[8] § 33 I 2 BGB sei deshalb „ein vereinsrechtliches Schutzinstrument, das bei allen Entscheidungen des Vorstands zum Tragen kommt, die aktuell eintragungsschädlich sind. Eigenmächtige Maßnahmen des Vorstandes, die nur aufgrund Satzungsänderung zulässig wären – vielfach ungenau als ‚faktische Satzungsänderungen' bezeichnet –, sind rechtswidrige Kompetenzüberschreitungen, denen mit Unterlassungsansprüchen begegnet werden kann."[9]

Diese wenigen Sätze lassen bereits erkennen, welche Fragen im folgenden näher zu erörtern sind. Zum einen ist die dogmatische Grundlegung solcher Unterlassungsansprüche von Bedeutung. Vor allem aber ist die positivrechtliche Verankerung fraglich (reicht dazu § 33 I 2 BGB aus?). Aber auch die Reichweite einer solchen Kontrolle ist schwierig abzugrenzen, wie sich bereits daran erkennen läßt, daß K. Schmidt von Maßnahmen des Vorstandes spricht, die nur aufgrund Satzungsänderung zulässig wären. Wo aber liegt in einer Gewerkschaft die Grenze, bis zu der die Entscheidungskompetenz der Verbandsführung reicht? Wie läßt sich diese Grenze allgemein umschreiben? Eine Erörterung wesentlicher materiellrechtlicher Grundsätze des Gewerkschaftsverbandsrechts läßt sich nicht vermeiden, wenn diese Grenzen abgesteckt werden müssen. Zum anderen sind, wenn dem Gewerkschaftsmitglied die Unterlassungsklage eröffnet wird, auch zivilprozessuale Probleme angesprochen, etwa die Klagebefugnis, die Klagefrist und die Anfechtungswirkung.

3. Das allgemeine Recht der Mitgliedschaft als möglicher Ausgangspunkt

Nach hier vertretener Auffassung sind die Gewerkschaften als Körperschaften sui generis einzuordnen. Folglich kann man für sie nicht auf ein konkret geregeltes Verbandsrecht zurückgreifen. Auch die h. M., die die

---

[7] K. Schmidt, Der bürgerlich-rechtliche Verein mit wirtschaftlicher Tätigkeit, AcP 1982, 1 ff.

[8] Zu § 33 I 2 BGB zuletzt BGHZ 96, 245 (249); dazu Säcker, DB 1986, 1504; Häuser/van Look, ZIP 1986, 749; Reuter, ZGR 1987, 475.

[9] K. Schmidt, AcP 1982, 1 (52).

Gewerkschaften grundsätzlich als nichtrechtsfähige Vereine ansieht,[10] geht nicht davon aus, daß *ausschließlich* das Recht des nichtrechtsfähigen Vereins Anwendung findet. Das wurde an den Beispielen des Aufnahmeanspruchs und der zivilprozessualen Klagemöglichkeit erläutert.[11] Deshalb ist es auch aus der Sicht der h. M. geboten, in Fragen des gewerkschaftlichen Verbandsinnenrechts eine autonome Wertung der vereinsrechtlichen Lösungen vorzunehmen. Eine solche autonome, an den gewerkschaftlichen Besonderheiten sowohl in rein phänomenologischer als auch grundrechtssystematischer Hinsicht orientierte und vom Vereinsrecht „emanzipierte", autonome Überprüfung bedarf aber ihrerseits eines Maßstabs. Dieser Maßstab kann nur so etwas wie das allgemeine Verbandsrecht sein und beschränkt auf den hier zu untersuchenden Themenkomplex mitgliedschaftlicher Kontrollrechte das „Recht der Mitgliedschaft".

Unsere Rechtsordnung enthält keinen allgemeinen Teil des Verbandsrechts und somit auch keine Regelung des Rechts der Mitgliedschaft. Eine Studie von Marcus Lutter („Theorie der Mitgliedschaft")[12] bemüht sich darum, bezüglich verschiedener rechtlicher Fragenkomplexe Gemeinsamkeiten zwischen den unterschiedlichen Verbandstypen herauszufinden und so einen positivrechtlich nicht gegebenen allgemeinen Teil der Mitgliedschaft herauszuarbeiten. Es stellt sich die Frage, ob dieser Ansatz bei dem in dieser Arbeit zu untersuchenden Problem weiterhelfen kann.

Lutters Darstellung des allgemeinen verbandsrechtlichen Schutzes der Mitgliedschaft unterteilt zwischen dem innerverbandlichen Streit um Existenz und Ausmaß der Mitgliedschaft und dem Streit um mittelbare Eingriffe in die Mitgliedschaft.[13] Mögliche Streitfälle in der Gewerkschaft können sich unter beiden Gesichtspunkten ergeben. Für die hier behandelten Probleme verbietet sich eine Trennung der beiden Komplexe, die sachlich eng zusammenhängen. Im obigen *Beispiel Nr. 5* ist der Fall geschildert, daß ein Gewerkschaftsmitglied in Vollzug eines Unvereinbarkeitsbeschlusses aus der Gewerkschaft ausgeschlossen wird.[14] Ein Rechtsstreit wird sich mit einiger Wahrscheinlichkeit nicht daran entzünden, daß die Gewerkschaft abstrakt einen Unvereinbarkeitsbeschluß trifft.[15] Viel wahrscheinlicher ist es, daß sich ein in Vollzug des Unvereinbarkeitsbeschlusses ausgeschlossenes Gewerkschaftsmitglied gegen diesen *Ausschluß* zur Wehr setzt. Eine sol-

---

[10] Vgl. etwa BGHZ 42, 210; 45, 314 (318); U. John, Rechtsperson, S. 172 f.; Wiedemann, Gesellschaftsrecht I, § 4 II, S. 205; Habscheid, AcP 155 (1955) 375 (377); Kübler, Gesellschaftsrecht, § 11 I 1 b, S. 131; Schaub, Arbeitsrechtshandbuch, § 189 I 7; Brisch, Rechtsstellung, S. 32.

[11] S. o. § 9.

[12] In AcP 180 (1980), 84 ff.

[13] Lutter, AcP 180 (1980), 84 (139 f.).

[14] Oben § 1 IV.

[15] Vgl. dazu den Beispielsfall Nr. 4, oben § 1 IV.

che Klage kann nicht ohne gleichzeitige Beurteilung der Rechtsverbindlichkeit des dem Ausschluß zugrundeliegenden Unvereinbarkeitsbeschlusses entschieden werden.

Im folgenden sind also beide Aspekte zu beurteilen, sowohl derjenige, der die Mitgliedschaftsposition als solche betrifft (also vor allem die Ausschlußfrage) oder sonstige unmittelbare Eingriffe des Verbandes in das Mitgliedschaftsrecht[16] als auch, und zwar wegen der präjudiziellen Wirkung, die Entscheidung dieser Frage in der Praxis hat, der „Innenstreit um mittelbare Eingriffe in die Mitgliedschaft", worunter im Beispielsfall die Wirksamkeit des Unvereinbarkeitsbeschlusses zu verstehen wäre. Eine saubere Trennung dieser Komplexe läßt sich um so weniger erreichen, als gleichzeitig über die Durchsetzbarkeit möglicher Ansprüche zu entscheiden ist. Lutter deutet dies dadurch an, daß er als weitere Unterpunkte seiner Gedanken über den Schutz der Mitgliedschaft gleichberechtigt die Frage der actio pro socio und die Überprüfung organschaftlicher Handlungsbefugnisse behandelt.[17] Dieser Gliederung soll hier nicht gefolgt werden. Die Frage der Durchsetzbarkeit materiellrechtlich gegebener Ansprüche kann man nicht trennen von der Anerkennung dieser Ansprüche selbst; umgekehrt ist die Anerkennung von Durchsetzungsmöglichkeiten, wie sie etwa die actio pro socio gewährt, gleichbedeutend mit einer materiellrechtlichen Entscheidung für die Gewährung von Kontrollrechten – nicht umsonst ist die die Diskussion um die actio pro socio begleitet von der Erörterung der Frage, ob die Geltendmachung der actio pro socio als Notgeschäftsführungstätigkeit einzuordnen sei.[18] Mit der Betonung der materiellrechtlichen Bedeutung der actio pro socio sei nicht einem römisch-rechtlichen Aktionendenken das Wort geredet, aber die Interferenzen zwischen materiellem und Prozeßrecht werden gerade in dem Institut der actio pro socio deutlich erkennbar. Grundsätzlich gilt der Grundsatz, daß da, wo materielle Rechte anerkannt sind, gewährleistet sein muß, daß der Berechtigte sein Recht auch durchsetzen kann.[19] Der BGH formuliert für die Aktiengesellschaft: „Eine materiell begründete Rechtsverfolgung darf aber grundsätzlich nicht daran scheitern, daß die dem Aktiengesetz eigenen Rechtsbehelfe tatbestandsmäßig versagen ..."[20] Im folgenden soll deshalb nicht zuerst nach Klagemöglichkeiten

[16] Eine nicht durch die Satzung des Pferdezüchterverbandes gedeckte Streichung eines Zuchthengstes im Zuchtbuch hat einen Anspruch des Mitglieds zur Folge, „daß der nicht durch die Satzung gedeckte Eingriff in sein Mitgliedschaftsrecht rückgängig gemacht wird", BGH WM 1984, 552 (553).

[17] Lutter, AcP 180 (1980), 84 (132 ff.). Er spricht von der „actio pro societate" (a. a. O. S. 135), ebenso Wiedemann, Gesellschaftsrecht I, S. 458. Zu dieser Terminologie ablehnend Flume, Juristische Person, § 8 V und K. Schmidt, Gesellschaftsrecht, S. 467 (Mitverwaltungsrecht).

[18] So etwa Hadding, Actio pro socio, S. 57 ff., dagegen etwa Wiedemann, Gesellschaftsrecht I, S. 459.

[19] § 89 Einleitung Preuß. ALR sagt: „Wem die Gesetze ein Recht geben, dem bewilligen sie auch die Mittel, ohne welche dasselbe nicht ausgeübt werden kann".

gefragt – etwa: steht dem Gewerkschaftsmitglied eine actio pro socio oder eine allgemeine actio negatoria zu? –, sondern zuerst die materiellrechtliche Reichweite mitgliedschaftlicher Kontrolle geklärt werden.

III. Konkrete Analyse des innergewerkschaftlichen Kontrollbedarfs

Ausgangspunkt dieser Arbeit war der Gedanke, daß eine Rechtskontrolle der Gewerkschaften unter vielfältigen, durchaus auch die Allgemeinheit berührenden Gesichtspunkten geboten ist und in typischen Konstellationen nur im Wege innergewerkschaftlicher Rechtskontrolle geleistet werden kann. Wenn die Rechtslage bezüglich der innergewerkschaftlichen Rechtskontrolle genauer untersucht werden soll, ist es deshalb erforderlich, die typischen innergewerkschaftlichen Konfliktpotentiale aufzuzeigen.

1. Die einzelnen Fälle

Eine Problemkonstellation ist die (vor allem publizistische Betätigung) der Gewerkschaftsführung, wenn diese sich typischerweise nicht mit der Meinung eines bedeutenden Teils der Gewerkschaftsmitglieder deckt oder die ausserhalb des Bereichs angesiedelt ist, den man als genuin gewerkschaftlich bezeichnen könnte. Im obigen *Beispiel Nr. 1* ruft „die A-Gewerkschaft" die Bundesregierung auf, die Stationierung von Mittelstreckenraketen durch die USA auf dem Gebiet der Bundesrepublik Deutschland zu verhindern. Im *Beispiel Nr. 3* ruft die A-Gewerkschaft vor einer Bundestagswahl zur Wahl der X-Partei auf. In beiden Fällen liegt es auf der Hand, daß sich nicht alle Gewerkschaftsmitglieder mit diesen Äußerungen identifizieren können. Läßt es sich wirklich sagen, daß die „A-Gewerkschaft" z. B. die Aufforderung an die Bundesregierung gerichtet hat, sich gegen die Raketenstationierung durch die USA zu wenden, oder kann die Äußerung der Gewerkschaftsführung den Mitgliedern nicht mehr „zugerechnet" werden? Darf überhaupt die Gewerkschaftsführung in dieser Eigenschaft allgemeinpolitische Äußerungen abgeben und sich sogar konkret parteipolitisch engagieren?

Ähnlich sind die *Beispiele Nr. 6* und *Nr. 7* einzuordnen, in denen der Fall der „Neuen Heimat" und der „Neuen Heimat Städtebau" erörtert wird. Auch in diesen Fällen geht es darum, welche Betätigungen der Gewerkschaftsführung verbandsintern gestattet sind.

Gemeinsames Problem in all diesen Beispielsfällen ist der Kompetenzbereich der Gewerkschaftsführung, innerhalb dessen sie ohne Rückgriff auf

---

[20] BGHZ 83, 122 (127). Ähnlich K. Schmidt: „Solange nicht die Gesellschaft wirksam auf die Forderung verzichtet hat ... muß es auch Wege zur Geltendmachung der Forderung geben", Gesellschaftsrecht, S. 474.

eine Sonderlegitimation aufgrund ihrer allgemeinen Befugnisse für die Gewerkschaft handeln darf. Sicherlich ist dieser Kompetenzbereich nicht unbegrenzt. Deshalb ist zu prüfen:

- Wie weit reicht der Kompetenzbereich der Gewerkschaftsführung?
- Was bedeutet es für die Rechtsposition des einzelnen Gewerkschaftsmitgliedes, wenn die Gewerkschaftsführung diesen Kompetenzbereich überschreitet, ohne aber satzungsförmig oder durch das Fassen von Beschlüssen zu handeln (Problem der Rechtskontrolle schlichten Handelns der Gewerkschaftsführung)?

Die anderen Beispiele lassen sich nicht so offensichtlich als Kompetenzüberschreitungen erfassen. Sogar *Beispielsfall Nr. 2* ist nicht einfach unter diese Kategorie zu bringen. Wenn nämlich die Gewerkschaft, die sich in *Beispiel Nr. 1* gegen die Stationierung von bestimmten Raketen ausgesprochen hat, durch die Gewerkschaftsführung in diesem Beispiel zu einem „Warnstreik" gegen diese Raketenstationierung aufruft, so übt die Führung der Gewerkschaft durch den Streikaufruf auf den ersten Blick eine Tätigkeit aus, die eindeutig in ihre Kompetenz fällt. Ohne bereits an dieser Stelle auf die komplizierten Rechtsfragen der Zulässigkeit eines Warnstreiks oder der Erforderlichkeit einer Urabstimmung einzugehen, ist doch die Festlegung der Streikziele und der Arbeitskampftaktik sicherlich eine der bedeutendsten Aufgaben der Führung einer Gewerkschaft. Andererseits kann die Zuweisung der Kompetenz zur Führung eines Arbeitskampfes keinesfalls eine Freistellung von Rechtmäßigkeitskontrolle in allen Fragen bedeuten, in denen es um Arbeitskämpfe geht.[21] Gemäß dem Ansatz dieser Arbeit interessiert hier ausschließlich die Rechtslage gegenüber dem einzelnen Gewerkschaftsmitglied. Die rhetorische Frage, ob es gegenüber dem Gewerkschaftsmitglied rechtmäßig sein dürfte, wenn die Verbandsführung die Gewerkschaft in beliebiger Weise zu jedem beliebigen Streikziel in den Arbeitskampf rufen könnte, macht deutlich, daß die Möglichkeit des auch dem Gewerkschaftsmitglied gegenüber rechtswidrigen Streiks[22] sehr wohl gegeben ist. Es wurde oben herausgearbeitet, daß gerade in bestimmten Fragen im Bereich des Arbeitskampfes die ausschließliche Kontrollmöglichkeit bei den Gewerkschaftsmitgliedern liegt.[23] Deshalb ist der

- Rechtmäßigkeitskontrolle von Streikzielen und der
- Rechtmäßigkeitskontrolle hinsichtlich der Streikorganisation[24]

besondere Aufmerksamkeit zu widmen:

---

[21] Dazu, daß dies die Konsequenz wäre, wenn eine innergewerkschaftliche Rechtskontrolle nicht möglich wäre, vgl. oben § 1 II.

[22] Vgl. dazu etwa BGH NJW 1978, 990 (991 f.).

[23] S. o. § 1 II 1.

[24] Dieser Begriff sei untechnisch verstanden. Unter den Begriff Streikorganisation fällt auch z. B. die Urabstimmung.

- welche innerverbandlichen Rechtsbehelfe hat also das Gewerkschaftsmitglied gegen rechtswidrige Entscheidungen der Verbandsführung, die wie ein Arbeitskampf in einer Gewerkschaft bedeutende Auswirkungen auf das Verbandsmitglied haben?

Schließlich muß auch untersucht werden, welche wesentlichen Rechtmäßigkeitsanforderungen in den Gewerkschaften an die Rechtmäßigkeit eines Aufrufs zum Arbeitskampf zu stellen sind.

Schließlich ist im *Beispiel Nr. 8*, in dem die A-Gewerkschaft in eine „Führer-Gewerkschaft" umstrukturiert werden soll, die Frage angesprochen, wo die verfassungsmäßigen Grenzen rechtlich autonomer Gestaltung des Gewerkschaftsverbandsrechts liegen und vor allem:

- welche Möglichkeiten hat ein Gewerkschaftsmitglied, gegen eine von ihm für rechtswidrig gehaltene Satzungsänderung vorzugehen?

2. Ergebnis der Analyse des Kontrollbedarfs

Als Resultat aus der Analyse des Bedarfs an rechtlicher Kontrolle läßt sich die Kontrolle der Rechtmäßigkeit eines Handelns der Gewerkschaftsführung ohne direkte Einwirkung auf die mitgliedschaftliche Position des Gewerkschaftsmitglieds, die Kontrolle der Rechtmäßigkeit von satzungsförmigen Beschlüssen und die Rechtskontrolle schlichten Verbandshandelns mit unmittelbarer Auswirkung auf die Rechtsposition des Gewerkschaftsmitglieds festhalten.

Besonderes Schwergewicht ist demnach auf die *Rechtskontrolle schlichten Verbandshandelns* zu legen.

IV. Auswirkungen der verfassungsrechtlichen Garantie der Koalitionsfreiheit auf das mitgliedschaftliche Kontrollrecht

Im Zusammenhang mit der Einordnung der Gewerkschaften in das zivilrechtliche System der Körperschaften war zu berücksichtigen, daß ein Gewerkschaftsmitglied nicht darauf verwiesen werden kann, seine Unzufriedenheit mit der Gewerkschaft durch seinen Austritt auszudrücken,[25] wohingegen das Vereinsrecht des BGB von dieser Sanktionsmöglichkeit[26] ausgeht. Auch war zu zeigen, daß das Aufnahme- und Verbleiberecht in den Gewerkschaften einen wichtigen Baustein in der von der Rechtsprechung vorgenommenen Ausbildung eines Sonderrechts der Gewerkschaften darstellt. In beiden Fällen spielt die grundgesetzlich garantierte individuelle Koalitionsfreiheit eine Rolle.

---

[25] Vgl. oben § 9 II 1.

[26] In § 39 BGB.

Art. 9 III 1 GG gewährleistet für jedermann und für alle Berufe das Recht, zur Wahrung und Förderung der Arbeits- und Wirtschaftsbedingungen Vereinigungen zu bilden. Dies ist auf seine Auswirkungen auf die *mitgliedschaftliche Kontrollbefugnis* hin zu prüfen.

1. Art. 9 III 1 GG als Individualgrundrecht

Die Interpretation von Art. 9 III geht, was für die Vernachlässigung des innerverbandlichen Gewerkschaftsrechts symptomatisch erscheint, herkömmlich über den Wortlaut der Gewährleistung nicht nur hinaus, sondern vernachlässigt umgekehrt die näherliegende Deutung weitgehend: Art. 9 III 1 GG gewährleistet primär für *„jedermann"* das Recht, sich in Koalitionen zusammenzuschließen. Dies ist in erster Linie eine individuelle Gewährleistung, so daß zu erwarten wäre, daß das Recht des einzelnen im Vordergrund der Grundrechtsanalyse stünde. Eine wesentlich größere Beachtung als dieses Individualgrundrecht findet aber die von der Rechtsprechung des Bundesverfassungsgerichts und der h. M. vertretene Interpretation, wonach die Gewerkschaften als solche in ihrer spezifisch koalitionsgemäßen Betätigung ebenfalls durch Art. 9 III GG geschützt sind.[27] Diese Auffassung geht davon aus, daß Art. 9 III GG ein Doppelgrundrecht gewährleistet und nicht nur dem einzelnen zusteht, sondern auch den Koalitionen als solchen.[28] Die von Scholz vertretene Auffassung, Art. 9 III GG entfalte Wirkung primär für den einzelnen und für die Koalition nur durch Vermittlung über Art. 19 III GG,[29] führt zwar zu einem Ergebnis, das mit dem der herrschenden Meinung grundsätzlich übereinstimmt,[30] nämlich der Anerkennung des Schutzes der Koalitionen. Es setzt aber insofern andere Akzente, als die Betonung auf dem Individualgrundrecht liegt. Die in dieser Arbeit angesprochenen Fragen innerverbandlicher Kontrollmöglichkeiten zeigen, daß auch die individuelle Koalitionsfreiheit durchaus eines Schutzes – auch gegenüber der Koalition – bedarf.

2. Antinomie zwischen Individual- und Kollektivgrundrecht

Der Schutz mitgliedschaftlicher Rechte führt aus der Sicht der h. M. grundrechtsdogmatisch strukturell zu einer Kollision zwischen der indivi-

---

[27] Grundlegend BVerfGE 50, 290 (367 f.); vgl. auch BVerfGE 19, 303 (312); 18, 18 (26); 38, 281 (303); Hesse, Verfassungsrecht, § 12 I 8 c Rn. 414.

[28] BVerfGE 19, 303 (312); 18, 18 (26); 38, 281 (303); Hesse, Verfassungsrecht, § 12 I 8 c. Der große Senat des BAG hat entschieden, das korporative Daseinsrecht der Koalitionen umfasse neben dem Existenzrecht der Koalitionen auch die vereinsinterne Verbandsautonomie; beides unterliege nicht der beschränkenden gesetzlichen Normierung (BAGE GrS 20, 175 (211)). Kritisch mit umfangreichen Nachweisen Picker, ZfA 1986, 199 ff.

[29] Scholz, in: Maunz/Dürig, Art. 9 Rn. 173 und Koalitionsfreiheit, S. 135 ff., 249 ff.

[30] So auch Scholz in Maunz/Dürig Art. 9 Rn. 25.

duellen und der kollektiven Koalitionsfreiheit,[31] auch wenn dies oft nicht im Vordergrund der Betrachtung steht.

Eine potentielle Antinomie von in Art. 9 III 1 geschützter kollektiver und individueller Koalitionsfreiheit kann nach der herrschenden Meinung, die von einem Doppelgrundrecht ausgeht, also nicht geleugnet werden.[32] Bereits aus der Sicht dieser h. M. erscheint es demnach unzulässig, ein mitgliedschaftliches Kontrollrecht einseitig an dem Maßstab der durch Art. 9 III 1 geschützten kollektiven Koalitionsfreiheit zu messen. Richtig ist es dagegen, die kollektive Koalitionsfreiheit (auch) als Funktion der individuellen Koalitionsfreiheit zu sehen und umgekehrt gerade die Garantie individueller Koalitionsfreiheit als Grundbedingung kollektiver Koalitionsfreiheit zu werten.[33] Daher ergibt sich, daß der „Schutz der innerverbandlichen Minderheit … eine wesentliche organisationsrechtliche Aufgabe" darstellt.[34] Diese verfassungsrechtliche Beurteilung deckt sich in erfreulicher Weise mit dem Anliegen dieser Arbeit, durch Aufarbeitung mitgliedschaftlicher Kontrolle zum guten Funktionieren der Gewerkschaften beizutragen.

3. Der Schutz der individuellen Koalitionsfreiheit in der Rechtsprechung

a) Von der Rechtsprechung entschiedene Fälle

Beispielhaft für die Berücksichtigung der grundgesetzlich geschützten Koalitionsfreiheit des einzelnen Arbeitnehmers sei die Entscheidung des BGH zu dem innerverbandlichen Schutz des einzelnen Gewerkschaftsmitglieds durch eine richterrechtliche Verkürzung der längstmöglichen Austrittsfrist genannt. Der BGH vertrat die Auffassung, wenn eine Gewerkschaft eine zu lange Frist für die Kündigung der Mitgliedschaft vorsehe, kollidiere dies mit dem grundrechtlich geschützten Recht des einzelnen aus Art. 9 III GG[35] und sei deshalb unwirksam.

Der Schutz der individuellen Koalitionsfreiheit wurde auch in einer Entscheidung (über den Aufnahmezwang für die IG Metall) deutlich. Hier führte der BGH aus, der innere Grund, einen Aufnahmezwang zu bejahen (und somit zwingendes und unabdingbares Satzungsrecht zu statuieren) liege darin, „daß die Rechtsordnung mit Rücksicht auf schwerwiegende

---

[31] So aber auch Säcker, Repräsentation von Großvereinen, S. 34 f.; kritisch gegenüber dieser Konsequenz auch W. Schmidt, ZRP 1977, 255 (258).

[32] So auch Scholz, Koalitionsfreiheit, S. 67; Picker, ZfA 1986, 199 (205).

[33] Vgl. dazu Scholz, Koalitionsfreiheit, S. 145 ff.

[34] Scholz, Koalitionsfreiheit, S. 378 f. Die von Scholz an dieser Stelle geäußerte Beobachtung, das Problem des innerverbandlichen Minderheitenschutzes habe „sich bisher allerdings noch nicht in aller Strenge gestellt", erklärt sich nach hiesiger Auffassung durch die fehlende Anerkennung eines Schutzmechanismus, wie sie die mitgliedschaftliche Kontrollbefugnis darstellt.

[35] BGH NJW 1981, 340.

Interessen der betroffenen Kreise die grundsätzliche Selbstbestimmung des Vereins ... nicht immer ohne weiteres hinnehmen kann".[36] Auch in der gerichtlichen Kontrolle des Ausschlusses aus einer Gewerkschaft[37] zeigt sich der Schutz der individuellen Koalitionsfreiheit.[38]

b) Der Arbeitskampf als Beispiel für weitere verfassungsrechtlich gebotene innerverbandliche Rechtskontrolle

Auch in anderer, eher indirekter Weise sind sowohl individuelle als auch kollektive Koalitionsfreiheit für das mitgliedschaftliche Kontrollrecht in Gewerkschaften zu beachten. In den Satzungen der Gewerkschaften ist in der Regel vorgesehen, daß die Gewerkschaft Sanktionen bis hin zum Ausschluß gegenüber Gewerkschaftsmitgliedern ergreifen kann, die einem Streikaufruf nicht Folge leisten.[39] Dies ist rechtlich unbedenklich, weil die Gewerkschaften Kampfverbände sind, die im Regelfall der Arbeitgeberseite gegenüber zum Arbeitskampf bereit sein müssen.[40] Die Gegnerfreiheit als Voraussetzung der Bereitschaft zum Arbeitskampf ist deshalb sogar Wesensmerkmal einer Arbeitnehmerkoalition.[41]

Die Gewerkschaft hat also das Recht, ihre Mitglieder zur Teilnahme an einem Arbeitskampf zu verpflichten; dieses Recht ist durch Art. 9 III GG abgesichert. Das einzelne Gewerkschaftsmitglied wiederum ist durch Art. 9

---

[36] BGHZ 93, 151 (152).

[37] BGHZ 87, 337; BGH WM 1977, 116.

[38] Sachse, Aufnahme- und Verbleiberecht, S. 147 ff. (150).

[39] § 12 Nr. 2 a HBV: „Mitglieder, welche nachweislich die Gewerkschaft durch Betrug, Unterschlagung von Gewerkschaftsgeldern oder durch Streikbruch schädigen, können ... ohne Ausschlußverfahren ausgeschlossen werden ..."; § 24 Nr. 2 Chemie, Papier, Keramik: „Mitglieder, die der Aufforderung zur Arbeitsniederlegung nicht Folge leisten oder die Arbeit vor Beendigung des Streiks aufnehmen, haben keinerlei Anspruch auf Streikunterstützung. Gegen diese Mitglieder wird ein Ausschlußverfahren eingeleitet." § 7 Nr. 5 GTB: „Die von den zuständigen Organen der Gewerkschaft gefaßten Beschlüsse und Richtlinien sind für alle Mitglieder verbindlich". § 9 Nr. 2 b: „Mitglieder sind auszuschließen, wenn sie sich beharrlich weigern, den Anordnungen des Hauptvorstandes, der Bezirksleitungen oder Verwaltungsstellen Folge zu leisten, soweit diese sich auf die Satzung, auf Beschlüsse des Gewerkschaftstages, des Hauptvorstandes oder des Beirats stützen ..." § 13 Nr. 1.3 GGLF: „Ein Mitglied kann ausgeschlossen werden, wenn es den Beschlüssen der Gewerkschaftsinstanzen, soweit solche durch die Satzung begründet sind, nicht Folge leistet oder zuwiderhandelt." Ähnliche Formulierungen finden sich in den meisten Gewerkschaftssatzungen. Vgl. auch den Sachverhalt des Urteils BGH NJW 1978, 990.

[40] Vgl. etwa BGH WM 1977, 166 (178), wonach eine Gewerkschaft von ihren Mitgliedern bis zur Beendigung der Mitgliedschaft Solidarität verlangen kann. Allerdings ist die Bereitschaft zum Arbeitskampf nach der Rechtsprechung von Bundesverfassungsgericht und Bundesarbeitsgericht nicht Wesensmerkmal einer Arbeitnehmerkoalition; vgl. zuletzt BAG NZA 1986, 332 = NJW 1986, 1708; vgl. auch BVerfGE 18, 18 (26).

[41] Vgl. nur Zöllner, Arbeitsrecht, § 8 III 5, S. 101; die Bereitschaft zum Arbeitskampf selbst ist jedoch nicht konstitutiv für die Koalitionseigenschaft, BVerfGE 18, 18 (30 ff.); Zöllner, Arbeitsrecht, § 8 III 9 m.w.N..

III in seinem Recht geschützt, sich gewerkschaftlich zu betätigen, was es jedenfalls unter dem durch die DGB-Gewerkschaften verwirklichten System der Einheitsgewerkschaft regelmäßig dazu nötigt, zur Realisierung seines Grundrechts Mitglied einer bestimmten Gewerkschaft zu sein. Ist aber zur Grundrechtsrealisierung die Mitgliedschaft in einem bestimmten Verband und damit auch die Befolgung von Streikaufrufen erforderlich, so wird deutlich, daß das Recht der Gewerkschaft, die Nichtbefolgung eines Aufrufs zur Arbeitsniederlegung durch Verbandsausschluß zu sanktionieren, die Grundrechtsausübung des Gewerkschaftsmitgliedes berührt. Der Schutz des Grundrechts des Gewerkschaftsmitgliedes aus Art. 9 III GG wäre nicht gewährleistet, wenn die Gewerkschaft beliebig oder gar willkürlich zum Arbeitskampf aufrufen könnte.[42] Ob ein Streik aus verbandsinternen Gründen rechtswidrig ist, spielt im Verhältnis zu den Arbeitgebern keine Rolle; diese können sich auf eine solche verbandsinterne Rechtswidrigkeit nicht berufen.[43] Die Rechtmäßigkeit des Streiks im Außenverhältnis wird aber durch eine mögliche innerverbandliche Rechtswidrigkeit nicht berührt.[44] Dies hat zur Folge, daß individuelle und kollektive Koalitionsfreiheit hier in einem gewissen Spannungsverhältnis zu stehen scheinen: die kollektive Koalitionsfreiheit führt zur Anerkennung der Folgepflicht unter Ausschluß der Möglichkeit der Rechtskontrolle durch Dritte. Dies macht deutlich, daß eine innerverbandliche Kontrollmöglichkeit verfassungsrechtlich durch Art. 9 III 1 GG geboten ist. Ohne eine solche innerverbandliche Kontrolle wäre die individuelle Koalitionsfreiheit nicht gewährleistet. Das Erfordernis einer solchen Gewährleistung ergibt sich aus der Garantie der Koalitionsfreiheit des einzelnen;[45] der status activus des Gewerkschaftsmitgliedes bedarf eines Schutzes.[46]

c) Zusammenfassung

Für die mitgliedschaftliche Kontrollbefugnis gilt demnach, daß Art. 9 III 1 GG in der Garantie der individuellen Koalitionsfreiheit wie auch mittelbar in der Garantie der kollektiven Koalitionsfreiheit den Schutz mitgliedschaftlicher Positionen innerhalb des Verbandes fordert. Daraus ergibt sich für die zivilrechtlichen Überlegungen hinsichtlich Existenz und Aus-

---

[42] Was sie nicht darf, vgl. dazu ausführlich Vorderwülbecke, BB 1987, 750 (755 ff.).

[43] Löwisch BB 1982, 1373 (1374); Seiter, Streikrecht, S. 576; Hueck, RdA 1956, 201 (205); Däubler, Arbeitskampfrecht, Rn. 221 ff.; Schlüter, in: Brox/ Rüthers, Arbeitskampfrecht, Rn. 486; wohl auch Zöllner, Arbeitsrecht S. 375; Kittner in: Alternativkommentar GG Art. 9 III Rn. 66.

[44] Gitter, JZ 1965, 197 (200 ff.); M. Winter, Rechtsfolgen, S. 69, 90; Vorderwülbecke, BB 1987, 750 (758); aA. Ramm, Freiheit der Willensbildung, S. 116, Fn. 21.

[45] So auch die Europäische Kommission für Menschenrechte für Art. 11 MRK, NJW 1986, 1414. Vgl. dazu oben S. 7 ff.

[46] Gitter, JZ 1965, 197.

gestaltung einer mitgliedschaftlichen Kontrollbefugnis, daß ein solches Kontrollrecht zur Erfüllung einer verfassungsrechtlich gebotenen organisationsrechtlichen Aufgabe beitragen kann und deshalb verfassungsrechtlich wünschenswert ist. Soweit wegen der Garantie der kollektiven Koalitionsfreiheit keine Alternativen für eine innergewerkschaftliche Rechtmäßigkeitskontrolle existieren, ist eine mitgliedschaftliche Befugnis zur Rechtskontrolle sogar verfassungsrechtlich geboten.

§ 12 Analyse mitgliedschaftlicher Kontrollrechte in den verschiedenen Verbandsformen

Auf die Gewerkschaften als Körperschaften sui generis ist, wie oben begründet, nicht das Vereinsrecht des BGB anwendbar. Wenn das Verbandsrecht mithin autonom bestimmt werden muß, so ist es ein Weg zur Gewinnung in der Rechtsordnung verankerter Ergebnisse, das gesamte Spektrum der mitgliedschaftlichen Kontrollrechte in den verschiedenen Verbandsformen daraufhin zu prüfen, ob ein Lösungsmodell existiert, das sich seiner Art und Ausprägung nach auf die Gewerkschaften anwenden läßt. Gerade die mitgliedschaftliche Klagebefugnis ist eine „Grundsatzfrage des Rechts der Zusammenschlüsse", die ebenso bei der Aktiengesellschaft wie bei einem ganz normalen Verein auftreten kann.[1]

I. Mitgliedschaftliche Kontrollrechte in der Aktiengesellschaft

1. Die Rechtskontrolle schlichten Handelns des Vorstands der Aktiengesellschaft

Verbandssoziologisch gesehen ähnelt den Gewerkschaften im Spektrum der verschiedenen Verbandsformen am ehesten die Aktiengesellschaft. Die Aktiengesellschaft ist – jedenfalls sofern es sich um eine Publikumsgesellschaft handelt – von der Zahl der Verbandsmitglieder und der Organisationsstruktur her (Übernahme der Verbandsführung durch einen Vorstand, Kontrolle durch Mitgliederversammlung bzw. Hauptversammlung) einer Gewerkschaft durchaus ähnlich. Ein besonderes Interesse der Aktionäre an Mitverwaltungskompetenzen muß es trotz der vermögensmäßigen Beteiligung nicht unbedingt geben;[2] umgekehrt kann gerade der „nur" oder hauptsächlich ideell engagierte Gewerkschafter zur Kontrolle der Geschäftsfüh-

---

[1] So ausführlich H. Westermann, Freundesgabe E. Boettcher, 203 (205).

[2] Wiedemann bestreitet sowohl für Anlagegesellschafter als auch Minderheitsaktionär, daß diese die Rolle eines wirtschaftlichen Miteigentümers anstrebten, Gesellschaftsrecht I, S. 496; dies betont aus der Perspektive der Bankpraxis Beusch, Fschr. Werner, 1984, 1 (16). Großfeld, AG 1985, 1 (4) nennt die Aktionärsrechte skeptisch eine „fleet in being", also eher eine Drohung im Hintergrund.

rung motiviert sein. Wegen der unvergleichlich größeren rechtlichen Durchdringung der Rechtsfragen der Aktiengesellschaft soll deshalb zuerst untersucht werden, wie die Mitgliedschaftsklage im Aktienrecht geregelt ist.

a) Die Lehre Knobbe-Keuks

In der Literatur befaßte sich Knobbe-Keuk[3] für die Aktiengesellschaft als erste in neuerer Zeit mit dem Problem, ob ein „Klagerecht des Gesellschafters einer Kapitalgesellschaft wegen gesetz- und satzungswidriger Maßnahmen der Geschäftsführung"[4] anzuerkennen sei. Dabei baute sie auf Überlegungen Brodmanns auf, der 1928 bereits geschrieben hatte: „Die A.-Gesellschaft hat gegen den Vorstand den Anspruch, daß dieser nichts unternimmt, was nicht zum Gegenstande der Gesellschaft gehört, daß ohne Statusänderung die Geschäftsführung nicht über den Rahmen des Zwecks der Gesellschaft ausgedehnt wird."[5]

Hinsichtlich der Frage nach dem zu schützenden Recht des einzelnen Gesellschafters einer Aktiengesellschaft hob Knobbe-Keuk hervor, daß es nicht um den Schutz irgendwelcher persönlichen Interessen gehen könne. Vielmehr gehe es „um das allgemeine, allein auf seiner Beteiligung an der Gesellschaft beruhende Recht des einzelnen und jeden Gesellschafters, daß die Gesellschaft sich im Rahmen der Satzung hält".[6] Unter Berufung auf die aktienrechtliche Rechtslage, nach der ein Beschluß zur Änderung des Gegenstandes des Unternehmens angefochten werden könnte, der von der Hauptversammlung nur mit einer nicht ausreichenden Mehrheit (z. B. einfacher Mehrheit) getroffen und gleichwohl als angenommen verkündet würde,[7] legt Knobbe-Keuk dar, daß dann auch Maßnahmen der Geschäftsführung, durch die völlig ohne eine Grundlage in einem Gesellschaftsbeschluß etwa der Unternehmensgegenstand verändert werden sollte, erst recht rechtswidrig seien und daß ein Gesellschafter einer solchen Gesellschaft das Recht haben muß, sie zu verhindern.[8] Das eindeutig gegebene Recht des Gesellschafters einer Aktiengesellschaft, Hauptversammlungsbeschlüsse anzufechten, stellt nach Auffassung von Knobbe-Keuk nur eine Erscheinungsform des „allgemeinen Rechts des Gesellschafters auf gesetz- und satzungsgemäße Betätigung der Gesellschaft" dar.[9] Unter Verweis auf die historische Herausbildung des im Aktiengesetz besonders geregelten

---

[3] Damals noch unter dem Namen Brigitte Keuk-Knobbe.

[4] In Fschr. Ballerstedt, 1975, 239 ff.

[5] Kommentar zum Aktienrecht, § 182 HGB Nr. 10.

[6] Fschr. für Kurt Ballerstedt, 1975, 239 (243).

[7] Mit weiteren Nachweisen in Fschr. Kurt Ballerstedt, 1975, 239. (244 f.); zustimmend Mertens, AG 1978, 309.

[8] Zustimmend OLG Hamburg als Berufungsgericht im Holzmüller-Urteil, JZ 1981, 231.

[9] Knobbe-Keuk in Fschr. Ballerstedt, 239 (246).

Anfechtungsverfahrens widerlegt Knobbe-Keuk die denkbare Auffassung, daß das Anfechtungsverfahren eine lex specialis sei. Sie verweist zustimmend auf eine Entscheidung des ROHG, in dem ausgeführt ist, daß unter den Rechten des Aktionärs, die ihm als einzelnem zustünden, „eigentlich in erster Reihe ... das Recht, daß die Gesellschaft die gesetzlichen und statutarischen Vorschriften zur Geltung bringe und befolge", zu verstehen sei.[10] Es sei deshalb von einem fundamentalen Recht jedes Aktionärs auf gesetz- und satzungsmäßiges Gebaren der Gesellschaft zu sprechen.[11] Ein Klagerecht des Gesellschafters sei deshalb grundsätzlich anzuerkennen. Die Klage sei gegen die Gesellschaft zu richten und habe als Ziel die Unterlassung (bzw. Rückgängigmachung) der Maßnahme.

b) Weitere Literaturmeinungen

Diese Ausführungen haben zunächst in der Literatur ein geteiltes Echo gefunden.[12] Mertens kam zu ähnlichen Ergebnissen, leitete diese aber aus dem Deliktsrecht her, indem er aus der Einordnung des Mitgliedschaftsrechts als sonstiges Recht i.S.d. § 823 I BGB die Konsequenz zog, daß eine deliktsrechtlich relevante Verletzung des Mitgliedschaftsrechts durch den Vorstand vorliege, wenn dieser durch sein Handeln „faktische Satzungsänderungen"[13] betreibe.[14] Dann sei der deliktsrechtliche Unterlassungsanspruch gegeben. Dieser Auffassung ist zu Recht entgegengehalten worden, daß die Mitgliedschaftsklage nicht dem Deliktsrecht zuzuordnen sei, sondern als Teil des Gesellschaftsrechts aufgefaßt werden müsse.[15] Die Auffassung Mertens' ist deshalb vereinzelt geblieben.[16]

Lutter griff die Thesen Knobbe-Keuks in seiner Skizzierung des allgemeinen Rechts der Mitgliedschaft auf.[17] Die von ihm gebildeten Beispiele sind den in der Gewerkschaft auftretenden Fragen frappierend ähnlich.

---

[10] ROHG 25, 307 (310).

[11] Knobbe-Keuk in Fschr. Ballerstedt, 239 (251).

[12] Ablehnend etwa Wiedemann, Gesellschaftsrecht I, S. 463 f.; Sünner, AG 1983, 169 (170). Zustimmend Lutter, AcP 180 (1980), 84 (142 ff.); später zustimmend Rehbinder ZGR 1983, 92 (104).

[13] Die Terminologie ist uneinheitlich. Priester grenzt die seiner Ansicht nach u.U. legitime Satzungsdurchbrechung von einer Satzungsänderung ab. Eine Satzungsdurchbrechung soll vorliegen, wenn die Gesellschafter einer Kapitalgesellschaft für eine konkrete Einzelsituation durch Beschluß bewußt von einer Bestimmung ihrer Satzung abweichen, diese selbst aber unverändert lassen wollen, ZHR 151 (1987), 40 ff.

[14] In Fschr. Robert Fischer, 1979, 461 (468 ff.); schon AcP 178 (1978), 227 (243); auch AG 1978, 309 (310).

[15] Wiedemann, Gesellschaftsrecht I, S. 463 f.; auch der BGH im Holzmüller-Urteil BGHZ 83, 112 (133) weist auf die begrenzte Reichweite des Ansatzes von Mertens hin und betont die verbandsrechtliche Grundlage der Mitgliederklage.

[16] Ablehnend auch Lutter, AcP 180 (1980), 84 (142) und Flume, ZHR 144 (1980), 18 (33).

– Der Vorstand eines Fußball-Amateurvereins beschließt die Eröffnung einer Vertragsspieler-Abteilung und beginnt mit dem „Ankauf“ von Spielern; die Geschäftsführung der Gemeinnützigen Sozialwohnungsbau-GmbH kümmert sich kaum noch um den sozialen Wohnungsbau, nimmt aber laufend ertragsstarke Hochbauaufträge im industriellen Sektor wahr.[18]

Lutter folgt im Ergebnis[19] Knobbe-Keuks Vorschlag eines mitgliedschaftlichen Kontrollrechts. Ein Argument Lutters ist im vorliegenden Zusammenhang von besonderem Interesse: handele es sich um Übergriffe in den Zuständigkeitsbereich der Mitglieder (z. B. Überschreitung des statutarischen Gegenstandes oder Mißachtung von Zustimmungsrechten der Gesellschafterversammlung), so liege „ausreichender Rechtsschutz auch im Sinne einer Gewährleistung von Legalität des inneren Verbandsgeschehens“[20] – eine Begründung, die besonders auf die Gewerkschaften zutrifft. Wir haben gesehen, daß eine externe Rechtskontrolle innergewerkschaftlicher Rechtsfragen, mangels potentieller Kläger,[21] nicht gegeben ist und daß andererseits angesichts der etwas schlagwortartig als öffentlicher Status bezeichneten hervorgehobenen Stellung der Gewerkschaften eine Gewährleistung rechtlicher Standards in den Gewerkschaften besonders dringlich ist. Auch Reuter schließt sich für das Vereinsrecht dem Ansatz Knobbe-Keuks an.[22]

In der Schweiz ist die Aktiengesellschaft die normale Gesellschaftsform, die insbesondere die Funktionen übernimmt, die in der Bundesrepublik Deutschland die GmbH erfüllt. Die Aktiengesellschaft muß in der Schweiz deshalb sowohl für den Weltkonzern wie für einen kleinen Familienbetrieb adäquate Regelungsstrukturen bieten. Die in der Bundesrepublik gegebene Kontrolle durch den Aufsichtsrat fällt für die schweizerische Aktiengesellschaft nach dem gesetzlichen Normalstatut weg, da der Generalversammlung als Organ der Gesellschaft nur ein Verwaltungsrat gegenübersteht.[23] Trotz dieser Unterschiede in der Ausgangslage ist es von Interesse zu sehen, daß eine schweizerische Schrift über das Recht des Aktionärs auf gesetz- und statutenmässige Verwaltung mit der Feststellung beginnen kann, ein solches Kontrollrecht sei längst positiv beantwortet und es seien nur noch die aus der Bejahung eines solchen Aktionärsrechts sich ergebenden weiteren Fragen zu behandeln.[24]

---

17 Lutter, AcP 180 (1980), 84 (138 ff.).

18 Lutter, AcP 180 (1980), 84 (139).

19 Zu der teilweise von der vom BGH und auch hier vertretenen Auffassung abweichenden Begründung Lutters unten § 12 I 5 b).

20 Lutter, AcP 180 (1980), 84 (143).

21 Nämlich regelmäßig den Arbeitgebern bzw. ihren Verbänden.

22 MünchKomm/Reuter, § 33 Rn. 3.

23 Vgl. dazu unter dem Gesichtspunkt der Aktionärsrechte für die Schweiz Stauber, Recht des Aktionärs, S. 29 ff.

24 Stauber, Recht des Aktionärs, S. 7; vgl. auch bereits im Jahre 1897 das Urteil BGE 23 II 1825 (1830): „wie das Bundesgericht wiederholt ausgesprochen hat, ist

2. Das „Holzmüller-Urteil"

a) Der Sachverhalt

Diese literarischen Begründungen eines mitgliedschaftlichen Klagerechts gingen dem bedeutenden sog. *Holzmüller-Urteil*[25] des BGH voraus.[26] Der BGH hatte einen konzernrechtlichen Fall zu entscheiden. Seine Entscheidung wurde als bedeutende Weiterentwicklung des Rechts der Aktiengesellschaft empfunden.[27] Das Urteil ist gerade deshalb von besonderer Bedeutung für das innergewerkschaftliche mitgliedschaftliche Kontrollrecht, weil eine Rechtsfortbildung, wie sie der BGH in Richtung auf ein solches Kontrollrecht vorgenommen hat, gerade im Recht der Aktiengesellschaft angesichts der erst 1965 novellierten umfangreichen und detaillierten Regelungen der Anfechtungsklage der Aktionäre und definierter Kompetenzen der Hauptversammlung und des Aufsichtsrates auf besondere Schwierigkeiten bei ihrer Rechtfertigung stoßen mußte.

Der BGH hatte den Fall zu entscheiden, daß in einer Aktiengesellschaft ein Betrieb, der einen bedeutenden Teil des Gesellschaftsvermögens ausmachte, auf eine dazu gegründete Tochtergesellschaft übertragen (ausgegliedert) wurde. Eine vorher durch Änderung in die Satzung aufgenommene Bestimmung, der auch der klagende Minderheitsaktionär zugestimmt hatte, sah im Hinblick auf die geplante Ausgliederung vor, daß die AG berechtigt sei, andere Unternehmen zu errichten und zu erwerben sowie sich an anderen Unternehmen zu beteiligen. Sie sollte ihren Betrieb ganz oder teilweise solchen Gesellschaften überlassen können. Der Kläger sah in der Ausgliederung die Schaffung der Möglichkeit für die Mehrheitsaktionäre, für den ausgegliederten Betrieb eine Kapitalerhöhung ohne Beteiligung der Minderheitsaktionäre durchzuführen und so deren Bezugsrecht zu beseitigen und klagte auf Feststellung der Nichtigkeit und hilfsweise auf Rückgängigmachung der Ausgliederung.[28]

b) Die Entscheidung des BGH

Die Klage hatte zwar in diesen Anträgen im Ergebnis keinen Erfolg (wenn auch hinsichtlich des Hilfsantrages, wonach das Gericht feststellen sollte,

jeder Aktionär berechtigt, die genaue Beobachtung von Gesetz und Statut bei der Verwaltung der Aktiengesellschaft zu verlangen".

25 BGHZ 83, 122; das Urteil firmiert in der Literatur teilweise auch unter dem Namen „Hafenbetriebsurteil".

26 Diesen „Kausalzusammenhang" betont H. P. Westermann, ZGR 1984, 352 (353).

27 H. P. Westermann, ZGR 1984, 352 (363), spricht von einer Art aktienrechtlicher Janitscharen-Bresche; dort (S. 363). Umfassend jetzt Ebenroth, Konzernbildungs- und Konzernleitungskontrolle.

28 Im einzelnen wurden mehrere Hilfsanträge gestellt, vgl. BGHZ 83, 122 (125).

daß für Kapitalerhöhungsmaßnahmen der ausgegliederten Tochtergesellschaft die Zustimmung der Hauptversammlung der beklagten AG erforderlich sei). Aus den Gründen ergibt sich aber, daß der BGH in der Sache weitgehend mit den Rechtsvorstellungen des Klägers konform ging. Der Sachverhalt wirft Fragen auf, die auch in dieser Untersuchung in ähnlicher Form für die Gewerkschaften beantwortet werden müssen: Bei der mitgliedschaftlichen Kontrolle in der Gewerkschaft ist die Rechtskontrolle des schlichten Verbandshandelns von großer Bedeutung; um schlichtes Verbandshandeln ging es aber auch in dem Holzmüller-Urteil. Dem BGH stellte sich nämlich die Frage, ob der Vorstand der beklagten AG die Ausgliederung, gestützt auf die Satzung, in eigener Kompetenz vornehmen durfte, oder ob darin eine unzulässige Übergehung der Hauptversammlung liege. § 361 AktG sieht das Erfordernis der Zustimmung der Hauptversammlung nur für den Fall vor, daß eine AG sich zur Übertragung des ganzen Gesellschaftsvermögens verpflichtet, so daß i.V.m. §§ 118, 119 AktG ein argumentum e contrario nahegelegen hätte.[29] Gleichwohl bejahte der BGH eine Verpflichtung der Verwaltung der AG, bezüglich der Ausgliederung des Betriebes einen Beschluß der Hauptversammlung herbeizuführen. In dem zu entscheidenden Fall war noch nicht einmal der von Knobbe-Keuk und Lutter betonte Gesichtspunkt der „faktischen Satzungsänderung" gegeben, weil ja eine ausdrückliche Satzungsermächtigung vorlag. Der BGH führte trotzdem aus: „Es gibt jedoch grundlegende Entscheidungen, die durch die Außenvertretungsmacht des Vorstandes, seine gem. § 82 II AktG begrenzte Geschäftsführungsbefugnis wie auch durch den Wortlaut der Satzung formal noch gedeckt sind, gleichwohl aber so tief in die Mitgliedsrechte der Aktionäre und deren im Anteilseigentum verkörpertes Vermögensinteresse eingreifen, daß der Vorstand vernünftigerweise nicht annehmen kann, er dürfe sie in ausschließlich eigener Verantwortung treffen, ohne die Hauptversammlung zu beteiligen".[30]

c) Analyse der Entscheidung

Der BGH lehnte also eine rein formale Abgrenzung der Kompetenzen des Vorstandes ab. Stattdessen formulierte er ein materielles Kriterium, nämlich die *Tiefe des Eingriffs* in die Mitgliedsrechte der Aktionäre. Er prüft, ob eine „Maßnahme von solcher *Tragweite* für Gesellschaft und Aktionäre (vorliegt), daß der Vorstand die Hauptversammlung nicht übergehen durfte".[31] Bei der Behandlung hier im einzelnen nicht interessierender Fra-

---

[29] In diesem Sinne Sünner, AG 1983, 169 (171 f.). Grundsätzlich auch Timm, Aktiengesellschaft als Konzernspitze, S. 18; vgl. aber S. 67. Sein Versuch, eine ausdehnende Anwendung des § 361 AktG zu begründen (AG 1980, 172 (176 f.), blieb ohne Gefolgschaft; mit dem Argument der Rechtsunsicherheit ablehnend BGHZ 83, 122 (129).

[30] BGHZ 83, 122 (132).

[31] BGHZ 83, 122 (131).

gen der konzernrechtlich gebotenen Binnenstruktur eines solchen faktischen Konzerns befand der BGH, daß die Aktionäre „Anspruch darauf haben, *bei grundlegenden, für ihre Rechtsstellung bedeutsamen Entscheidungen* in der Tochtergesellschaft über ihre Hauptversammlung so beteiligt zu werden, wie wenn es sich um eine Angelegenheit der Hauptgesellschaft selbst handelte".[32] Kein solcher Hauptversammlungsbeschluß sei erforderlich, wenn sich eine Maßnahme in der Tochtergesellschaft nur *unwesentlich* auf die Mitgliedschaftsstellung auswirke.[33] Die positivrechtliche Verankerung seiner Rechtsprechung sah der BGH in § 119 II AktG, wonach der Vorstand eine Entscheidung der Hauptversammlung über die Geschäftsführung verlangen kann. Bei schwerwiegenden Eingriffen in die Rechte und Interessen der Aktionäre könne der Vorstand – wohl in der Art der aus dem öffentlichen Recht bekannten „Ermessensreduzierung auf Null"[34] – verpflichtet sein, eine solche Entscheidung herbeizuführen.

3. Bewertung des Urteils in der Literatur

Die Aufnahme des Urteils in der Literatur war durchaus geteilt.[35] Rehbinder befürchtet etwa, auch Investitionsentscheidungen von großer Tragweite müßten dann der Hauptversammlung zur Billigung vorgelegt werden.[36] Der BGH spricht aber nicht einfach von grundlegenden Entscheidungen, die der Hauptversammlung vorgelegt werden müssten, sondern qualifiziert die grundlegenden Entscheidungen, denen er diese Rechtsfolge zuspricht, dadurch noch weiter, daß sie tief in die Mitgliedschaftsrechte der Aktionäre eingreifen müssten, um eine Vorlagepflicht zu begründen. Es handelt sich zwar um eine naturgemäß wenig präzise Abgrenzung, der BGH betont jedoch selbst, daß ein Eingriff in „einfache Geschäftsführungsangelegenheiten" nicht zulässig sei.[37] Somit zieht der BGH, und dies ist eine Feststellung, die für eine Übernahme in das Verbandsrecht der Gewerkschaften gerade wegen der grundsätzlich vergleichbaren Organisationsstrukturen von Bedeutung ist, der Kompetenz der Verbandsführung zur autonomen Entscheidung eine materielle Grenze: Einfache Geschäftsführungsangelegen-

---

[32] BGHZ 83, 122 (140).

[33] BGHZ 83, 122 (140).

[34] Vgl. Maurer, Verwaltungsrecht, § 7 Rn. 16; diese Terminologie wird auch verwendet von Emmerich, JuS 1982, 709 (710).

[35] Eine Zusammenstellung der wohl überwiegend kritischen Literaturstimmen findet sich bei Gessler, Fschr. Stimpel, S. 771 (772). Ablehnend aus der Sicht des Vorstands etwa Werner, ZHR 147 (1985), 429 (449 ff.); ablehnend auch Martens, ZHR 147 (1983), 377 ff. Kritisch auch die Freiburger Diss. von Frhr. von Rechenberg, Hauptversammlung, S. 146 ff., die auf die Schadensersatzpflicht des Vorstandes bei „faktischen Satzungsänderungen" verweist. Im wesentlichen zustimmend H. Westermann, Freundesgabe Boettcher, 203 (214).

[36] Rehbinder, ZGR 1983, 92 (99).

[37] BGHZ 83, 122 (134).

heiten liegen innerhalb der Kompetenzgrenzen. Wird jedoch eine für das Mitgliedschaftsrecht qualitativ wesentliche Entscheidung getroffen, so entsteht eine Pflicht zur innerverbandlichen Legitimation und damit im Aktienrecht eine Pflicht zur Vorlage an die Hauptversammlung. Was nun eine qualitativ für das Mitgliedschaftsrecht wesentliche Maßnahme ist, bestimmt sich – jedenfalls im Holzmüller-Urteil – nach den involvierten Interessen,[38] also nach materiellen Kriterien. Im Falle des (Minderheits-) Aktionärs sind diese Interessen im wesentlichen vermögensrechtlicher Art.[39] Der BGH zieht deshalb in concreto auch dort die Grenze, wo nach den konkreten Sachfragen die Mitgliederinteressen qualitativ tangiert sind – im Holzmüller-Fall wegen der Gefahren durch Kapitalerhöhungen in einer durch Ausgliederung wesentlicher Betriebsteile entstandenen Tochtergesellschaft.[40] An diesen speziellen konzernrechtlichen Fragen mag sich die Kritik des Schrifttums hinsichtlich Konzernbildungskontrolle und „konzernspezifischer Binnenordnung" entzünden.

Die Auseinandersetzung mit dem literarischen Echo des Holzmüllerurteils darf sich an dieser Stelle auf den Aspekt der mitgliedschaftlichen Klage beschränken.[41] Soweit die mitgliedschaftliche Klage in Frage steht, ist die Kritik nicht notwendig stark. Beschränkt auf diesen Aspekt wird eine Übernahme der Holzmüller-Entscheidung auf andere Verbandsformen ausdrücklich für möglich gehalten.[42]

Rehbinder, der durch die Vorlagepflicht unübersehbare Konsequenzen befürchtet,[43] bejaht andererseits grundsätzlich die Einzelklage, sofern andere zumutbare Abhilfe nicht gegeben sei, denn es sei „zu Recht die Forderung erhoben worden, die Aktionärsklage jedenfalls dann zuzulassen, wenn der Vorstand die Hauptversammlung und damit auch die einzelnen Aktionäre bei einer Entscheidung von einer verbandsrechtlich gebotenen Mitwirkung ausschließt, also seine verbandsrechtlichen Kompetenzen überschreitet".[44] Frappierende Parallelen zum Regelungsbedarf des gewerkschaftlichen Verbandsrechts zeigt die Bemerkung Großfelds auf, eine Einzelklage des Aktionärs sei u.a. deshalb wünschenswert, weil die Zurückdrängung des Kleinaktionärs als Kontrollorgan dazu beigetragen habe, „daß sich namentlich Aktiengesellschaften mehr und mehr privatrechtlicher Kontrolle entziehen und damit anfällig werden für eine wie auch immer

[38] So auch Gessler, in: Fschr. Stimpel, S. 771 (781).

[39] Zu den Grundrechten, die das Aktionärsinteresse schützen, vgl. BVerfGE 50, 290 (339 ff.): Art. 14 I, Art. 9 I, Art. 12 I und Art. 2 I GG.

[40] BGHZ 83, 122 (142).

[41] Der Streit konzentriert sich auf die angeschnittenen konzernrechtlichen Probleme.

[42] Großfeld, Versicherungsverein auf Gegenseitigkeit, S. 67.

[43] ZGR 1983, 92 (99).

[44] ZGR 1983, 92 (104).

geartete öffentlich-rechtliche Kontrolle".[45] Säcker betont für das Holzmüller-Urteil, dieses wirke der Gefahr einer oligarchischen Entartung des Verbandes entgegen.[46] Eine Anwendung der Grundsätze des Holzmüllerurteils hält Säcker hinsichtlich des Erfordernisses mitgliedschaftlicher Legitimation jedenfalls auf eingetragene Vereine für möglich.[47] Ein solches Kontrolldefizit und die Gefahr oligarchischer Entartung ist aber auch bei den Gewerkschaften besonders bedeutsam.

Martens äußert zwar Einwände gegen die konzernrechtlichen Auffassungen des BGH, erhebt aber gegen die Zulässigkeit einer Feststellungs- oder Wiederherstellungsklage keine grundsätzlichen Bedenken, weil die Anerkennung von Kompetenzen durch eine entsprechende Ausformung des formellen Rechtsschutzes komplettiert werden müsse.[48]

Gessler kritisiert die Verortung der Vorlagepflicht durch den BGH in § 119 II AktG.[49] Im Ergebnis folgt er aber der vom BGH eingeschlagenen Linie und leitet aus den vom Gesetz ausdrücklich bestimmten Zuständigkeiten der Hauptversammlung ab, daß diese über Strukturmaßnahmen und Maßnahmen entscheiden müsse, die den wirtschaftlichen und rechtlichen Aufbau der Gesellschaft ändern.[50]

H. P. Westermann kritisiert bezüglich der hier interessierenden Einzelklagebefugnis (nur), daß die Einordnung in das System kapitalgesellschaftsrechtlicher Organstreitigkeiten unklar sei.[51] Dieser Einwand spielt für die Gewerkschaften schon deshalb keine Rolle, weil ein System der Organstreitigkeiten nicht existiert und deshalb auch nicht gestört werden könnte.

Es ist erforderlich, bei der Auswertung der literarischen Kritik an dem Holzmüller-Urteil zwischen den spezifisch konzernrechtlichen und aktienrechtlichen Aspekten einerseits und der Zulassung der Mitgliederklage andererseits zu unterscheiden. Dies wird auch von K. Schmidt betont,[52] der bezüglich des Aspekts mitgliedschaftlicher Kontrolle von einem „in diesem Punkte bahnbrechenden" Urteil spricht[53] und sich den Ausführungen Knobbe-Keuks und des BGH im Holzmüller-Urteil anschließt. Die Praxis der Aktiengesellschaften hat sich auch hinsichtlich der aktienrechtlichen Fragen dem Urteil angepaßt.[54]

---

45 Großfeld, JZ 1981, 234 (235).
46 Säcker, DB 1986, 1504 (1509).
47 Säcker, DB 1986, 1504 (1509).
48 ZHR 147 (1983), 377 (401).
49 In Fschr. Stimpel, S. 771 (773 ff.). Er befürwortet eine Anwendung von § 121 I, II 1 AktG (S. 776 ff.).
50 Gessler in Fschr. Stimpel, S. 771 (785 ff. ff.).
51 H. P. Westermann, ZGR 1984, 352 (378).
52 K. Schmidt, Gesellschaftsrecht S. 483.
53 K. Schmidt, Gesellschaftsrecht S. 483 ff.

4. Ergebnis der Auswertung des Holzmüller-Urteils

Zu dem Holzmüller-Urteil läßt sich also unter dem Blickwinkel der Mitgliederklage und ohne Wertung der konzernrechtlichen Implikationen feststellen, daß dieses Urteil unter den „erschwerten Bedingungen" des ohne eine solche Mitgliederklage vor recht kurzer Zeit (1965) novellierten und durchnormierten Aktiengesetzes gleichwohl dem Rechtsschutzbedürfnis auch des Mitglieds einer Aktiengesellschaft mit der Überlegung eine Bahn schafft, eine materiell begründete Rechtsverfolgung dürfe grundsätzlich nicht daran scheitern, daß die dem Aktiengesetz eigenen Rechtsbehelfe tatbestandsmäßig versagen.[55] In dieser Grundeinstellung stimmt auch die Literatur dem BGH zu.[56] Das Ergebnis wird rechtsdogmatisch vom BGH im Recht der Mitgliedschaft verankert: Es handele „sich nicht darum, dem einzelnen Aktionär ein ‚Ersatzaufsichtsrecht', d. h. das Recht zuzubilligen, für die *Gesellschaft* gegen das geschäftsführende Organ, das seine Grenzen überschreitet und dadurch die Ordnung des Verbandes stört, durch eine Klage vorzugehen, wenn das hierzu in erster Linie berufene Kontrollorgan versagt", sondern darum, daß das Mitglied „geltend macht, durch eine unzulässige Ausschaltung der Hauptversammlung in seiner *eigenen Mitgliedsstellung* betroffen zu sein".[57] Der denkbare Einwand, ein mitgliedschaftliches Klagerecht störe die innerverbandliche Kompetenzverteilung, dem gerade bei der zwingenden und detailliert geregelten Verbandsordnung der Aktiengesellschaft Gewicht zukommen könnte, wird vom BGH mit der - zutreffenden - Erwägung verworfen, es könne „schwerlich von einer Störung der aktienrechtlichen Zuständigkeitsordnung gesprochen werden, wo die Klage eines Aktionärs gerade den Zweck haben soll, diese vom Vorstand verletzte Ordnung zu erhalten oder wiederherzustellen und damit zugleich eigene Rechte zu wahren".[58] Dies muß für die Gewerkschaften um so mehr gelten, als dort keine solch austarierte Zuständigkeitsordnung wie in der Aktiengesellschaft vorhanden ist.

Hinsichtlich des von Knobbe-Keuk ausgearbeiteten Gesichtspunkts der faktischen Satzungsänderungen äußert sich der BGH zwar nicht, weil dieser Punkt im Streitfall nicht strittig war. Es ist aber ein argumentum a maiore ad minus erlaubt: wenn der BGH sogar dann, wenn eine formelle Satzungsermächtigung vorliegt, einen Eingriff in die Mitgliederstellung für möglich hält, so ist anzunehmen, daß er *erst recht* dann einen Eingriff in die Mit-

---

[54] Lutter schildert, wie mehrere von einer Umstrukturierung betroffene Unternehmen in ihren Hauptversammlungen das Urteil umgesetzt haben, Fschr. Fleck, 169 (170 ff.).

[55] BGHZ 83, 122 (127).

[56] H. Westermann, Freundesgabe Boettcher, S. 203 (214).

[57] BGHZ 83, 122 (135); Hervorhebungen von mir.

[58] BGHZ 83, 122 (134).

gliedschaft mit entsprechender Klagemöglichkeit annähme, wenn noch nicht einmal eine formelle Grundlage gegeben wäre.[59] Somit ist schlichtes Verbandshandeln dann von einem Mitglied des Verbandes „kontrollierbar“ – eine dogmatische Einordnung dieser Klage muß noch erfolgen –, wenn dieses

- entweder keine Grundlage in der Satzung findet
- oder zwar formal in der Satzung abgesichert ist, aber wegen der besonderen Bedeutung, die das Handeln der Verbandsführung für die Mitgliedschaft des einzelnen hat, einer zusätzlichen verbandsinternen Legitimation bedarf.

5. Klage aus eigenem Recht oder Wahrnehmung einer Notzuständigkeit?

a) Problemstellung

Der BGH gewährt also in dem Holzmüller-Urteil eine Klagemöglichkeit des einzelnen Verbandsmitgliedes gegen schlichtes Handeln der Verbandsführung, das innerverbandlich rechtswidrig ist. Die innerverbandliche Rechtswidrigkeit ergibt sich aus dem Kompetenzverstoß. Die Mitgliedschaft des Verbandsmitgliedes wird durch den Kompetenzverstoß deshalb beeinträchtigt, weil der durch seine Organe handelnde Verband[60] „die der Aktiengesellschaft gesetzte Rechtsordnung“ sprengt und „deshalb das Handeln des Vorstands nicht mehr als eine Maßnahme der Geschäftsführung zu werten“ ist.[61]

Von Bedeutung ist die dogmatische Einordnung des Klagerechts.[62] Es kommen insofern zwei grundsätzlich verschiedene Ansätze in Betracht: Man kann zum einen die Klage des Verbandsmitgliedes als Klage aus verletztem eigenem Mitgliedschaftsrecht einordnen. Die zweite Möglichkeit besteht darin, die Klage als bloße Notmaßnahme im Interesse des Verbandes anzusehen, dessen innere Ordnung durch rechtswidriges Handeln seiner Führung gestört wird. Diese Einordnung ist deshalb relevant, weil sie den materiellen Klagegrund ausdrückt. Wenn ein Mitglied aus eigenem Recht klagt, ist bei der Prüfung der Begründetheit der Klage die Verletzung des Mitgliedschaftsrechts des Klägers zu prüfen; wenn die Klage als bloße Wahrnehmung einer Notzuständigkeit angesehen wird, muß zur Begründung der Klage dargelegt werden, daß ein Recht des Verbandes verletzt ist und daß außerdem die Wahrnehmung der Interessen des Verbandes gerade durch das klagende Mitglied geboten ist.

---

[59] So auch H. P. Westermann, ZGR 1983, 352 (362).

[60] Zu der Zurechnung des Handelns der Organe an den Verband BGHZ 83, 122 (134).

[61] Knobbe-Keuk, Fschr. Ballerstedt, S. 239 (253).

[62] Wiedemann, Gesellschaftsrecht, S. 459.

b) Streit in Literatur und Rechtsprechung

Die Literatur hatte hinsichtlich der mitgliedschaftlichen Klage in der Aktiengesellschaft teilweise vorgeschlagen, in der Erhebung einer Klage von der Art, wie sie der BGH im Holzmüller-Urteil zu entscheiden hatte, die Wahrnehmung eines Ersatzaufsichtsrechtes zu sehen.[63] Lutter charakterisierte seine Auffassung dahingehend, der klagende Gesellschafter nehme „eine Art Prozeßstandschaft“ wahr.[64] Eine solche Sicht liegt dann nahe, wenn der Blick auf konzernrechtliche Fragen gerichtet ist. In einem Konzern mit einer Aktiengesellschaft als Konzernspitze verwaltet grundsätzlich[65] der Vorstand der Obergesellschaft die Beteiligungen,[66] zu denen auch die Untergesellschaften zählen. Durch diese Machtkonzentration treten auch für die Obergesellschaft als solche Gefahren auf, nicht unbedingt nur für die Minderheitsgesellschafter dieser Obergesellschaft. Wird deshalb der Akzent der Untersuchung auf „Konzernrecht als Schutzrecht für die Konzernspitze“ gelegt,[67] so liegt es nahe, die Mitgliederklage instrumental zu verstehen, also von ihrem Effekt eines Schutzes der Obergesellschaft her. Natürlich kommt es im Konzernrecht der Obergesellschaft „als solcher“ und kommt es im allgemeinen Verbandsrecht im Rechtssinne dem Verband „als solchem“ zugute, wenn durch mitgliedschaftliche Kontrollbefugnisse im Falle einer Abweichung das tatsächliche Verbandsleben dem statutarischen oder gesetzmäßigen Sollzustand angeglichen werden kann. Diese Intention spiegelt sich in der verwendeten Terminologie wieder. Lutter spricht von der „actio pro societate“ und will damit ausdrücken, daß das klagende Verbandsmitglied bei der Wahrnehmung von Abwehransprüchen nicht für sich, sondern für den Verband klagt und Leistung nur an die Gesellschaft fordern kann.[68] Diese Terminologie ist allerdings abzulehnen.[69] Hinsichtlich des mit der Abwehrklage erzielten Nebeneffekts zugunsten des Verbandes als solchem verhält es sich ähnlich wie bei dem Schutz, den die Gläubigerinteressen durch den Gleichlauf mit Mitgliederinteressen erfahren.[70] Ähnlich wie es sich dort um einen für die Gläubiger nur reflexartig wirkenden Schutz

---

[63] So etwa Timm, AG 1980, 172 (185); Lutter, AcP 180 (1980), 84 (136).

[64] Lutter, AcP 180 (1980), 84 (136, Fn. 240) unter Berufung auf Immenga, Personalistische Kapitalgesellschaft, S. 261 ff.

[65] Vgl. aber jetzt die Ansätze einer Konzernbinnenordnung in BGHZ 83, 122 (141 ff.).

[66] Emmerich/Sonnenschein, S. 70; Duden, ZHR 141 (1977), 145 (156).

[67] So Timm, Aktiengesellschaft als Konzernspitze, S. 3.

[68] Vgl. Lutter, AcP 180 (1980), 84 (135); ähnlich Rehbinder, ZGR 1976, 386 (393); Wiedemann, Gesellschaftsrecht I, S. 458.

[69] Flume, Juristische Person, S. 301: actio pro socio hat den Sinn von „Klage *als* Gesellschafter“; zustimmend K. Schmidt, Gesellschaftsrecht, S. 467. Der Ausdruck actio pro societate wird auch für das schweizerische Recht benutzt von Stauber, Recht des Aktionärs, S. 132 ff.

[70] Dazu oben § 5 III 4.

handelt, ist auch die mitgliedschaftliche Kontrolle – jedenfalls sofern es um die Wahrnehmung von Abwehrrechten geht – nicht als Wahrnehmung von Ersatzzuständigkeiten zu sehen, sondern als Verteidigung der Mitgliedschaft, also als Wahrnehmung mitgliedschaftlicher Rechte. Auch der BGH vertrat in seinem Holzmüller-Urteil diese Ansicht, indem er unter ausdrücklicher Ablehnung der Auffassung, es handele sich bei dem Klagebegehren der Feststellung der Unzulässigkeit der getroffenen Maßnahmen und dem Verlangen nach Rückgängigmachung um die Wahrnehmung eines Ersatzaufsichtsrechts, ausführte, der Aktionär mache geltend, „durch eine unzulässige Ausschaltung der Hauptversammlung in seiner eigenen Mitgliedsstellung betroffen zu sein".[71] Bedenken gegenüber dem Verständnis von dem mitgliedschaftlichen Klagerecht gegenüber Kompetenzüberschreitungen als einem Ersatzaufsichtsrecht bestehen auch insoweit, als mit dieser Terminologie das Erfordernis der Subsidiarität der Mitgliedsklage ausgedrückt werden soll.[72] Eine mißbräuchliche Verwendung der mitgliedschaftlichen Abwehrklage kann nämlich nach allgemeinen – u. U. nach verbandsrechtlichen Grundsätzen modifizierten – Regeln über den Rechtsmißbrauch verhindert werden.[73] Insofern führt eine abweichende Terminologie nur zu Mißverständnissen. Darüberhinaus dürfte auch sonst die Vermutung, das klagende Verbandsmitglied wolle in der strittigen Frage Verbandsgeschäftsführung übernehmen, nicht zutreffen. Denn das angestrebte Verdikt einer bestimmten Geschäftsführungsmaßnahme, das ja nur bei Überschreitung wie auch immer im einzelnen definierter Grenzen möglich ist, ist von einer aktiven Geschäftsführung weit entfernt: insofern überwiegt eindeutig der abwehrende Charakter der Klage.

c) Ergebnis

Es ist festzuhalten, daß der BGH dem Verbandsmitglied in der Aktiengesellschaft bei Kompetenzüberschreitungen der Verbandsführung[74] zutreffend einen *mitgliedschaftlichen* Abwehranspruch gegen den Verband[75] zubilligt. Dieser gibt ihm das Recht, mit der Feststellungsklage oder auch einer Unterlassungs- oder Leistungsklage[76] die Beeinträchtigung seines Mitgliedschaftsrechts abzuwehren. Die Anerkennung dieser Klagebefugnis wurde von der Literatur vorbereitet; auch die dem Holzmüller-Urteil ablehnend gegenüberstehenden Ansichten in der Literatur stimmen insofern zu.

---

[71] BGHZ 83, 122 (135).

[72] Repräsentativ für diese Auffassung Lutter, AcP 1980, 84 (134) m. w. N.

[73] BGHZ 83, 122 (135 f.).

[74] Im Falle der Aktiengesellschaft ist dies regelmäßig der Vorstand.

[75] Der Anspruch geht nicht etwa gegen das Organ, das seine Kompetenzen überschreitet, vgl. BGHZ 83, 122 (133 f.).

[76] Diese ginge auf Rückgängigmachung der angegriffenen Maßnahmen.

6. Die Abwehrklage in ihrem Verhältnis zur actio pro socio

a) Problem

Der BGH sieht diese Rechtsstellung des Mitglieds als verletzt an, wenn die Verbandsführung ihre Kompetenzen überschreitet. Jedes Verbandsmitglied hat dann grundsätzlich einen klageweise durchsetzbaren Anspruch auf Abwehr dieser Beeinträchtigung seines Mitgliedschaftsrechts.[77] Diese mitgliedschaftliche Abwehrklage läßt sich ihres abwehrenden Charakters wegen als *actio negatoria*[78] bezeichnen. Auch im folgenden soll die nach der skizzierten innergewerkschaftlichen Problemstellung vordringliche Frage der Möglichkeiten des Verbandsmitglieds zur Abwehr von ihm „mißfallenden" oder ihn belastenden Maßnahmen der Gewerkschaft, also die Frage nach der *actio negatoria im Recht der Gewerkschaften*, vordringlich behandelt werden.

b) Streitstand

Im Recht der Personengesellschaften ist das Institut der actio pro socio seit langem anerkannt. Es wird die Auffasssung vertreten, daß die mitgliedschaftliche Abwehrklage sich als Sonderfall der actio pro socio verstehen läßt. Timm etwa ist der Meinung, die mitgliedschaftliche Abwehrklage sei unter dem „gleichen Problemaspekt" wie die actio pro socio zu behandeln, so daß diese Lehre nur fortentwickelt werden müsse.[79] Falls dies zutreffen sollte, ließen sich vor allem hinsichtlich einer Einschränkung der Klagebefugnis (als Notgeschäftsführungsmaßnahme) Rückschlüsse auf die mitgliedschaftliche Abwehrklage gewinnen.

Die actio pro socio hat die Verfolgung von Ansprüchen der Gesellschaft gegen Mitgesellschafter durch einen Gesellschafter zum Inhalt; der Anspruch geht auf Leistung an die Gesellschaft.[80] Der Anwendungsbereich der actio pro socio, so wie sie herkömmlich verstanden wird, ist damit noch nicht unbedingt endgültig beschrieben. Jedenfalls aber geht es bei der actio pro socio darum, daß ein einzelner Ansprüche geltend macht, die der *Gesellschaft* zustehen.[81] Die actio pro socio ist von der Entwicklung her der Personengesellschaft zugeordnet. Erst in jüngerer Zeit wurde geprüft, ob etwa

---

[77] Die genauen Voraussetzungen eines solchen Anspruchs müssen für die Gewerkschaften noch erörtert werden.

[78] K. Schmidt, Gesellschaftsrecht, S. 481 ff.

[79] Timm, AG 1980, 172 (185).

[80] Flume, Juristische Person, S. 300; Wiedemann, Gesellschaftsrecht I, S. 458; K. Schmidt, Gesellschaftsrecht, S. 467.

[81] „Da die gesellschaftsvertraglichen Verpflichtungen eines jeden Gesellschafters auf dem Gesellschaftsvertrag beruhen, und Partner dieses Vertrages sämtliche Gesellschafter sind, steht jedem von ihnen auch grundsätzlich ein Anspruch darauf zu, daß der andere die von ihm übernommenen Verpflichtungen erfüllt", BGHZ 25, 47 (49).

auch im GmbH-Recht die actio pro socio möglich ist; das Meinungsbild in der Literatur ist in dieser Hinsicht uneinheitlich.[82] Von dieser gesicherten historischen Entwicklung bei der Personengesellschaft her ist die actio pro socio - so wie sie herkömmlich verstanden wird[83] – tatsächlich eine Klage, mit der eine Art Notgeschäftsführung durchgesetzt werden soll. Insofern soll dahingestellt bleiben, ob die actio pro socio, da sie sich auf die Mitgliedschaft stützt, als eine mitgliedschaftliche und nicht als schuldrechtliche Klage einzustufen ist.[84] Jedenfalls ist anerkannt, daß dann, wenn an sich ein Gesellschaftsorgan zur Durchsetzung des Verlangens beauftragt ist, das mit der actio pro socio geltend gemacht wird, die actio pro socio eine Hilfszuständigkeit gewährt.[85]

c) Ergebnis

Hier aber liegt ein Unterschied zu der oben – zunächst unter Verzicht auf eine nähere dogmatische Einordnung – für die Aktiengesellschaft vom BGH entwickelte actio negatoria. Die Aktiengesellschaft ist geradezu ein Prototyp einer Gesellschaftsform, die eine organisierte Zuständigkeitsordnung hat. Gleichwohl hat der BGH im Holzmüller-Urteil – zu Recht – eine Klage zugelassen, bei der nicht, wie dies bei einer actio pro socio hätte geschehen müssen, die Voraussetzungen einer Notgeschäftsführung dargelegt werden mussten und bei der auch keineswegs ein Anspruch der Gesellschaft gegen einen Gesellschafter (auf Leistung an die Gesellschaft) geltend gemacht wurde. Es handelt sich bei der actio negatoria also nicht um einen Fall der actio pro socio.[86] Weil actio pro socio die Bedeutung von „Klage *als* Gesellschafter“ hat, wäre es, wie von Flume vorgeschlagen, möglich, rein terminologisch die actio negatoria als actio pro socio zu erfassen.[87] Von einer solch ungewöhnlichen Terminologie soll aber um der Vermeidung von Mißverständnissen willen an dieser Stelle abgesehen werden.

---

[82] Vgl. nur die Auffassungen von Wiedemann, Gesellschaftsrecht I, S. 461, der in dem ITT-Urteil (BGHZ 65, 15) die Anerkennung der actio pro socio für die GmbH sieht und andererseits die Meinung von K. Schmidt, Gesellschaftsrecht, S. 478. Ausführlich auch im folgenden, § 12 II 2 b).

[83] Einen besonders weites Verständnis von der Reichweite des Begriffs der actio pro socio hat etwa Flume, Juristische Person, S. 301 f.

[84] So Flume, Juristische Person, S. 301 und ZHR 144 (1980), 18 (32); Fischer, ZGR 1979, 251 (260); wohl auch Westermann, ZHR 144, 232 (239).

[85] Auch K. Schmidt, der in diesem Punkte differenziert, geht bei Gesellschaften mit selbständiger Vertretungsorganisation davon aus, daß in diesem Fall die actio pro socio die Geltendmachung einer bloßen Notzuständigkeit ist (Gesellschaftsrecht, S. 472 f.). Wiedemann lehnt die Einstufung als Notgeschäftsführung ab, weil sie nicht im Namen der Gesellschaft eingeleitet wird. Vielmehr handele es sich um die Geltendmachung eines Kontrollrechtes (Gesellschaftsrecht I, S. 459). Diese Einschätzung erscheint als zu formal; daß durch die actio pro socio eine Kontrolle ausgeübt wird, reicht nicht aus, sie als bloßes Kontrollrecht einzustufen.

[86] So auch K. Schmidt, Gesellschaftsrecht, S. 483.

[87] Flume, Juristische Person, S. 302.

II. Die Mitgliedschaftsklage im Recht der GmbH

1. Vergleichbarkeit der GmbH mit den Gewerkschaften

Bei dem in dieser Arbeit unternommenen Versuch, die Regelungen der verschiedenen Verbandstypen auf die Frage der mitgliedschaftlichen Kontrollrechte dem Verband gegenüber zu überprüfen, muß auch die innerverbandliche Kontrollmöglichkeit im Recht der GmbH behandelt werden.

Anläßlich der Analyse des Holzmüller-Urteils wurde festgestellt, daß zwischen Gewerkschaften und der Aktiengesellschaft eine strukturelle Vergleichbarkeit der Organisationsform besteht. Diese Beurteilung geht nicht so sehr von einem juristischen Wesensmerkmal der Aktiengesellschaft aus, nach welchem diese als Körperschaft immer ein Großverband sein müsste. Vielmehr ist – wie vor allem der Vergleich mit der Schweiz zeigt – grundsätzlich eine personalistisch geprägte Aktiengesellschaft oder GmbH[88] ebenso möglich wie es umgekehrt körperschaftlich strukturierte Personengesellschaften gibt. Insofern können die Regelungsprobleme in einer solchen Personengesellschaft (etwa einer Publikumskommanditgesellschaft) denjenigen in einer Gewerkschaft eher vergleichbar sein als die in einer kleinen Aktiengesellschaft auftauchenden Fragen.[89] Das erlaubt es, auch die Gesellschaften mit beschränkter Haftung, die vom äußeren Erscheinungsbild wie etwa der Mitgliederanzahl mit der Organisation großer Gewerkschaften typischerweise nicht vergleichbar sind, zum Vergleich der Rechtslage heranzuziehen.

2. Der ITT-Fall

a) Die Entscheidung des BGH

Ähnlich wie im Recht der Aktiengesellschaft gibt es auch für die GmbH eine Leitentscheidung des BGH zur Mitgliedschaftsklage, die in der Literatur auf lebhafte Resonanz stieß. Es handelt sich um die ITT-Entscheidung aus dem Jahre 1975,[90] in der der BGH über die Klage des Minderheitsgesellschafters einer Zweimann-GmbH zu entscheiden hatte, der dagegen vorging, daß der Mehrheitsgesellschafter in Kommanditgesellschaften (bzw. Tochtergesellschaften dieser Kommanditgesellschaften), an denen sowohl der Minderheits- wie auch der Mehrheitsgesellschafter beteiligt waren, nachteilige Geschäfte zu seinen Gunsten (bzw. zu Gunsten einer ihm gehö-

---

[88] Auf die bei der GmbH bestehende Möglichkeit einer „deutliche(n) Nähe zu den Personengesellschaften" weist auch BGHZ 65, 15 (19) hin.

[89] In der Schweiz ist die Aktiengesellschaft die übliche Rechtsform für große und kleine Unternehmen (auch der Kiosk an der Ecke kann eine AG sein).

[90] BGHZ 65, 15.

renden Tochtergesellschaft) veranlaßt hatte. Der BGH gab dem Verlangen des Minderheitsgesellschafters auf Leistung von Schadensersatz durch den Mehrheitsgesellschafter an die Tochtergesellschaften statt.

b) ITT-Urteil und actio pro socio

Der Minderheitsgesellschafter klagte als Gesellschafter der Mutter-GmbH, nicht als Gesellschafter der Tochter-Kommanditgesellschaften. Dies mußte den BGH nicht hindern, die Klage unter dem Gesichtspunkt der Mitgesellschafterstellung von Kläger und Beklagtem in den Tochter-Kommanditgesellschaften zu prüfen. Es lag also eine Situation vor, in der die Voraussetzungen der herkömmlichen personengesellschaftlichen actio pro socio erfüllt waren: der klagende Minderheitsgesellschafter in den Tochter-Kommanditgesellschaften hätte gegen den Mehrheitsgesellschafter *als Gesellschafter* der Tochter-Personengesellschaft einen eigenen (konzernrechtlichen) Anspruch der Tochtergesellschaften auf Leistung von Schadensersatz geltend machen können.[91]

Die Begründung des BGH ist aber eine andere; sie wurde ausschließlich aus dem GmbH-Recht gewonnen. Der BGH suchte im ITT-Fall die Lösung über die gesellschaftliche Verbundenheit von Kläger und Beklagtem in der Muttergesellschaft (der GmbH). Es sei anzuerkennen, daß in einer GmbH die Beziehungen zwischen den Gesellschaftern untereinander von der gesellschaftsrechtlichen Treuepflicht bestimmt sein können.[92] Weil der eigentliche Schaden aber bei den von der GmbH geführten Tochtergesellschaften (Kommanditgesellschaften) eingetreten war, war der BGH zur Begründung des Anspruchs gezwungen, die Verpflichtungen des Mehrheitsgesellschafters gegenüber dem Minderheitsgesellschafter *materiell* zu definieren und hinter der „bloßen" gesellschaftlichen Verbundenheit in der GmbH die wirtschaftliche Realität zur Konkretisierung der den Beklagten in der Obergesellschaft treffenden Pflichten heranzuziehen; es müsse „von einer Treuepflicht ausgegangen werden, die weit über die Gesellschaft hinausweist, deren gemeinsame Mitglieder die Beteiligten sind".[93] Der BGH spricht davon, daß die Verpflichtung der Mutter-GmbH zur Leitung der Tochter-Gesellschaften eine Erweiterung der Pflichten in der GmbH zur Folge habe; der Mehrheitsgesellschafter habe durch die nachteiligen Veranlassungen „eine gegenüber dem Kläger in der *GmbH* bestehende Rechtspflicht zur Rücksichtnahme verletzt".[94] Und obwohl der Schaden dem Klä-

[91] So K. Schmidt, Gesellschaftsrecht, S. 479.

[92] BGHZ 65, 15 (18).

[93] BGHZ 65, 15 (20).

[94] BGHZ 65, 15 (18). Insofern verhält es sich ähnlich wie mit der Bestimmung der Haftung des Geschäftsführers der GmbH als Komplementärin einer KG; vgl. BGHZ 75, 321 (323); 76, 326 (337 f.).

ger „nicht in seiner Eigenschaft als Gesellschafter der GmbH ..., sondern als Kommanditist“[95] entstanden sei, sei der Kläger zur Geltendmachung eines Schadensersatzanspruches (auf Leistung an die Tochtergesellschaften) legitimiert. Der Ansatz, den der BGH wählt, um im Recht der GmbH mit der Terminologie der Treuepflichtverletzung ein Recht des Minderheitsgesellschafters auf Schadensersatz gegenüber dem Mehrheitsgesellschafter zu begründen, ist also in ähnlicher Weise auf die wirtschaftlichen Auswirkungen ausgerichtet, die das Handeln des Mehrheitsgesellschafters auf den Minderheitsgesellschafter hat, wie später im Holzmüller-Urteil die Begründung der Verpflichtung des Vorstandes der Aktiengesellschaft, die von ihm getroffene Geschäftsführungsmaßnahme von der Hauptversammlung billigen zu lassen. Der Ansatz des BGH, von einer „Treuepflicht“ auszugehen, mag auf den ersten Blick als auf die Gewerkschaften kaum übertragbar erscheinen. Aber es kommt nicht auf die Terminologie an, sondern auf die materielle Entscheidung. Außerdem ist zu bedenken, daß der BGH gerade auch für die Klage einer Gewerkschaft gegen Mitglieder, die eine Konkurrenzorganisation aufbauen wollten, entschieden hat, daß Schadensersatzansprüche „aus dem Gesichtspunkt der Verletzung vereinsrechtlicher Treupflichten begründet sein“ könnten, die darin bestehe, „alles zu unterlassen, was dem Vereinszweck schadet“.[96] Die Terminologie „Treuepflicht“ hat also nicht zu bedeuten, daß die Rechtsprechung sich nicht auf die Gewerkschaften übertragen ließe.

3. Analyse der Entscheidung als Fall der mitgliedschaftlichen Kontrollbefugnis

Die Literatur erblickt in der Entscheidung teilweise eine GmbH-rechtliche actio pro socio.[97] Eine solche Aussage läßt sich aber dem Urteil nicht entnehmen, dieses beschränkt sich vielmehr auf die Statuierung einer allgemeinen und vom BGH nicht näher definierten mitgliedschaftlichen Klage.[98]

[95] BGHZ 65, 15 (18).

[96] BGH WM 1977, 1166 (1168).

[97] Reuter, GmbHRdsch 1981, 129 (130); Wiedemann, Gesellschaftsrecht, S. 461 („die Wende“ in der Rechtsprechung), differenzierend aber noch in JZ 1976, 392 (396): „keine Gesellschafterklage, wie sie dem Grundmuster der actio pro socio ... entspricht“. Wohl auch H. P. Westermann, GmbHRdsch 1976, 77 (79); auch Berger, ZGR 1985, 599 ff., der allerdings nicht darauf eingeht, daß der BGH nicht von der Geltendmachung eines Anspruchs der GmbH durch den Kläger ausgeht; vgl. seine Darstellung des Sachverhalts a.a.O. S. 601.

[98] So im Grunde auch Flume, Juristische Person, S. 302 ff., auch ZHR 144 (1980), 18 (32). Er gelangt allerdings von seiner abweichenden (zwar richtigen, aber hier nicht zugrundegelegten) Terminologie aus zu dem Ergebnis, man könne diese Klage als actio pro socio bezeichnen, betont aber ausdrücklich, daß die h. M., die eine andere Terminologie verwende, zu diesem Ergebnis nicht kommen könne. „Man kann sich für die actio pro socio bei der Kapitalgesellschaft auch nicht auf die ITT-Entscheidung berufen“, so Flume, ZHR 144 (1980), 18 (32). K. Schmidt lehnt es jedenfalls ab, die Entscheidung als Beleg für die actio pro socio im Recht der Körperschaften heranzuziehen, Gesellschaftsrecht, S. 477 ff.

Es wäre zwar möglich, die Klage als actio pro socio in einem weiteren Sinne einzuordnen,[99] doch soll dies der terminologischen Klarheit zuliebe hier nicht geschehen. Es ist an dieser Stelle nicht möglich, die ITT-Entscheidung unter dem Aspekt der Gesellschafterklage umfassend zu würdigen.[100] Immerhin aber ist deutlich, daß dem Minderheitsgesellschafter vom BGH eine Klagemöglichkeit gewährt wurde, ohne daß dafür die Begründung der actio pro socio herangezogen wurde.[101] Vielmehr reichte es dem BGH aus, daß durch die verdeckte Gewinnausschüttung, die in der Veranlassung der „Konzernumlage" zu sehen ist, die Rechtsstellung des Klägers beeinträchtigt wurde. Der BGH drückt dies so aus, daß der Mehrheitsgesellschafter dem Minderheitsgesellschafter gegenüber eine „Treupflicht" verletzt habe.[102] Darin liegt die Anerkennung eines durch die Mitgliedschaft vermittelten eigenen Anspruchs des Gesellschafters gegenüber dem Mehrheitsgesellschafter auf Rückgängigmachung der rechtswidrigen, von ihm rein faktisch veranlaßten Maßnahmen. Die Parallele zum Holzmüller-Urteil und damit die dogmatische Erkenntnis für die Fragen des innergewerkschaftlichen Verbandsrechts scheinen mir in folgendem zu liegen: Das Mitglied einer Körperschaft hat, vermittelt durch seine Mitgliedschaftsstellung, einen eigenen Anspruch darauf, daß – um es zuerst einmal untechnisch auszudrücken – *Kompetenzüberschreitungen rückgängig gemacht* werden. Der BGH brauchte im ITT-Urteil, anders als in der Holzmüller-Entscheidung, nicht Fragen der Zurechnung des rein faktischen Handelns[103] eines Organs der Gesellschaft an die Körperschaft zu erörtern, weil es um eine direkte Klage gegen den herrschenden Gesellschafter ging. So war es auch nicht erforderlich, daß der BGH die kompetenzrechtlichen Fragen aufgriff; er ging vielmehr als Revisionsinstanz von einer verdeckten Gewinnausschüttung aus. Im ITT-Fall hatte sich ein einzelner Gesellschafter („causa societatis") zu Lasten der Gesellschaft Vorteile verschafft. Dadurch hatte er gegen die innerverbandliche Kompetenzverteilung verstoßen.[104] Somit handelte es sich im ITT-Fall um eine Klage wegen einer Kompetenzüberschreitung der Geschäftsführer der GmbH.[105] Interessanterweise geht es in der ITT-Entscheidung, obwohl der BGH im Grundsatz von einem eigenen Schadensersatzanspruch des klagenden Minderheitsgesellschafters ausging, um

---

99 Flume, Juristische Person, S. 302 ff., auch ZHR 144 (1980), 18 (32).

100 Vgl. als neue Rechtsprechung zur actio pro socio im Recht der GmbH BGH NJW 1987, 1637 f.; zu diesem Urteil Wiedemann, JZ 1987, 785.

101 H. P. Westermann spricht zwar von der actio pro socio, aber wohl in einem weiteren Sinne („gewisse Erweiterungen gegenüber bisher anerkannten Anwendungsformen der Klage"), GmbHRdsch. 1976, 77 (79).

102 BGHZ 65, 15 (18).

103 So ausdrücklich BGHZ 65, 15 (19).

104 Vgl. dazu Schulze-Osterloh, Fschr. Stimpel, 487 (491 ff.).

105 Flume, ZHR 144 (1980) 18, (19 ff., 26): „die Geschäftsführer der GmbH handeln pflichtwidrig und außerhalb ihrer organschaftlichen Kompetenzen"; Schulze-Osterloh, Fschr. Stimpel, 487 (491 ff.).

das Verlangen nach einer Zahlung an die Tochtergesellschaften. Dabei handelt es sich – insofern in Parallele zu dem Holzmüller-Fall – darum, durch mitgliedschaftliche Klage eine innerverbandlich kompetenz- und damit rechtswidrige schlichte Geschäftsführungsmaßnahme rückgängig zu machen, die nicht durch einen förmlichen Gesellschafterbeschluß gedeckt war.[106] Der BGH nimmt keine Einordnung des Klagerechts vor, daß er im ITT-Urteil zuläßt. Er gewährt eine „unbenannte" Klagemöglichkeit, die auf der Mitgliedschaft in der Körperschaft beruht.[107] Damit steht das ITT-Urteil in einer deutlichen Parallele zu der später ergangenen Holzmüller-Entscheidung. Diese mußte wegen der höheren Regelungsdichte hinsichtlich mitgliedschaftlicher Klagen in der Aktiengesellschaft einen viel weitergehenden Begründungsaufwand aufweisen als das ITT-Urteil, das insofern mit der Begründung über die mitgliedschaftliche Treuepflicht auskommt. Ungeachtet dieser rechtsformspezifischen Unterschiede in den Begründungen läßt sich aber gerade im Ergebnis eine erstaunliche Parallelität feststellen. Besonderes Interesse verdient, daß der BGH auch im ITT-Fall eine materielle Betrachtung hinsichtlich der Klagebegründung anstellt. Im Holzmüller-Fall waren die Auswirkungen der getroffenen Strukturmaßnahmen wegen der bedeutenden Auswirkungen auf die mitgliedschaftliche Position des Minderheitsaktionärs ausschlaggebend, um die Vorlagepflicht an die Hauptversammlung und wegen Verletzung dieser Pflicht die innerverbandliche Rechtswidrigkeit der getroffenen Maßnahme zu begründen; der BGH wandte hier also ein materielles Kriterium an.[108] M. E. läßt sich in der Bestimmung der Reichweite der gesellschaftlichen Treuepflicht, an der der BGH im ITT-Fall für das GmbH-Recht die mitgliedschaftliche Klage festmacht, ebenfalls eine materielle Abgrenzung der Kompetenzen der Geschäftsführung erblicken. Wenn der BGH ausführt, daß wegen der satzungsgemäßen Beauftragung der GmbH mit der Leitung des Konzerns „bei einem Fall der vorliegenden Art ... aber von einer Treupflicht ausgegangen werden (muß), die über die Gesellschaft hinausweist, deren gemeinsame Mitglieder die Beteiligten sind",[109] so ähnelt diese Begründung stark der materiellen Abgrenzung im Holzmüller-Fall.

4. Ergebnis

Mit dem ITT-Urteil ist auch im Recht der GmbH eine Klage anerkannt, mit der eine Überschreitung der dem Verband eingeräumten Kompetenzen durch ein mitgliedschaftliches Klagerecht auf Rückgängigmachung der Fol-

---

106 In einem solchen Fall hätte dieser Beschluß durch eine Anfechtungsklage beseitigt werden müssen, vgl. nur Schulze-Osterloh, Fschr. Stimpel, S. 487 (500 f.); Mertens, Fschr. Robert Fischer, 461 (465).

107 So auch Mertens, Fschr. R. Fischer, 461 (475).

108 Oben § 12 I 2 c.

109 BGHZ 65, 15 (20).

gen des Kompetenzverstoßes abgewehrt werden kann. Dabei erfolgt die Abgrenzung der Kompetenzen nach einem materiellen Maßstab, der auf die konkrete Situation des Verbandes abgestimmt ist.

III. Die Mitgliedschaftsklage in der eingetragenen Genossenschaft

Der Aufbau der Genossenschaft läßt gerade in der Abgrenzung der Zuständigkeiten von Vorstand und Mitgliederversammlung eine strukturelle Ähnlichkeit zur Aktiengesellschaft erkennen.[110]

Dem einzelnen Mitglied einer Genossenschaft stehen ein Auskunftsrecht zu, das von der Rechtsprechung in Analogie zur Aktiengesellschaft entwikkelt wurde,[111] und ein Anfechtungsrecht.[112]

1. Literatur

Harry Westermann untersucht, ob es in der Genossenschaft eine Grundsatzzuständigkeit der Mitgliederversammlung gibt.[113] Er geht davon aus, daß es für die Genossenschaft nach § 27 I 2 GenG möglich ist, statutarisch dem Vorstand Beschränkungen der Vertretungsbefugnis aufzuerlegen.[114] Zwar wird in der Praxis von dieser Möglichkeit kein Gebrauch gemacht.[115] Jedoch stellt sich die Frage, ob ein Gegenschluß dahingehend erlaubt ist, daß dann, wenn keine solche Satzungsbestimmung besteht, der Vorstand auch solche Fragen in Alleinzuständigkeit entscheiden kann, die nach der Holzmüller-Entscheidung der Mitgliederversammlung vorzulegen wären. Dies wird von H. Westermann verneint.[116] Westermann führt aus, daß eine *„Grundsatzzuständigkeit" auch für die Genossenschaften anzuerkennen* sei.[117] Dies stelle insbesondere keine unzumutbare Mehrbelastung in der Praxis dar und fördere das Interesse der Mitglieder an dem Schicksal der Genossenschaft.[118]

---

110 Dazu mit eingehenden Nachweisen H. Westermann, Freundesgabe Boettcher, 203 (209 f.).

111 K. Müller, GenG, § 36 Anm. 95; Paulick, Genossenschaft, S. 244 f; Meyer/Meulenberg/ Beuthien, GenG, § 43 Rn. 15.

112 Umfassend und mit weiteren Nachweisen R. Neumann, Rechtliche Möglichkeiten der Mitglieder zur Teilnahme an der Willensbildung in der eingetragenen Genossenschaft, S. 220 ff.; Meyer/ Meulenberg/Beuthien, GenG, § 51 Rn. 24 ff.

113 H. Westermann, Die Bedeutung der Anerkennung der ‚Grundsatzzuständigkeit' der Mitgliederversammlung bezüglich der Geschäftsführung der AG durch richterliche Rechtsfortbildung für das Genossenschaftsrecht, in: Freundesgabe E. Boettcher, S. 203 ff.

114 H. Westermann, Freundesgabe E. Boettcher, 203 (209).

115 H. Westermann, Freundesgabe E. Boettcher, 203 (209).

116 H. Westermann, Freundesgabe E. Boettcher, 203 (215).

117 H. Westermann, Freundesgabe E. Boettcher, 203 (218).

118 H. Westermann, Freundesgabe E. Boettcher, 203 (215 f.).

Großfeld nimmt an, „daß sich diese Klageart auch auf andere Unternehmensformen übertragen läßt".[119]

Ginge man im Gegensatz zu der Auffassung H. Westermanns von der Hypothese aus, ein solches Kontrollrecht bestehe nicht, wäre für die Genossenschaft die Feststellung zu treffen, „die Genossenschaftsleitung könnte sich völlig aus der (demokratischen Kontrolle) stellen.., ohne durch gesetzliche Vorschriften daran gehindert zu werden".[120]

2. Rechtsprechung

a) Die Entscheidung BGHZ 83, 228

Von besonderer Bedeutung für die Genossenschaft ist eine Entscheidung des BGH, die in unmittelbarem zeitlichen Anschluß an die aktienrechtliche Holzmüller-Entscheidung erging und eine zum Holzmüller-Fall parallele Konstellation in der Genossenschaft zum Gegenstand hatte.[121] In der Genossenschaft kann durch Satzung statt einer Generalversammlung eine Vertreterversammlung vorgesehen werden, wenn die Genossenschaft eine Mitgliederzahl von mehr als 1.500 hat (§ 43 a I 2 GenG); eine solche Vertreterversammlung ist sogar ab einer Mitgliederzahl von mehr als 3.000 gesetzlich vorgeschrieben (§ 43 a I 1 GenG). Mit der Einrichtung einer solchen Vertreterversammlung ist eine Mediatisierung der mitgliedschaftlichen Befugnisse verbunden, die Gefahren für die mitgliedschaftliche Position des somit nicht mehr direkt an der Willensbildung des Verbandes beteiligten Mitglieds mit sich bringt.

Es stellt sich die Frage, wie weit die Kompetenz einer solchen Vertreterversammlung geht und welche Möglichkeiten ein nicht in die Vertreterversammlung gewählter Genosse hat, gegen rechtswidrige „Beschlüsse" oder sonst rechtswidriges Verhalten der durch die Vertreterversammlung repräsentierten Genossenschaft vorzugehen.

Diese Frage ist, übertragen auf die Gewerkschaften, von besonderer Relevanz, weil Mitgliederversammlungen in Verbänden von der Größe der Gewerkschaften schon aus tatsächlichen Gründen nicht mehr stattfinden können. An ihre Stelle treten deshalb in den großen deutschen Gewerkschaften Gewerkschaftstage,[122] Vertreterversammlungen,[123] Gewerkschafts-

---

[119] Versicherungsverein auf Gegenseitigkeit, S. 67.

[120] R. Neumann, Willensbildung, S. 249. Umfangreiches rechtstatsächliches Material hat Deppenkemper, Mitgliederversammlungen und Willensbildung in Genossenschaften, ausgewertet; er kommt (bloß) zu dem Ergebnis, daß „Möglichkeiten zur Integration des Mitgliederwillens" vorhanden seien. Eine mitgliedschaftliche Klage zur Abwehr von Kompetenzüberschreitungen behandelt er nicht (vgl. S. 67 ff.).

[121] BGHZ 83, 228.

[122] Vgl. nur § 23 A Nr. 2 GdED; §§ 25 Nr. 2, 31 IG Bau-Steine-Erden; § 23 Nr. 2 i NGG.

kongresse[124] oder Bundeskongresse.[125] Durch das repräsentative System und auch die große zeitliche Distanz[126] erfolgt notgedrungen[127] eine Mediatisierung des Mitgliederwillens. Die dabei auftretenden Probleme sind deshalb bei den Gewerkschaften in ähnlichem Maße vorhanden wie bei (größeren) Genossenschaften mit Vertreterversammlung.

Deshalb ist eine Entscheidung des BGH aus dem Jahre 1982 von Interesse. Hier hatte die Vertreterversammlung einer größeren Genossenschaft einer von Vorstand und Aufsichtsrat vorgeschlagenen Wahlordnung zugestimmt, nach der das System der Mehrheits-Listenwahl eingeführt wurde. Dies bedeutete, daß alle Stimmen, die für die unterlegene Liste abgegeben wurden, sich auf die Zusammensetzung der Vertreterversammlung nicht auswirken konnten[128] und die Gruppe der Wähler der unterlegenen Liste „von jedem Einfluß in der Versammlung durch Vertreter ihres Vertrauens ausgeschlossen" war.[129] Problematisch war, ob ein Genosse den Beschluß der Vertreterversammlung, mit der diese der Wahlordnung zugestimmt hatte, gerichtlich mit der Nichtigkeitsklage angreifen konnte.

Der BGH ging hinsichtlich des materiellen genossenschaftlichen Verbandsrechts davon aus, daß eine solche Mehrheits-Listenwahl „mit dem Wesen der ... Genossenschaft nicht zu vereinbaren" sei[130] und deshalb gegen den entsprechend anwendbaren § 241 Nr. 3 AktG verstoße. Hinsichtlich der mitgliedschaftlichen Klagebefugnis stellte der BGH – ähnlich wie bei der nur einen Monat vorher ergangenen Holzmüller-Entscheidung – auf einen Eingriff in die *Mitgliedschaftsrechte* des Klägers durch den Beschluß der Vertreterversammlung ab. Wiederum wandte er einen materiellen Maßstab an, den er allerdings nicht näher zu definieren brauchte, da das System der Mehrheits-Listenwahl unzweifelhaft gegen tragende Gedanken des Genossenschaftsrechts verstieß. Im einzelnen stellte der BGH darauf ab, daß einem Genossen das Recht zustehe, „Beschlüssen entgegenzutreten, die die Vertreterversammlung unter Verstoß gegen elementare Rechtsgrundsätze gefaßt" hat „und die, wenn sie das Leben der Genossenschaft unangegriffen

---

123 Vgl. etwa §§ 16 Nr. 3, 18 ff. GEW.

124 § 19 IGBE; § 42 DPG.

125 § 21 DAG.

126 Gewerkschaftstage im Abstand von 3 bis 4 Jahren sind die Regel.

127 Das Vereinsrecht des BGB als Recht der „Skat- Kegel-, Sauf- und Rauchvereine" (Mugdan Bd. I, S. 995) ist nicht nur aus praktischen Gründen, sondern auch deshalb ungeeignet, weil die Gefahr von zufälligen Ergebnissen und der Beherrschung des Verbandes durch die Minderheiten besteht, die eine solche Mitgliederversammlung besuchen würden, dazu Säcker, a.a.O. S. 2 ff. m.w.N. Vgl. auch die eindeutige gesetzliche Regelung für Genossenschaften mit mehr als 3.000 Mitgliedern in § 43 a I 1 GenG und BGHZ 83, 228 (232).

128 Es handelte sich um eine Spar- und Darlehnskasse und um die von zwei rivalisierenden Gewerkschaften aufgestellten Listen.

129 BGHZ 83, 228 (231).

130 BGHZ 83, 228 (233).

bestimmen könnten, in seine Mitgliedschaftsrechte eingreifen würden".[131] Jedem Genossen stehe deshalb die Nichtigkeitsklage offen.

b) Analyse der Entscheidung

Der Unterschied zur Holzmüller-Entscheidung liegt darin, daß in dem Genossenschafts-Fall ein förmlicher Beschluß der Vertreterversammlung angegriffen wurde und es nicht um schlichtes Verbandshandeln ging. Die Gemeinsamkeit zwischen beiden Fällen, die für die Frage einer Übertragbarkeit der Grundsätze der Entscheidung im Genossenschaftsfall auf die Gewerkschaften festgehalten werden muß, liegt in zweierlei: In beiden Fällen wurde die Beeinträchtigung der mitgliedschaftlichen Stellung darin gesehen, daß die angegriffene Maßnahme trotz formaler Legitimation des Verbandshandelns (durch Beschluß der Hauptversammlung bzw. der Vertreterversammlung) wegen eines zu starken Eingriffs in die Mitgliedschaftsstellung gegenüber dem Verbandsmitglied materiell rechtswidrig sei. Zweitens überwand der BGH in beiden Fällen die Hürde, daß „an sich" einer Klagebefugnis Bedenken entgegengestanden hätten,[132] ohne weiter auf die möglichen Einwendungen einzugehen.[133]

3. Ergebnis

Als „Bausteine" der genossenschaftlichen Mitgliedschaftsklage gibt es zum einen die von der Rechtsprechung noch nicht bestätigte, aber als wahrscheinlich anzunehmende Geltung der Grundsatzzuständigkeit der Mitgliederversammlung bzw. der Vertreterversammlung.[134] Daneben ist die vom BGH anerkannte direkte Klage eines Genossen, der nicht Mitglied der Vertreterversammlung ist, auch und erst recht für den Fall anwendbar, daß die Vertreterversammlung nicht nur – wie vom BGH entschieden – einen materiell rechtswidrigen Beschluß getroffen hat, sondern wenn gar kein das Verbandshandeln i. S. d. Holzmüller-Entscheidung legitimierender Beschluß vorliegt.

Die Rechtslage bezüglich der mitgliedschaftlichen Klage in der Genossenschaft spricht deshalb dafür, auch in den Gewerkschaften eine Klagemög-

---

131 BGHZ 83, 228 (231).

132 In der Holzmüller-Entscheidung bestanden Bedenken schon wegen der scheinbaren Durchbrechung eines Katalogs aktienrechtlicher Anfechtungstatbestände durch die mitgliedschaftliche Klage, s. o. § 12 I 2 b.

133 Diese Bedenken hätten im Genossenschaftsfall darin bestanden, daß die Mitglieder eben *nur* durch die Vertreterversammlung und nicht selbständig ihre Rechte hätten geltend machen können.

134 Diese tritt auch für die Grundsatzzuständigkeit an die Stelle der Mitgliederversammlung, so H. Westermann, Freundesgabe E. Boettcher, 203 (218).

lichkeit des Mitglieds gegen Maßnahmen der Verbandsführung zu gewähren, die als „faktische Satzungsänderungen“[135] einer besonderen verbandsinternen Legitimation bedürfen.

IV. Kompetenzabgrenzungen und mitgliedschaftliche Klage beim Versicherungsverein auf Gegenseitigkeit

Der Versicherungsverein auf Gegenseitigkeit fristet ein Schattendasein, was seine rechtsdogmatische Erfassung angeht. Immerhin sind gerade in jüngerer Zeit Fragen in den Mittelpunkt der Diskussion gerückt, die mit der mitgliedschaftlichen Stellung des einzelnen in dem Verband zu tun haben und deshalb auch für die Fragen der Gewerkschaften aufschlußreich sein könnten.

1. Problematik des Mitgliederschutzes am Beispiel der Kooptation

Nach § 15 VAG ist der Versicherungsverein ein „Verein, der die Versicherung seiner Mitglieder nach dem Grundsatz der Gegenseitigkeit betreiben will“. Es handelt sich um eine spezialgesetzlich geregelte Ausnahme von der Regel des § 22, der nach der Auslegung, die ihm die Rechtsprechung gegeben hat, wirtschaftliche Vereine nicht zuläßt. Der VVaG ist danach im Grundsatz ein konzessionierter wirtschaftlicher Verein i.S.d. BGB.[136] Für die Rechtsstellung des Mitglieds gilt nach § 36 VAG, daß sie die gleichen Rechte haben wie die Aktionäre in einer Aktiengesellschaft.[137] Für die „kleinen Versicherungsvereine auf Gegenseitigkeit“[138] gilt aber kraft ausdrücklicher Verweisung das Vereinsrecht des BGB.[139] Die Mitglieder des VVaG sind zugleich Versicherte und nur ausnahmsweise können auch Nichtmitglieder versichert werden.[140] Interesse weckt der VVaG, weil § 29 VAG ausdrücklich ermöglicht, daß die vorgeschriebene „oberste Vertretung“ sowohl als Mitgliederversammlung wie auch von „Vertretern der Mitglieder“ gebildet werden kann. Eine solche Vertreterversammlung ist häufig vorgesehen, wobei oft für die Bestimmung der Mitglieder der Vertreterversammlung das Koop-

---

[135] Diesen Ausdruck verwendet H. Westermann, Freundesgabe E. Boettcher, 203 (207) im Anschluß an Knobbe-Keuk, Fschr. Ballerstedt, S. 239 ff.

[136] Großfeld, Versicherungsverein auf Gegenseitigkeit, S. 4; Goldberg/Müller, Komm. z. VAG, vor § 15 Rn. 2; K. Schmidt, Verbandszweck, S. 67 mit Zitaten aus den Motiven zum VAG.

[137] Einen Überblick über Übereinstimmungen und Strukturunterschiede zwischen VVaG und Versicherungs-AG bietet U. Hübner, Strukturunterschiede, S. 5 ff.

[138] Kleine Versicherungsvereine auf Gegenseitigkeit sind solche, „die bestimmungsgemäß einen sachlich, örtlich oder dem Personenkreis nach eng begrenzten Wirkungskreis haben“, § 15 I 1 VAG.

[139] § 53 II VAG; eine Auflistung der anwendbaren Rechtsvorschriften findet sich bei Prölss, VAG §§ 53 – 53b, Rn. 5 ff.

[140] Großfeld, Versicherungsverein auf Gegenseitigkeit, S. 5.

tationssystem gewählt wird.[141] Das Kooptationsprinzip führt für das Mitglied des Vereins zu einem „völligen Entzug des Stimm- bzw. Wahlrechts“;[142] körperschaftliche Rechte sind „nur rudimentär vorhanden“.[143] Es fehlt die „unmittelbare Legitimation der Mitgliedervertreter durch den Willen der Mitglieder“.[144] Deshalb ist das Kooptationsprinzip literarischer Kritik ausgesetzt.[145]

2. Die die Kooptation ablehnende Literatur

Hauth vertritt die Auffassung, das Kooptationsprinzip sei unzulässig,[146] weil es gegen tragende Grundsätze des allgemeinen Vereinsrechts verstoße.[147] Geht man von der Zulässigkeit des Kooptationsprinzips und der damit verbundenen Entrechtung der Verbandsmitglieder aus, so würde dies für die mitgliedschaftliche Kontrollbefugnis bedeuten, daß diese eher gering anzusetzen wäre. Dabei könnte man – um die Parallele zu den Gewerkschaften zu ziehen – gegen umfangreiche mitgliedschaftliche Rechte der Gewerkschaftsmitglieder sogar noch zusätzlich anführen, daß eine kompetente und effektive Verbandsführung um so mehr wünschenswert ist, als es sich bei den Gewerkschaften um „Kampfverbände“ handelt, die schon aus verfassungsrechtlichen Gründen – nämlich um ihre Funktionen aus Art. 9 III GG effektiv wahrnehmen zu können – eine starke Verbandsführung brauchen. Eine starke Verbandsführung wird sich aber durch mitgliedschaftliche Klage- und Kontrollrechte eher behindert fühlen.

3. Bedenken gegen die Kooptation in der Literatur

Das Kooptationsprinzip wird aber keineswegs einhellig abgelehnt. Großfeld verteidigt es mit Erwägungen der Praktikabilität[148] und hält es für geeignet zur Vermeidung der Gefahr der Durchsetzung von Sonderinteressen.[149] Dogmatisch beruft er sich auf die in § 36 VAG geregelte Verweisung auf das Recht der Aktiengesellschaft und darauf, daß der VVaG besonders „durch versicherungswirtschaftliche Aspekte geprägt“ sei.[150] Allerdings

---

[141] Dies besagt, daß die erste Mitgliedervertretung aus einer Urwahl hervorgeht und später hinzutretende Mitgliedervertreter von der Mitgliedervertretung selbst hinzugewählt werden; vgl. Großfeld, Versicherungsverein auf Gegenseitigkeit, S. 58; Hauth, Unternehmensverfassungsrechtliche Probleme, S. 22.

[142] Hauth, Unternehmensverfassungsrechtliche Probleme, S. 23.

[143] Zöllner, ZVersWiss 53 (1964), 295 (300).

[144] U. Hübner, Strukturunterschiede, S. 14.

[145] Einen Überblick gibt R. Neumann, Willensbildung, S. 56 f.

[146] Hauth, Unternehmensverfassungsrechtliche Probleme, S. 115 ff.

[147] Hauth, aaO., S. 87, 88 ff.

[148] Großfeld, Versicherungsverein auf Gegenseitigkeit, S. 56 ff.

[149] Großfeld, aaO., S. 56 f.

[150] Großfeld, aaO., S. 71.

geht Großfeld, und das schränkt die Aussagekraft seines Bekenntnisses zum Kooptationsprinzip für die Gewerkschaften ein, bei seinem Vergleich mit dem auf die Aktiengesellschaft anwendbaren Recht nicht auf die besonders wichtige Frage der mitgliedschaftlichen Klagebefugnis ein, wie sie im Holzmüller-Urteil anerkannt wurde.[151] Abzulehnen ist die rein formale Argumentation Großfelds, wenn er darauf abstellt, daß bei einem VVaG „normalerweise die Interessenidentität zwischen Vertretern und Vertretenen" schon deshalb gegeben sei, weil die kooptierten Vertreter in einem VVaG Mitglieder des VVaG seien.[152]

Andere Stimmen sehen in dem VVaG eine private Anstalt[153] bzw. eine Typenvermischung zwischen Anstalt, Stiftung und Verein,[154] so daß verstärkt die schuldrechtlichen Aspekte des Mitgliedschaftsverhältnisses berücksichtigt und der Aspekt der Aufsicht durch das Bundesaufsichtsamt für das Versicherungswesen werden müssten.[155] U. Hübner betont die fachliche Qualifikation und die Unabhängigkeit der durch Kooptation gewonnenen Vertreter und meint, es gebe im Verbandsrecht kein Demokratieerfordernis und hält Kooptation für zulässig.[156] Dieses Argument ist auf die Gewerkschaften nicht übertragbar, weil für sie nach zutreffender h. M. das Demokratieerfordernis gilt.[157]

Am Beispiel des Versicherungsvereins ist zu erkennen, daß sogar in dieser Verbandsform, die so sehr von schuldrechtlichen Beziehungen geprägt ist, daß vielen Mitgliedern des Verbandes gar nicht bewußt ist, daß sie durch den Versicherungsvertrag eine Verbandsmitgliedschaft eingegangen sind, eine Zurückdrängung mitgliedschaftlicher Befugnisse nicht nur auf generelle Bedenken stößt, sondern auch mit guten Gründen für „rechtswidrig"[158] oder zumindest bedenklich[159] gehalten wird. Auch H. Baumann, der sich mit den Besonderheiten des VVaG mit kooptierter Vertreterversammlung unter dem Gedanken abfindet, es sei eine Kompensierung verbandsrechtlicher Defizite dadurch möglich, daß der versicherungswirtschaftlichen Seite der Beziehung zwischen Mitglied und Verband durch die Aktivierung schuldrechtlicher Grundsätze Rechnung getragen wird,[160] erkennt dadurch die prinzipielle Bedenklichkeit dieses Systems an.

---

[151] Großfeld, aaO., S. 78 ff.

[152] Großfeld, aaO., S. 79.

[153] Zöllner, ZVersWiss 53 (1964), 295 (302).

[154] H. Baumann, VVaG mit kooptierter Vertreterversammlung, S. 60 ff.

[155] H. Baumann, VVaG mit kooptierter Vertreterversammlung, S. 30 f.

[156] U. Hübner, Strukturunterschiede, S. 14 f.

[157] Schelter, Demokratisierung, S. 99 ff.; Föhr, Willensbildung, S. 123 ff. (126 f.); Stindt, Verfassungsgebot, S. 1 ff.; Ridder, Verfassungsrechtliche Stellung, S. 42 f.; im Ergebnis auch Scholz, Koalitionsfreiheit, S. 374 ff. und in Maunz/Dürig, Art. 9 Rn. 206. Umfassend zum Demokratieerfordernis Popp, Öffentliche Aufgaben, S. 48 ff.

[158] Hauth, Unternehmensverfassungsrechtliche Probleme, S. 87.

[159] H. Baumann, VVaG mit kooptierter Vertreterversammlung, S. 9 ff., 16 f.

Die Frage einer actio negatoria ist, soweit ersichtlich, für den VVaG noch nicht erörtert worden.[161] Insofern müsste aber der Verweis des § 36 VAG auf das Aktienrecht auch die Rechtsprechung zur actio negatoria im Aktienrecht (Holzmüller-Fall) mitumfassen.

4. Erkenntnisse für die Gewerkschaften

Für die Gewerkschaften läßt sich festhalten, daß sogar bei einem dermaßen stark schuldrechtlich geprägten Verband wie dem VVaG die völlige Reduzierung mitgliedschaftlicher Beziehungen auf schuldrechtliche Elemente unter entsprechender Vernachlässigung der verbandsrechtlichen Stellung des Mitglieds starke Bedenken hervorruft. Phänomenologisch ist der VVaG allerdings mit einer Gewerkschaft, in der ein Arbeitnehmer sich engagiert und unter deren Flagge er für eine Verbesserung seiner wirtschaftlichen Stellung kämpft, nicht vergleichbar. Auch ist die Kompensation mitgliedschaftlicher Kontrollbefugnisse durch die Versicherungsaufsicht[162] zu berücksichtigen – ein Punkt, der für die staatsfreien Gewerkschaften völlig wegfällt. Um so mehr darf für die Gewerkschaften festgestellt werden, daß dann, wenn sogar in einem VVaG schwerwiegende Gründe für ein Mindestmaß mitgliedschaftlicher Rechte sprechen, ein solcher Mindeststandard erst recht bei den Gewerkschaften vorhanden sein muß.

V. Mitgliedschaftliche Klagerechte in öffentlich-rechtlichen Zwangskörperschaften

Der staatliche angeordnete Zusammenschluß in öffentlich-rechtlich geordneten Zwangskörperschaften betrifft eine große Anzahl von Bürgern. Es seien etwa die Mitgliedschaft in den Allgemeinen Studentenausschüssen, in Rechtsanwalts-, Handwerks- , Steuerberater- oder Ärztekammern genannt.[163] In diesen Zwangskörperschaften entfällt sogar das vom Vereinsrecht des BGB in § 39 als Mindeststandard innerverbandlicher mitgliedschaftlicher Kontrolle vorgeschriebene zwingende Austrittsrecht. Deshalb sind in diesem Bereich Klagen von Mitgliedern, die ihrer Verbandsführung eine Überschreitung ihrer Kompetenzen vorwerfen und diese Kompetenzüberschreitungen mit einer auf die Mitgliedschaft gestützten Klage abwehren wollen, nicht selten.

---

[160] H. Baumann, aaO., S. 60 ff.

[161] Auch Großfeld geht in seinem Kapitel über Aufsichts- und Auskunftsrechte nicht auf die Holzmüller-Entscheidung ein, sondern deutet nur die möglichen Konsequenzen an. Vgl. Versicherungsverein auf Gegenseitigkeit S. 19 f.

[162] Vgl. hierzu besonders H. Baumann, VVaG mit kooptierter Vertreterversammlung, S. 30 f.

[163] Laubinger spricht davon, „daß wohl alle Staatsbürger dieser oder jener Zwangskorporation angehören"; VerwArch 74 (1983), 175.

1. Klage der Mitglieder von Zwangskörperschaften und Vergleichbarkeit mit der Problematik in den Gewerkschaften

Für die mitgliedschaftlichen Kontroll- und Klagebefugnisse in der Gewerkschaft ist die Rechtslage in den Zwangskörperschaften aus zwei Gründen von besonderer Bedeutung: Zum einen besteht rein verbandssoziologisch eine Vergleichbarkeit hinsichtlich der Freiwilligkeit der Mitgliedschaft. In der Bundesrepublik gibt es zwar grundsätzlich keinen Zwang, einer Gewerkschaft anzugehören. Ein Arbeitnehmer, der von seinem von Art. 9 III GG gewährten Grundrecht Gebrauch machen will, hat aber wegen des Systems der Einheitsgewerkschaften regelmäßig keine Auswahl zwischen mehreren Gewerkschaften. Da es also keinen „freien Markt" der Gewerkschaften gibt, ist es für das einzelne Gewerkschaftsmitglied von ähnlicher Bedeutung wie für die Mitglieder von Zwangskörperschaften, daß eine Rechtskontrolle *innerhalb des Verbandes* möglich ist.

Die Vergleichbarkeit der Interessenlage ergibt sich aber auch aus Aspekten des materiellen Rechts: Wegen der Mitwirkungsbefugnisse der Gewerkschaften im staatlichen Bereich und ihrer Tarifsetzungskompetenz werden die Gewerkschaften vielfach öffentlich-rechtlichen Maßstäben unterworfen.[164] Ob es tatsächlich richtig ist, geradezu öffentlich-rechtliche Maßstäbe auf die Gewerkschaften anzuwenden, soll an dieser Stelle nicht erörtert werden.[165] Jedenfalls hat sich bei der Erörterung der Rechtsformfrage gezeigt, daß es den involvierten verfassungsrechtlich geschützten Interessen der Gewerkschaftsmitglieder nicht gerecht wird, wenn nur Grundsätze der Privat- oder Vereinsautonomie auf die Gewerkschaften angewendet werden.[166] Eine Vergleichbarkeit der Interessenlage ist also durchaus gegeben.

2. Dogmatische Grundlegung mitgliedschaftlicher Kontrolle in Zwangskörperschaften

Wie stellt sich nun das Verbandsrecht der öffentlich-rechtlichen Zwangskörperschaften bezüglich der mitgliedschaftlichen Kontrollrechte dar?

Ansatzpunkt der Dogmatik der mitgliedschaftlichen Kontrollbefugnis in Zwangskörperschaften ist Art. 2 I GG. Das Bundesverfassungsgericht legt Art. 2 I GG in dem Sinne aus, daß er die allgemeine menschliche Handlungs-

---

[164] Ausführlich und zusammenfassend Popp, Öffentliche Aufgaben der Gewerkschaften und innerverbandliche Willensbildung, S. 42 ff. mit weiteren Nachweisen.

[165] Das Bundesverfassungsgericht spricht z. B. davon, daß Koalitionen durch den Abschluß von Tarifverträgen „die im öffentlichen Interesse liegende Aufgabe, innerhalb ihres Bereichs das Arbeitsleben zu ordnen und zu befrieden" erfüllen, BVerfGE 18, 18 (32).

[166] Oben wurde beispielhaft die Diskussion hinsichtlich des Aufnahmeanspruchs und der Ausschlußkontrolle nachgezeichnet, vgl. § 9 II.

freiheit gewährleiste.[167] Art. 2 I GG erscheint dadurch als Hauptfreiheitsrecht, das dann subsidiär anzuwenden ist, wenn in den speziell geregelten Grundrechten keine einschlägige Freiheitsgarantie enthalten ist. Nach ständiger Rechtsprechung stellen öffentlich-rechtliche Zwangszusammenschlüsse schon wegen ihres Zwangscharakters eine Verletzung der individuellen Freiheitssphäre der Zwangsmitglieder dar, wenn ihr satzungsmäßiger Zweck über einen konkreten und eng begrenzten sachlichen Zweck hinausgeht, also etwa ein allgemeinpolitisches Mandat wahrgenommen würde. So hat der BGH entschieden, daß § 89 I 2 BRAO, der vorsieht, daß die Versammlung der Rechtsanwaltskammer Angelegenheiten zu erörtern hat, die von allgemeiner Bedeutung für die Rechtsanwaltschaft sind, verfassungskonform dahingehend ausgelegt werden muß, daß damit nur Aufgaben gemeint sind, die gruppenspezifischen Zielen dienen; ein allgemeinpolitisches Mandat wäre verfassungswidrig und würde die Zwangsmitglieder in ihrem Grundrecht aus Art. 2 I GG verletzen.[168] Die zwangsweise Vergemeinschaftung von Angelegenheiten, deren Wahrnehmung „im individuellen Dispositionsinteresse des einzelnen hätte bleiben müssen",[169] verletzt schon deshalb nach der Rechtsprechung des Bundesverwaltungsgerichts Art. 2 I GG.[170]

Es ist anerkannt, daß das allgemeine Freiheitsrecht der Verbandsmitglieder aus Art. 2 I GG auch dann verletzt ist, wenn der Verband ein allgemeinpolitisches Mandat in Anspruch nimmt oder in sonstiger Weise die Grenzen überschreitet, die ihm kompetenzmäßig gesetzt sind.[171] Dabei geht man von der Prämisse aus, daß es verfassungswidrig wäre, wenn der Zwangsverband nach seiner Satzung ein allgemeinpolitisches Mandat wahrnähme. Dies ist ständige Rechtsprechung des Bundesverwaltungsgerichts.[172] In gleicher Weise hielt das Gericht auch den Sammelbezug einer Fachzeitschrift durch die Steuerberaterkammer[173] und die Veröffentlichung allgemeinpolitischer Beiträge in der Verbandszeitschrift der Ärztekammer[174] für rechtswidrig. Aus der Rechtsprechung der Oberverwaltungsgerichte lassen sich weitere Streitigkeiten ersehen.[175]

---

[167] BVerfGE 6, 32 (36 f.); ; einschränkend im Sinne einer Gewährleistung der engeren persönlich Lebenssphäre Hesse, Verfassungsrecht, § 12 I Nr. 10 Rn. 425 ff.

[168] BGH NJW 1986, 992 (994).

[169] Formulierung von Barbey, JR 1980, 272 (273 f.).

[170] BVerwGE 59, 231 (238); BVerwGE 34, 69 (74); auch BGH NJW 1986, 992 (994).

[171] Diese Argumentationsstruktur wird auch herausgearbeitet von Laubinger, VerwArch 74 (1983), 175 (177); vgl. auch BVerwG NJW 1982, 1300.

[172] Grundlegend BVerwGE 34, 69 (Klage gegen allgemeinpolitische Äußerungen der Studentenschaft der Universität Tübingen): „Mitglieder öffentlich-rechtlicher Zwangsverbände haben einen ... Anspruch darauf, daß der Verband Erklärungen außerhalb seines Aufgabenbereichs unterlasse"; ebenso BVerwGE 59, 231 (238); BVerwGE 59, 242 (245); BVerwG NJW 1982, 1298.

[173] BVerwG NJW 1982, 1298.

[174] BVerwG NJW 1982, 1300.

Es läßt sich danach feststellen, daß dem einzelnen Mitglied in Zwangskörperschaften ein Kontrollrecht gegenüber der Körperschaft zukommt.[176]

3. Stellungnahme der Literatur zu dieser Rechtsprechung

In der Literatur finden sich gelegentlich Stimmen, die es für unzutreffend halten, daß sich die verwaltungsrechtliche Rechtsprechung zur Bejahung eines Unterlassungsanspruchs des Verbandsmitgliedes gegen kompetenzwidriges Verhalten des Verbandes auf eine Parallele zum Vereinsrecht des Zivilrechts beruft. So findet sich aus öffentlich-rechtlicher Sicht die Meinung, die herrschende Auffassung im Vereinsrecht verneine ein mitgliedschaftliches Klagerecht.[177] Daran ist aber nur richtig, daß es schwierig ist, hinsichtlich der mitgliedschaftlichen Kontrollbefugnis positive Aussagen in der vereinsrechtlichen Literatur zu finden. Die Behauptung, die vereinsrechtliche Literatur lehne ein solches Kontrollrecht mit Mehrheit ab, trifft dagegen nicht zu.

Stimmt aber umgekehrt folgende Rechtsauffassung des Bundesverwaltungsgerichts? „Die Mitglieder (scl. eines Vereins) haben dann einen im Rechtswege verfolgbaren Anspruch darauf, daß sie nicht satzungswidrig behandelt werden, z. B. nicht rechtswidrig mit einer Vereinsstrafe belegt werden. Das ist ständige Rechtsprechung der Zivilgerichte".[178] Die mit dieser Aussage verbundene ausdrückliche dogmatische Herleitung der Rechtsprechung des Bundesverwaltungsgerichts aus einer Parallele zum zivilrechtlichen Vereinsrecht ist Gegenstand literarischer Kritik.[179] Zur Beurteilung der Kritik ist zweierlei zu sagen: Die dogmatische Herleitung aus dem Vereinsrecht ist zum einen gar nicht ständige Rechtsprechung des Bundesverwaltungsgerichts. Dieses schwankt nämlich in der Begründung des im Ergebnis eindeutig anerkannten Klagerechts des Mitglieds zwischen der ausschließlichen Begründung aus Art. 2 I GG[180] und einer Begründung aus Art. 2 I GG und zusätzlich einer (angeblichen) Parallele zum Vereinsrecht des BGB. Im Gegensatz zu dem genannten grundlegenden Urteil aus dem Jahre 1969,[181] in dem die Abwehrklage des Mitglieds einer Zwangskör-

---

175 Etwa OVG Münster, OVGE 24, 105 ff.; VGH Baden-Württemberg NJW 1972, 2102 (LS). Einen guten Überblick bietet Laubinger, VerwArch 74 (1983), 263 ff.

176 So faßt auch Chr. Fröhler die Rechtsprechung zusammen; sie selber vertritt aber eine andere Auffassung (GewArch 1982, 77). Die Instanzgerichte folgen sämtlich der Rechtsprechung des BVerwG, vgl. Laubinger, VerwArch 74 (1983), 263.

177 Chr. Fröhler, GewArch 1982, 77, ohne Nachweis zivilrechtlicher Stimmen.

178 BVerwGE 34, 69 (74).

179 Laubinger, VerwArch 74 (1983), 175 (177 ff.).

180 Den Ansatz aus Art. 2 I GG wählt für die Problematik der Zwangsmitgliedschaft auch das Bundesverfassungsgericht, BVerfGE 10, 89 (102); BVerfGE 38, 281 (297) und auch BVerwG NJW 1987, 337 (338).

181 BVerwGE 34, 69 (74).

perschaft u. a. auf die Mitgliedschaft als solche gestützt wurde, lehnte das Gericht 1979 die Grundlegung als mitgliedschaftlichen Anspruch ausdrücklich ab.[182] Insofern lag eine ablehnende Entscheidung des Bundessozialgerichts[183] vor, wegen der das Bundesverwaltungsgericht den Gegensatz überspielen mußte, um die Pflicht zur Vorlage an den Gemeinsamen Senat der obersten Gerichtshöfe des Bundes zu vermeiden. In einer späteren Entscheidung wurde aber der Anspruch wieder als mitgliedschaftlicher eingestuft.[184] Es läßt sich also nur feststellen, daß das Bundesverwaltungsgericht gelegentlich unterstützend auf den Aspekt der Mitgliedschaft im Sinne des allgemeinen Verbandsrechts verweist und insofern eine Parallele zum vereinsrechtlichen Verbandsrecht zieht.

Sofern in der dieser Rechtsprechung grundsätzlich zustimmenden Literatur[185] aus Gesichtspunkten des *öffentlichen Rechts* Einwände geäußert werden,[186] brauchen diese hier nicht erörtert zu werden, weil der aus dem Verwaltungsrecht geläufige Gesichtspunkt der Verhinderung von Popularklagen im Zivilrecht grundsätzlich keine Rolle spielt.[187] Darüber hinaus wird aber auch die Kritik geäußert, daß die gelegentliche Berufung des Bundesverwaltungsgerichts auf Entscheidungen des Reichsgerichts und des Bundesgerichtshofs,[188] um mit ihnen das mitgliedschaftliche Kontrollrecht zu begründen,[189] fehlsam sei. Diese Kritik trifft zu. Die vom Bundesverwal-

---

182 BVerwGE 59, 231 (241).

183 Das Bundessozialgericht hatte die Klage eines Arztes abgewiesen, der seiner Kassenärztlichen Vereinigung untersagen lassen wollte, Maßnahmen der Bundesregierung zur Sozialreform zu kritisieren: „Die Rechtsstellung des Klägers als Mitglied einer KÄV gibt ihm ... keinen klagbaren Anspruch auf Unterlassung eines bestimmten Verhaltens seiner KÄV. Dies gilt selbst dann, wenn – worüber hier nicht zu entscheiden war – die Beklagte mit ihrer Kritik die ihr durch ihren Aufgabenkreis ... gezogenen Grenzen überschritten hätte“, BSG MDR 1966, 541. Das Urteil ist aus verbandsrechtlicher Sicht kaum haltbar: weder kann dahingestellt bleiben, ob das Verbandsorgan die ihm gesteckten Grenzen überschreitet, noch kann für die Absteckung der Kompetenzgrenzen vernachlässigt werden, um welche Äußerungen es sich handelt. Wahrscheinlich (es liegt nur ein auszugsweiser Abdruck vor) hatte die KÄV mit ihrer Stellungnahme zu Regierungsvorlagen der Bundesregierung zur Sozialreform ihren Aufgabenkreis gar nicht überschritten. A.A. ist offensichtlich Laubinger, der behauptet, diese Entscheidung stünde eindeutig im Widerspruch zur Ansicht des Bundesverwaltungsgerichts, VerwArch 74 (1983), 175 (178).

184 BVerwG NJW 1982, 1298, (das Gericht nennt auch Art. 2 I GG).

185 In jüngerer Zeit zustimmend etwa Bachof, DÖV 1980, 607 ff., der effektiven Rechtsschutz gegen „Rechtsverlumpung“ fordert und von der Geltendmachung eines Rechts *als Mitglied* spricht (a.a.O. S. 610), und Redeker, DVBl. 1980, 569 ff.

186 Laubinger führt ein argumentum ad absurdum, indem er die Rechtsprechung auf Gebietskörperschaften ausdehnt, VerwArch 74 (1983), 263 (272 f.). Ebenso Stober, Rechtsfragen bei Mitgliederklagen, S. 29 ff. Dagegen zu Recht Pietzcker, NJW 1987, 305 (306). Insofern a.A. auch Redeker, DVBl. 1980, 569 (570).

187 Zu den Rechtsfragen von Popularklagen und ihrer Abwehr durch § 42 II VwGO vgl. Maurer, Verwaltungsrecht, § 8 Nr. 5.

188 In BVerwGE 34, 69 (74) werden RGZ 122, 266; 151, 229; BGHZ 21, 370; 29, 352 genannt.

189 Diesen Vorwurf erheben Laubinger, VerwArch 74 (1983), 263 (273) und Stober, Rechtsfragen bei Mitgliederklagen, S. 50.

tungsgericht angeführten Gerichtsurteile tragen die von dem Gericht gezogene Schlußfolgerung nämlich nicht, sondern beschäftigen sich hauptsächlich mit mitgliedschaftlichen Klagen gegen Vereinsstrafen.[190]

Stober glaubt, damit sei die vereinsrechtliche Mitgliederklage widerlegt.[191] Dieser Schluß ist aber unzulässig, denn es ist nicht möglich, aus einer unzutreffenden Begründung zu schließen, die zu begründende Rechtsauffassung sei falsch; vielmehr kann sich diese aus anderen Gründen als richtig herausstellen. Dies sieht auch Laubinger, der zwar meint, ein Anspruch des Mitglieds eines Vereins auf Einhaltung der dem Verein durch Gesetz und Satzung gezogenen Grenzen sei nicht anerkannt.[192] Er selbst unternimmt aber den Versuch einer zivilrechtlichen Ableitung über § 33 I 2 BGB,[193] läßt aber schließlich das Ergebnis offen, weil sich solche Erwägungen nicht auf das öffentliche Recht übertragen ließen. Laubinger argumentiert damit, der Zweck der Zwangskörperschaft werde vom Gesetzgeber festgelegt und nicht von den Mitgliedern der Körperschaft.[194] Deshalb könnten diese auch keinen Anspruch darauf haben, daß der Vereinszweck (Gedanke der faktischen Satzungsänderung) nur mit ihrer Zustimmung geändert wird. Ohne auf die Ableitung aus § 33 I 2 BGB an dieser Stelle näher einzugehen,[195] ist an der Argumentation Laubingers zu kritisieren, daß er nicht darauf eingeht, daß auch das Mitglied eines Vereins des Zivilrechts den Zweck des Vereins höchstens als Gründungsmitglied autonom festlegt, davon aber kaum noch gesprochen werden kann, wenn (vor allem in Großvereinen) ein Mitglied dem Verein beitritt. Insbesondere ist nicht dargelegt, weshalb keine Verletzung der Mitgliedschaft vorliegen soll, wenn der dem Verband gezogene Kompetenzrahmen von diesem überschritten wird. Wenn Laubinger darauf verweist, der Vereinsvorstand sei nur der Mitgliederversammlung, nicht aber den einzelnen Vereinsmitgliedern gegenüber auskunfts-

---

[190] In RGZ 122, 266 hatte in Adelskreisen ein Familienverein einen ehrenrührigen Beschluß gefaßt, wonach er den Kläger ausgeschlossen hätte, wenn dieser nicht schon vorher ausgetreten wäre. Der Kläger klagte also gar nicht als Mitglied. In RGZ 151, 229 und ebenso in BGHZ 21, 370 geht es um die Durchsetzung einer Vereinsstrafe, so daß es sich nur indirekt um eine Kontrolle der Rechtmäßigkeit des Verbandshandelns handelt. BGHZ 29, 352 hatte die Wirksamkeit einer Vereinsstrafe zum Gegenstand und kann deshalb auch nicht als Beispiel einer mitgliedschaftlichen Kontrollklage behandelt werden, wie sie für das Bundesverwaltungsgericht für den zu entscheidenden Fall von Bedeutung gewesen wäre.

[191] „Im Ergebnis ist eine Analogie zum privaten Vereinsrecht *daher* nicht geeignet, Anhaltspunkte für die Zulässigkeit von Mitgliederklage im Rahmen der Handwerksorganisation zu liefern", Stober, Rechtsfragen bei Mitgliederklagen, S. 51 (Hervorhebung von mir).

[192] Laubinger, VerwArch 74 (1983), 263 (274). Auch dies läßt sich aber nicht sagen: das Problem ist zwar selten behandelt, aber in diesen seltenen Fällen wird eher der Anspruch gegeben; vgl. nur K. Schmidt, AcP 182 (1982), 1 (52) und Lutter, AcP 180 (1980), 84 (138 ff.).

[193] Laubinger, VerwArch 74 (1983), 263 (274 f.).

[194] Laubinger, VerwArch 74 (1983), 263 (274 f.).

[195] Vgl. aber schon den ähnlichen Ansatz von K. Schmidt, AcP 1982, 1 (52).

und rechenschaftspflichtig,[196] womit Laubinger wohl das vereinsrechtliche mitgliedschaftliche Kontrollrecht entgegen seinem zuerst genannten Ansatz aus § 33 I 2 BGB ablehnen will, so handelt es sich um eine petitio principii. Denn es geht gerade darum, die Existenz eines solchen mitgliedschaftlichen Kontrollrechts zu prüfen.

Hinsichtlich der *Existenz* des mitgliedschaftlichen Kontrollrechts läßt sich für die Problematik der öffentlich-rechtlichen Zwangskörperschaften feststellen, daß nach festgefügter Rechtsprechung, die von der ganz h. M. in der Literatur gebilligt wird,[197] dem Mitglied einer Zwangskörperschaft ein Recht zusteht, im Wege der Klage gegen schlichtes Verbandshandeln vorzugehen, das die Grenzen überschreitet, die dem Verband durch seine Kompetenzen gezogen sind. Dabei bestimmen sich die Kompetenzgrenzen danach, was der Gesetzgeber in verfassungsmäßiger Weise als Aufgabenbereich des Verbandes festlegen dürfte, ohne die Grundrechte der Verbandsmitglieder zu verletzen. Es handelt sich also um eine materielle Grenzziehung, bei der unter verfassungsrechtlichen Gesichtspunkten geprüft wird, wie die Rechtsstellung des einzelnen durch das schlichte Handeln der Verbandsführung betroffen ist. Dieser Maßstab ähnelt trotz aller Unterschiede, die unter den anderen Prüfungsmaßstäben des öffentlichen Rechts naturgemäß vorhanden sind, denjenigen Maßstäben, die sowohl im Recht der Aktiengesellschaft also auch im Recht der GmbH gelten.

4. Einzelne Problemfälle für die Abgrenzung

In welchen Fällen ist nun konkret die Abwehrklage gegeben? Zwei Entscheidungen verdienen eine nähere Erörterung.

Der BGH hat in letzter Zeit in Parallele zu der Rechtsprechung des Bundesverwaltungsgerichts entschieden,[198] daß ein Beschluß der Rechtsanwaltskammer nichtig sei, die Bundesrechtsanwaltskammer aufzufordern, sich öffentlich gegen die Errichtung einer Kriegsgerichtsbarkeit auszusprechen.[199] Die Antragsteller hatten die Nichtigerklärung der entsprechenden Beschlüsse beantragt. Die Abgrenzung zwischen durch eine (rechtmäßige) Satzung gedeckten und nicht mehr gedeckten Äußerungen des Verbandes trifft der BGH im Fall der Rechtsanwaltskammer danach, ob eine „gruppenspezifische Zielsetzung der Anwälte“ durch den Beschluß verfolgt werden solle und ob eine „auf der Gleichgestimmtheit der Interessen beruhende

---

[196] Laubinger, VerwArch 74 (1983), 263 (276).

[197] Vgl. nur Redeker, DVBl. 1980, 569 (570); Bachof, DÖV 1980 607 (608). Zuletzt Pietzcker, NJW 1987, 305 (306). Im Ergebnis der Ableitung aus Art. 2 I GG zustimmend wohl auch Laubinger, VerwArch 74 (1983), 263 (278).

[198] BGH NJW 1986, 992.

[199] BGH NJW 1986, 992 (993 f.).

Willensübereinstimmung"[200] zu vermuten sei. Dabei geht der BGH davon aus, daß nur solche Ziele legitimerweise als Zweck der Zwangskörperschaft festgelegt werden könnten, die gruppenspezifischen Zielen dienen.[201]

Bei den Gewerkschaften stellt sich in besonderer Weise die Frage, ob ein Verbandsmitglied gegen schlichtes Verbandshandeln vorgehen kann, also auch dann, wenn dem Handeln des Verbandes kein förmlicher und damit selbständig durch Klage angreifbarer Beschluß zugrundeliegt. Bei öffentlich-rechtlichen Zwangszusammenschlüssen taucht diese Frage in gleicher Weise auf. In dem vom BGH entschiedenen Fall gingen die Mitglieder der Rechtsanwaltskammer mit den Rechtsmitteln der BRAO gegen „Beschlüsse" der Rechtsanwaltskammer vor, in denen sich diese nach Meinung der Antragssteller ein allgemein-politisches Mandat dadurch angemaßt hatte, daß sie sich u. a. „gegen den geheimen Aufbau einer Kriegsgerichtsbarkeit durch die Bundesregierung" gewandt hatte. Der BGH prüfte im Rahmen der Zulässigkeit der sofortigen Beschwerde, ob die gerügten „Beschlüsse" der Rechtsanwaltskammer als Beschlüsse i.S.d. §§ 90, 91 BRAO anzusehen seien. Der BGH vertritt nämlich in ständiger Rechtsprechung die Auffassung, daß nicht jede Meinungsäußerung eines Kammerorgans, die formell im Wege der Beschlußfassung zustande kommt, zugleich einen Beschluß i. S. dieser Vorschriften darstellt.[202] Die Antragsteller brachten vor, durch eine zu enge Auslegung des Beschlußbegriffs der §§ 90, 91 BRAO, von der die Zulässigkeit der weiteren Beschwerde zum BGH abhängig ist, würden ihre Rechtsschutzmöglichkeiten zu stark eingeschränkt. Der BGH hielt zwar im wesentlichen an seiner Rechtsprechung fest,[203] ging auf diese Argumentation aber ein, indem er ausführte, es sei zum einen eine Rechtsschutzmöglichkeit in Form der Anfechtbarkeit vor dem Ehrengerichtshof nach § 223 BRAO gegeben. Außerdem richtet der BGH, wenn er für die Annahme eines förmlichen Beschlusses „eine allgemeine Wirkung gegenüber den Mitgliedern der betreffenden Anwaltskammer"[204] verlangt, und diese bereits in einer Aufforderung an die Bundesrechtsanwaltskammer bezüglich allgemeinpolitischer Themen sieht, keine unüberwindlichen Rechtsschutzhürden auf. Für die Frage der Rechtskontrolle schlichten Verbandshandelns ergibt sich danach, daß auch die spezialgesetzlich geregelten

---

200 BGH NJW 1986, 992 (994).

201 BGH NJW 1986, 992 (994).

202 BGHZ 37, 396 (401 f.); BGH NJW 1977, 1178 f. Dies hat keine Bedeutung für die Möglichkeit, den Beschluß auf Antrag durch den Ehrengerichtshof für nichtig erklären zu lassen, aber für die Zulässigkeit der sofortigen Beschwerde, BGH NJW 1986, 902 (903); vgl. zu dem Rechtsschutz des einzelnen Anwalts nach § 90 BRAO Habscheid, FGG, § 8 Nr. 4.

203 Vgl. aber die unter Betonung der gebotenen verfassungskonformen Interpretation erfolgende Distanzierung von der bisherigen Rechtsprechung des Senats hinsichtlich der Ziehung der materiellen Kompetenzgrenzen, NJW 1986, 992 (994).

204 BGH NJW 1986, 992 (993). Vgl. dazu, dem BGH zustimmend, Jessnitzer, BRAO, § 90 Rn. 1.

Rechtsschutzmöglichkeiten der Bundesrechtsanwaltsordnung i.V.m. der bisherigen Rechtssprechung des BGH, die zur Eröffnung bestimmter Rechtsschutzmöglichkeiten förmliche Beschlüsse verlangt, nicht als Beleg gegen eine Mitgliedschaftsklage gegen schlichtes Verbandshandeln gewertet werden dürfen.

Besonderes Interesse für die Reichweite der Abwehrklage des Mitglieds einer Zwangskörperschaft verdient eine Entscheidung des Bundesverwaltungsgerichts zur Zulässigkeit der Veröffentlichung von Beiträgen allgemeinpolitischen Inhalts in der Verbandszeitschrift einer Ärztekammer.[205] Betrachtungen über die Zukunftsaussichten der Bundesrepublik Deutschland oder zur Bedrohung des marktwirtschaftlichen Kurses in der Bundesrepublik[206] dürfe, so meinte das klagende Mitglied, der Zwangsverband ebensowenig veröffentlichen wie Berichterstattungen über Reisen, Auto und ähnliches.[207] Die Klage hatte teilweise Erfolg.

Ausgangspunkt war die Feststellung, daß es nicht zum Aufgabenbereich des Verbandes gehöre, zu Fragen der Sozial- und Gesellschaftspolitik Stellung zu nehmen. Ein unterhaltsamer Teil, der die (grundsätzlich zulässige) Zeitschrift gleichsam anreichere, sei zulässig.[208] Interessant ist, daß auch solche allgemeinpolitischen Beiträge für unzulässig angesehen wurden, die „ersichtlich die persönliche Meinung des Autors" wiedergeben, weil das Mitglied verlangen könne, daß die Behandlung solcher Themen schlechthin unterbleibe.

In diesem Fall handelt es sich in geradezu paradigmatischer Weise um schlichtes Verbandshandeln. Ein angreifbarer „Beschluß" lag nicht vor. Es läßt sich auch nicht sagen, daß das Verbandshandeln in besonders massiver Weise in die mitgliedschaftliche Stellung des Kammermitglieds eingegriffen hätte, so daß aus diesem Gesichtspunkt die Klagemöglichkeit eröffnet sein müßte. Vielmehr zeigt sich an dem Fall sehr deutlich, das in den öffentlichrechtlichen Zwangsverbänden *jedem Mitglied die Unterlassungsklage gegen jedes Handeln des Verbandes zusteht, daß die dem Verband innerverbandlich gesetzen Kompetenzgrenzen überschreitet.* In diesem Sinne läßt sich auch eine neuere Entscheidung des Bundesverwaltungsgerichts verstehen.[209] Das Gericht gab der Klage eines Steuerberaters statt, mit der dieser von der Steuerberaterkammer verlangte, diese solle aus einem Verband

---

[205] BVerwG NJW 1982, 1300 (im einzelnen ging es um ein von der Ärztekammer in Zusammenarbeit mit einer kassenärztlichen Vereinigung herausgegebenes „Ärzteblatt" und um zwei von der Kassenärztlichen Bundesvereinigung (in der die Beklagte Mitglied ist) herausgegebene Periodika.

[206] Ein weiterer Beitrag erschien beispielsweise unter dem Titel „Die nächste Steuererhöhung kommt bestimmt", vgl. BVerwG NJW 1982, 1300 (1301).

[207] Vgl. BVerwG NJW 1982, 1300.

[208] BVerwG NJW 1982, 1300 f.

[209] BVerwG NJW 1987, 337 (338).

freier Berufe austreten. Offengelassen wurde allerdings, ob ein Abwehrrecht des Mitglieds gegen „jede Aufgabenüberschreitung" der Körperschaft gegeben sei.[210]

Öffentlich-rechtliche Zwangskörperschaften und Gewerkschaften sind in vielerlei Hinsicht vergleichbar: genannt wurden der aus Art. 9 III GG resultierende „öffentliche" Status der Gewerkschaften, die Ähnlichkeit der Verbandsstrukturen und der weitgehende Wegfall üblicher verbandsrechtlicher Kontrollmechanismen. Zwar müssen die Zwangskörperschaften des öffentlichen Rechts wegen der Grundrechtsrelevanz, die ihre durch den Gesetzgeber oktroyierte Errichtung für das einzelne Verbandsmitglied besitzt, eine im Vergleich zu den prinzipiell frei gebildeten Gewerkschaften vom Ansatz her unterschiedliche rechtliche Erfassung erhalten. Es ist aber klare Rechtslage: im öffentlichen Recht wird eine mitgliedschaftliche Klage[211] für Zwangskörperschaften eindeutig gewährt. Dies ist wegen der vielfachen Ähnlichkeit mit den Gewerkschaften bemerkenswert. Besonders wichtig ist die Erkenntnis, daß die öffentlich-rechtliche Rechtsprechung und ganz überwiegend auch die Literatur[212] sich nicht von der Überlegung abhalten lassen, dem Mitglied könnte die Klagebefugnis (vgl. § 42 II VwGO) fehlen. Ein solcher Einwand läge im Verwaltungsrecht näher als im Zivilrecht. Um so mehr ist die Rechtsprechung im öffentlichen Recht für die Gewerkschaften von Bedeutung.

§ 13 Die innergewerkschaftliche Wesentlichkeitstheorie

I. Die Rechtsprechung zum Verbandsrecht der Gewerkschaften

Die Rechtsprechung zum gewerkschaftlichen Verbandsrecht hat sich – soweit ersichtlich – noch nicht mit der allgemeinen mitgliedschaftlichen Klage gegen schlichtes Verbandshandeln auseinandergesetzt. Die Notwendigkeit einer Beschäftigung mit dem gewerkschaftlichen Verbandsrecht zeigt sich aber schon daran, daß aus den Gerichtsentscheidungen, die zum gewerkschaftlichen Verbandsrecht ergangen sind, zu ersehen ist, daß die materielle innergewerkschaftliche Rechtslage vom Vereinsrecht des BGB in wesentlichen Punkten abweicht. Diese materielle Sonderlage kann innerverbandlich nur durch eine mitgliedschaftliche Klage aktualisiert und realisiert werden.

---

210 BVerwG NJW 1987, 337 (338).

211 Mitgliedschaftliche Klage bedeutet insofern in diesem Zusammenhang eher die „Klage eines Mitglieds" als „Klage als Mitglied"; die dogmatische Begründung aus der Mitgliedschaft wird von der Rechtsprechung offengelassen, vgl. oben § 12 V 2.

212 A. A. aber Chr. Fröhler: „Es handelt sich insoweit um eine mitgliedschaftliche Popularklage, die ebensowenig zulässig ist wie die staatsbürgerliche Popularklage", GewArch 1982, 77 (78).

Es gibt keine Rechtsprechung, die sich ausdrücklich mit dem hier in erster Linie interessierenden Problem mitgliedschaftlicher Rechtskontrolle schlichten Verbandshandelns beschäftigt. Deshalb ist die sonstige Rechtsprechung zu den Gewerkschaften zu untersuchen. Dabei interessiert, ob und mit welchen Ergebnissen im einzelnen mitgliedschaftliche Klagen in den Gewerkschaften entschieden worden sind.[1]

1. Die Entscheidung im Fall Hauptversammlung IG Bau-Steine-Erden

Die Betrachtung der Rechtsprechung zum gewerkschaftlichen Verbandsrecht soll mit einem Urteil beginnen, das von Reuter als spektakulärster Fall bezeichnet wird, der seit langem zu dem Problembereich der Satzungsförmigkeit verfassungsrechtlicher Entscheidungen eines Vereins entschieden worden sei[2] und der vor allem von speziellem Interesse für die mitgliedschaftliche Kontrollbefugnis in den Gewerkschaften ist.

Das OLG Frankfurt a. M. urteilte am 19.12.1984 letztinstanzlich[3] über eine Klage eines Delegierten des Gewerkschaftstages gegen seine Gewerkschaft, die IG Bau-Steine-Erden.[4] Die Professoren Reuter und Säcker erstatteten für die Gewerkschaft Gutachten, die in überarbeiteter Form veröffentlicht wurden.[5] Außer diesen Gutachten gibt es kaum Literatur zum Verbandsrecht der Gewerkschaften.

Der Sache nach handelte es sich um die Klage eines „Außenseiters" innerhalb der Gewerkschaft, der sich mit der rechtswidrigen Behandlung nicht abfinden wollte, die ihm und den von ihm gestellten Anträgen auf dem alle drei Jahre stattfindenden Gewerkschaftstag[6] widerfahren war. Er klagte auf Feststellung der Nichtigkeit der auf dem Gewerkschaftstag durchgeführten Wahlen zum Bundesvorstand der Gewerkschaft und der beschlossenen Satzungsänderungen. Die Klage war in bezug auf die Wahlen nur insoweit nicht erfolgreich, als es um die Geltendmachung der Wahl des Bundesvorsitzenden und seines Stellvertreters ging; hinsichtlich der Satzungsänderungen wurde ihr in vollem Umfang stattgegeben. Im einzelnen ging es darum, daß von dem Gewerkschaftstag 1982 satzungsändernde Beschlüsse getroffen wurden, ohne daß die Anträge vorher (durch Bekanntmachung der Tagesordnung) angekündigt worden waren. Ein Erweiterungsantrag zu der Satzungsänderung war gar nicht behandelt worden. Außerdem wandte sich

---

1 Unten § 13 VIII, IX.

2 Reuter, ZHR 148 (1984), 523 f.

3 Der BGH nahm die Revision nicht an, vgl. den Redaktionsvermerk WM 1985, 1466.

4 OLG Frankfurt a. M., WM 1985, 1466.

5 Reuter, Die Verfassung des Vereins gem. § 25 BGB, ZHR 148 (1984), 523 ff.; Säcker, Repräsentation von Großvereinen, 1985.

6 Satzung § 31 Nr. 1 IG Bau-Steine-Erden.

der Kläger dagegen, daß er als von Delegierten des Gewerkschaftstages vorgeschlagener Kandidat für den Bundesvorstand nur dadurch gewählt werden konnte, daß die Delegierten auf den Stimmzetteln den vorgedruckten Namen der vom Gewerkschaftsbeirat vorgeschlagenen Kandidaten den Namen des Außenseiterkandidaten außerhalb der alphabetischen Reihenfolge handschriftlich hinzufügten.

2. Bedeutung des Urteils für das Thema mitgliedschaftlicher Kontrollbefugnis

Das Urteil, das im folgenden näher besprochen wird, kann zum einen der Illustration der These dienen, daß eine innergewerkschaftliche Rechtskontrolle dringend erforderlich ist und daß bei den Gewerkschaften wegen des Leerlaufens der Sanktion des Austritts des Mitglieds[7] „kompensierender rechtlicher Schutz eingreifen" muß.[8]

Der Bundesvorsitzende hatte z. B. gegenüber dem Gewerkschaftstag in bezug auf die rechtswidrige diskrimierende Praxis der vorgedruckten Stimmzettel[9] erklärt, es sei seit Jahren nicht anders verfahren worden,[10] obwohl ihm die Unrichtigkeit dieser Behauptung bewußt sein mußte.[11] Im übrigen beweist schon der Teilerfolg, den der Kläger erzielen konnte, daß „etwas im argen lag". Wenn es wahr ist, daß der Kläger „in seinem Rechte zugleich das Gesetz und im Gesetz zugleich die unerläßliche Ordnung des Gemeinwesens verteidigt",[12] so erweist sich die Notwendigkeit innergewerkschaftlicher Rechtskontrolle durch Eröffnung von Klagemöglichkeiten des einzelnen Mitglieds gerade angesichts der besonderen Bedeutung der Gewerkschaften für das gute Funktionieren des Staates. Hätte das klagende Gewerkschaftsmitglied nicht die Möglichkeit gehabt und wahrgenommen, die rechtswidrigen Satzungsänderungen gerichtlich anzugreifen, so hätte die Gewerkschaft mit einer materiell rechtswidrigen Satzung gelebt. Es läßt sich denken, daß eines Tages ein böswilliger Gewerkschaftsvorstand durch rechtswidrige Manipulationen dem Verband eine Satzung geradezu „oktroyieren" könnte. Es bedarf keiner näheren Darlegung, welche Gefahren damit angesichts der weitgehenden Machtbefugnisse der Gewerkschaften, besonders durch den Arbeitskampf, auch für das Gemeinwesen verbunden sein können.

---

[7] Vgl. dazu unter dem Aspekt der wirtschaftlichen Betätigung oben § 5 und unter dem Gesichtspunkt des Schutzes des Grundrechts aus Art. 9 III GG oben § 8 (IV).

[8] Reuter, ZHR 148 (1984), 523 (530).

[9] Zu diesem Aspekt OLG Frankfurt, WM 1985, 1467 (1474).

[10] „Verdammt noch einmal, wir führen doch gar kein neues System hier ein", vgl. OLG Frankfurt, WM 1985, 1467 (1474).

[11] OLG Frankfurt, WM 1985, 1467 (1474).

[12] v. Jhering, Kampf ums Recht, S. 28.

Die eigentliche Bedeutung des Urteils liegt jedoch in der umfassenden und wissenschaftlich gut vorbereiteten Aufarbeitung der Frage, welche Anforderungen an die Satzungsförmigkeit von wesentlichen Grundfragen der Gewerkschaften zu stellen sind. Damit ist ein Problem angesprochen, das für diese Arbeit von besonderer Bedeutung ist. Es zeichnet sich nach dem oben gegebenen Überblick über die mitgliedschaftliche Klage ein Bild ab, wonach dem Mitglied regelmäßig bei für den Verband besonders schwerwiegenden Entscheidungen – wie etwa der Ausgliederung einer wichtigen Betriebsabteilung im Holzmüller-Urteil – oder schwerwiegenden Verletzungen der mitgliedschaftlichen Position des einzelnen – wie im ITT-Fall – die Klage gegen den Verband offenstehen soll. Wenn aber eine solche materielle Abgrenzung der Klagemöglichkeit auch bei den Gewerkschaften gelten sollte (was an dieser Stelle noch dahingestellt sei), so ist eine Gerichtsentscheidung von besonderem Interesse, die sich hauptsächlich mit der Abgrenzung beschäftigt, welche Sachfragen die Gewerkschaft in ihrer Satzung hätte regeln müssen. Die gebotene Satzungsförmigkeit kann sich nicht nach wesentlich anderen Kriterien richten als die Abgrenzung zwischen z. B. Fragen der Geschäftsführung, die vom Mitglied gerichtlich nicht angegriffen werden können, und Entscheidungen des Verbandes in bedeutenden Sachfragen, für die eine besondere innerverbandliche Legitimation erforderlich ist und bei denen das einzelne Mitglied die Möglichkeit haben muß, gegen eine Rechtswidrigkeit vorzugehen. Eben diese Fragen behandelt aber das Urteil im Fall der Hauptversammlung der IG Bau-Steine-Erden. Reuter nennt denn auch als Beispiel für mögliche Konsequenzen aus der Entscheidung ein Problemfeld, das in der Einleitung dieser Arbeit als Beispielsfall genannt wurde, nämlich die von der Gewerkschaft[13] getroffenen Unvereinbarkeitsbeschlüsse: gegen diese ergäben sich nach h. M. – sofern diese Beschlüsse nicht satzungsförmig abgesichert seien – "nachhaltige Bedenken".[14]

3. Wichtige Aspekte der Entscheidung im einzelnen

Es sollen einige Kernaussagen der Entscheidung zusammen mit den begleitenden Literaturstimmen dargestellt und auf ihre allgemeine Bedeutung untersucht werden.

Das OLG Frankfurt mußte in dem Fall der Hauptversammlung der IG Bau-Steine-Erden als wesentliche Vorfrage prüfen, ob der Gewerkschaftstag überhaupt ordnungsgemäß zusammengesetzt und zustandegekommen

---

[13] Offen gelassen sei, ob bloß von der Gewerkschaftsführung oder von der Mitgliedervertretung.

[14] Reuter, ZHR 148 (1984), 523 (524); Reuter selbst teilt diese Bedenken für die Gewerkschaften im Ergebnis allerdings nicht, vgl. S. 528, worauf unten noch genauer einzugehen ist.

war. Insoweit war nämlich die einschlägige Satzungsbestimmung wenig aufschlußreich. Insbesondere ließ sich aus ihr nicht entnehmen, wer die Delegierten wählen, welcher Delegiertenschlüssel gelten und wie das Verhältnis gekorener zu geborenen Delegierten sein sollte.[15]

Deshalb war fraglich, ob die Zusammensetzung und Wahl des Gewerkschaftstages in der Satzung offengelassen werden durfte. Das Gericht sah als zugrundezulegende Rechtsnorm § 25 BGB an, der auf die Gewerkschaft, die ein nichtrechtsfähiger Verein sei, entsprechende Anwendung finde.[16] § 25 BGB lautet:

> „Die Verfassung eines rechtsfähigen Vereins wird, soweit sie nicht auf den nachfolgenden Vorschriften beruht, durch die Vereinssatzung bestimmt."

§ 25 ist nach § 40 BGB zwingend; die „Verfassung" eines Vereins ist danach in seiner Satzung festzulegen. Zur Verfassung des Vereins gehören nach Ansicht des BGH die „das Vereinsleben bestimmenden Grundentscheidungen".[17] Sind also Grundentscheidungen in der Verfassung festzulegen, so bietet sich an, die Parallele zu der Abgrenzung, die der BGH im Holzmüller-Fall gefunden hat – von H. Westermann als „Grundsatzzuständigkeit"[18] bezeichnet – auch auf die Gewerkschaften zu übertragen. Als Abgrenzungskriterium der Grundsatzzuständigkeit der Verbandsmitglieder, deren Mißachtung durch eine Klage des Mitglieds verhindert werden könnte, könnte die Auslegung des vereinsrechtlichen Verfassungsgebots des § 25 BGB dienen. Man könnte daran denken, daß ein Gewerkschaftsmitglied nur eine Verletzung der wesentlichen Grundentscheidungen auch klageweise verhindern kann, die das Vereinsleben bestimmen und deshalb nach § 25 BGB satzungsförmig niedergelegt werden müssen.

Die Option einer solchen Abgrenzung soll an dieser Stelle mit dem Begriff *innergewerkschaftliche Wesentlichkeitstheorie* gekennzeichnet werden. Auf die Abgrenzung nach einem verbandsrechtlichen Wesentlichkeitskriterium deutet auch der Hinweis K. Schmidts hin, wonach jedes Mitglied gegen solche Maßnahmen des Vereinsvorstandes vorgehen könne, die zu ihrer kompetentiellen Legitimation eine Satzungsänderung erforderlich gehabt hätten (arg. § 33 I 2 BGB).[19] Es ließe sich dann sagen, nicht nur Verbandsmaßnahmen bezüglich solcher Punkte, die in der Satzung explizit (anders

---

[15] In § 31 der (inzwischen geänderten) Satzung der IG Bau-Steine-Erden setzte sich der Gewerkschaftstag zusammen aus a) den gewählten Delegierten, b) den Mitgliedern des Bundesvorstands, c) den Mitgliedern des Gewerkschaftsbeirats, vgl. OLG Frankfurt, WM 1985, 1466 (1467).

[16] So auch Staudinger/Coing, § 25 Rn. 25; MünchKomm/ Reuter, § 25 Rn. 2, der darauf hinweist, daß beim nichtrechtsfähigen Verein Verfassungsgewohnheitsrecht möglich sei; ders. ZHR 148 (1984), 523 (548 f.).

[17] BGHZ 47, 172 (177); MünchKomm/Reuter, § 25 Rn. 3.

[18] So der Ausdruck von H. Westermann, Freundesgabe E. Boettcher, S. 203 ff.

[19] K. Schmidt, AcP 182 (1982), 1 (52).

als in der Praxis der Verbandsführung) geregelt sind, sondern auch solche, die in der Satzung zu ihrer Legitimierung hätten geregelt werden müssen, zögen die Möglichkeiten einer mitgliedschaftlichen Unterlassungsklage nach sich.[20]

II. § 25 BGB als Grundlage einer innergewerkschaftlichen Wesentlichkeitstheorie?

Die Anwendung des § 25 BGB auf die Gewerkschaften, wie sie das OLG Frankfurt im Fall des Gewerkschaftstages der IG Bau-Steine-Erden vornahm, führt zu Ergebnissen, die für die Abgrenzung der Kompetenzen der Gewerkschaftsführung interessant sind. Das Gericht zählt die Repräsentation der Mitglieder und die Frage, wer die Delegierten zu wählen hat, zu den Grundentscheidungen i.S.d. § 25 BGB. Allerdings hält es eine Auslegung der Satzung im Sinne einer ständigen Übung auch bei Fragen für möglich, bei denen die Satzung keine Regelungen enthält. Dies ergebe sich daraus, daß aufgrund ständiger Übung eine bestimmte „Auslegung" der Satzung geboten sei. Als Ersatzbegründung nennt das Gericht noch, daß durch Observanz die Schaffung verbandsrechtlichen Gewohnheitsrechts möglich sei,[21] wobei es sich außer auf Entscheidungen des BGH[22] auch auf die Gutachten stützen konnte.[23] Diesen Ausführungen ist zu folgen; denn wenn im staatlichen Bereich das Gewohnheitsrecht als Rechtsquelle anerkannt ist,[24] so muß dies erst recht im privaten Verbandsrecht möglich sein.[25] Auf einen Gesichtspunkt, der für das hier behandelte Thema von Bedeutung ist, weist das OLG Frankfurt allerdings noch besonders hin: wie verhält es sich mit einer über lange Zeit durchgeführten rechtlich bedenklichen Praxis? Insofern vertritt das Gericht zutreffend die Auffassung, daß die durch lange Übung entstandene Regelung nicht von einer Rechtmäßigkeitsprüfung ausgenommen sein könne. „Da eine ausdrückliche Satzungsbestimmung entsprechend der praktizierten ständigen Übung wirksam wäre, kann ihr Satzungsqualität zugesprochen werden".[26] Auch diesem Rechtmäßigkeitskriterium ist zuzustimmen.

---

[20] Der zweite Entwurf des BGB hielt eine Unterscheidung zwischen wesentlichen und unwesentlichen Satzungsvorschriften für möglich, Protokolle der Kommission für die zweite Lesung, I, AT, S. 528f; zitiert bei Beuthien, BB 1987, 6 (7).

[21] OLG Frankfurt, WM 1985, 1466, (1468).

[22] BGHZ 16, 143 (150 f.); 23, 122 (129); 25, 311 (316).

[23] Vgl. Säcker, Repräsentation von Großvereinen, S. 37.

[24] Hesse, Verfassungsrecht, § 10 II Rn. 309, § 14 I 1 Rn. 507.

[25] Soergel/Schultze-v. Lasaulx, § 25 Rn. 8; Reuter ZHR 148 (1984), 523 (551).

[26] OLG Frankfurt, WM 1985, 1466 (1468).

III. Arbeitshypothese der rechtlichen Erfassung gewerkschaftlichen Handelns nach dem Maßstab des § 25 BGB

Nach dem Urteil des OLG Frankfurt im Fall Hauptversammlung IG Bau-Steine-Erden scheint sich für die in den Beispielsfällen angesprochenen Fragen, etwa hinsichlich der Rechtmäßigkeit von Unvereinbarkeitsbeschlüssen, folgende Stufenform der Prüfung anzubieten:

Als erstes wäre zu fragen, ob das Verbandshandeln (auch Vorstandsbeschlüsse sind in diesem Sinne in Abgrenzung zu förmlichen Beschlüssen des obersten Verbandsorgans bloßes Verbandshandeln) einer satzungsförmigen Absicherung im Sinne einer innergewerkschaftlichen Wesentlichkeitstheorie und in Parallele zu § 25 BGB (Kriterium der Grundlagenentscheidung) bedarf oder ob es durch die generelle Aufgabenzuweisung an die Verbandsführung gedeckt ist. Dabei ist zu bedenken, daß nach allgemeinem Verbandsrecht auch eine ständige Übung als satzungsförmige Absicherung in diesem Sinne ausreichen kann.

Wenn die generelle Kompetenzzuweisung an die Verbandsführung das von dieser verantwortete und der Gewerkschaft als solcher zuzurechnende Handeln in abstracto deckt, würde danach eine Sanktionsmöglichkeit des Verbandsmitgliedes ausscheiden. Falls eine besondere Grundlagenlegitimation i.S.d. innergewerkschaftlichen Wesentlichkeitstheorie erforderlich ist, käme es für die Rechtmäßigkeit des Verbandshandelns dem einzelnen gegenüber auf das Vorhandensein einer solchen innergewerkschaftlichen Legitimationsnorm an. Ist eine solche nicht vorhanden, so wäre das Verbandshandeln innerverbandlich rechtswidrig. Ist dagegen eine solche Norm vorhanden, muß auch diese noch auf ihre materielle Wirksamkeit überprüft werden.

Fraglich ist, ob ein solch duales Legitimationsmodell mit der Alternative von satzungsförmiger Kompetenzzuweisung an die Gewerkschaftsspitze und (innerverbandlicher) Rechtswidrigkeit des Verbandshandelns dem Gewerkschaftsleben gerecht werden kann. Allerdings entspräche eine solche Lösung der Rechtslage in den öffentlich-rechtlichen Zwangskörperschaften, wo auf die satzungsmäßige kompetentielle Abdeckung des Verbandshandelns abgestellt wird. Dem steht aber das Bedenken gegenüber, daß sich in den Gewerkschaftssatzungen gar keine besonders präzise Angabe der von dem Verband verfolgten Ziele findet. Insofern bestehen Bedenken, das Erfordernis einer satzungsförmigen Kompetenzgrundlage zu überspannen. Das ist im folgenden zu untersuchen. Als Ergänzung zu dem sehr formalen Kriterium der Satzungsförmigkeit könnte eine sonstige innerverbandliche Legitimation treten, z. B. durch nicht-satzungsförmige Beschlüsse des Repräsentativorgans der Mitglieder, z. B. des Gewerkschaftstages.

Die solcherart skizzierte Kontrolle des schlichten Verbandshandelns auf innergewerkschaftliche Rechtmäßigkeit muß – gerade im Hinblick auf die klageweise Geltendmachung durch ein einzelnes Gewerkschaftsmitglied – noch genauer untersucht werden. Deshalb soll das genannte Prüfungsschema als Anhaltspunkt dienen, inwieweit Rechtsprechung und Literatur Existenz und Reichweite des Klagerechts bestätigen können.

IV. Erfordernis einer Grundlagenlegitimation

Der oben anläßlich einer Betrachtung des Urteils des OLG Frankfurt zum Gewerkschaftstag der IG Bau-Steine-Erden unter dem Arbeitstitel „innergewerkschaftliche Wesentlichkeitstheorie" in Parallele zu § 25 BGB vorgestellte Denkansatz kann sich auf die ständige Rechtsprechung des BGH stützen und wird im Grundsatz von der Literatur[27] gebilligt.

1. Rechtsprechung zum Erfordernis der Grundlagenlegitimation

Der BGH verlangt beispielsweise, daß die Satzung eines Vereins Regelungen darüber enthält, wenn ein Ausschließungsbeschluß im Mitteilungsblatt des Vereines veröffentlicht werden soll und wenn das ausgeschlossene Vereinsmitglied die Kosten des Ausschließungsverfahrens tragen soll.[28] Aufgrund der beträchtlichen Auswirkungen, die solche Regelungen wegen der „nicht leicht zu übersehenden persönlichen und wirtschaftlichen Folgen" für das Vereinsmitglied hätten, gehörten diese zu den Grundentscheidungen, die nur das zu Satzungsänderungen befugte Organ treffen könne und die wie die Strafe selbst in die Satzung aufzunehmen seien.[29]

Bei einem Pferdezüchterverband hielt der BGH das Tierzuchtprogramm, die Zuchtziele und die Voraussetzungen für die Eintragung von Pferden im Zuchtbuch für Grundentscheidungen, die in der Satzung festzulegen seien; in der Nichtaufnahme eines Hengstes in das Zuchtbuch liege wegen der damit verbundenen erheblichen wirtschaftlichen Nachteile ein schwerwiegender Eingriff in das Mitgliedschaftsrecht[30] des einzelnen Züchters.

2. Literatur zum Erfordernis der Grundlagenlegitimation

Das Erfordernis einer Festlegung der für den Verband grundlegenden Entscheidungen ist als solches auch in der Literatur nicht strittig.[31] Mei-

[27] Auch hier ist wieder im wesentlichen auf Säcker, Repräsentation von Großvereinen, und Reuter, ZHR 148 (1984), 523 ff., zurückzugreifen.

[28] BGHZ 47, 172 (178).

[29] BGHZ 47, 172 (178).

[30] BGH WM 1984, 552 f.

nungsverschiedenheiten bestehen nur in der Frage, wie weit das Erfordernis der Satzungsförmigkeit reicht und ob insofern einem weiten oder einem engen Verfassungsbegriff zu folgen sei.[32] Dies hat unterschiedliche Ergebnisse in Einzelfragen zur Folge; so lehnt Reuter in dem Fall des Pferdezüchterverbandes die Grenzziehung des BGH teilweise als zu engherzig ab.[33] Der Streit kann aber hier insofern auf sich beruhen, als über das Grundprinzip – Notwendigkeit der Satzungsförmigkeit der Grundentscheidungen – Einigkeit besteht.[34] Die Abgrenzung für die Gewerkschaften muß ohnehin nach gewerkschaftsspezifischen Kriterien vorgenommen werden, so daß eine allgemeine Theorie nicht notwendig zu für die Gewerkschaften sachgerechten Ergebnissen führt und umgekehrt die Rechtslage bei den Gewerkschaften nicht notwendig präjudiziell ist für normale Vereine.

Säcker betont die Herleitung des Erfordernisses der Satzungsförmigkeit wesentlicher Grundfragen des Verbandes aus einer immanenten Grenze der Privatautonomie.[35] Die Privatautonomie gehe nicht bis zu einer völligen Entrechtung des Verbandsmitgliedes. Deshalb sei die Übertragung der Rechtsausübung auf Organe – wie sie etwa die Mediatisierung der Mitgliedermacht durch die Einführung von Vertreterversammlungen mit sich bringt[36] – nur zulässig, wenn das Mitglied in einer freien Entscheidung über das Maß seiner Entrechtung bestimmen könne. Dies wiederum setze eine Information der Verbandsmitglieder voraus, wie sie durch Satzungsförmigkeit der entsprechenden Regelungen erfolge.[37] Säcker gelangt zu der allerdings nicht sehr präzisen Abgrenzung, es seien u.a. diejenigen Grundentscheidungen notwendig statutarischer Bestandteil, die die Rechtsstellung der Mitglieder betreffen.[38]

3. Zusammenfassung der Diskussion um das Erfordernis der Grundlagenlegitimation im Vereinsrecht

Das Erfordernis einer Grundlagenlegitimation ist sowohl in Rechtsprechung als auch in Literatur für das Vereinsrecht anerkannt. Folge ist die innerverbandliche Rechtswidrigkeit nicht durch eine Grundlagenentscheidung legitimierter Aktivitäten der Verbandsführung, wenn eine solche Grundlagenlegitimation nach dem Maßstab des § 25 BGB erforderlich ist.

---

31 Lukes unterscheidet Grundsatzbestimmungen und Ausführungsbestimmungen (z. B. in Geschäftsordnungen), NJW 1972, 121 (124).

32 Einen Überblick über die Meinungslage gibt Reuter, ZHR 148 (1984), 523 (525).

33 Reuter, ZHR 148 (1984), 523 (535 f.).

34 Vgl. Säcker, Repräsentation von Großvereinen, S. 23 ff.; RGRK/ Steffen, § 25 Rn. 4; MünchKomm/ Reuter, § 25 Rn. 3 ff.; Staudinger/Coing, § 25 Rn. 3 ff.

35 Säcker, aaO., S. 22 ff.

36 Darauf beschränkt sich Säckers Untersuchung.

37 Säcker, aaO., S. 23 f.

38 Säcker, aaO., S. 26.

V. Mitgliedschaftliche Klagebefugnis und der Maßstab der Zweckänderung nach § 33 I 2 BGB

Neben der Argumentation mit § 25 BGB, der zu dem Erfordernis einer Grundlagenlegitimation wesentlicher Grundentscheidungen des Verbandes führt, wird auch hierzu ergänzend mit § 33 I 2 BGB argumentiert. Nach § 33 I 2 BGB ist zu einer Zweckänderung die Zustimmung aller Mitglieder des Vereins erforderlich, wobei § 33 gemäß § 40 dispositiv ist. K. Schmidt vertritt die Auffassung, die Aufnahme eines wirtschaftlichen Geschäftsbetriebes durch einen Idealverein, die zum Entzug der Rechtsfähigkeit führe, brauche von einem Mitglied des Vereins nicht hingenommen zu werden; diesem stehe deshalb die Unterlassungsklage gegen solche Tätigkeiten des Vereins offen.[39] Offen bleibt, ob K. Schmidt die Zulässigkeit der Unterlassungsklage, weil sie in Abhängigkeit von dem dispositiven § 33 I 2 BGB gewährt wird, für dispositiv[40] hält und ob eine solche Unterlassungsklage auch gegen sonstige satzungswidrige Aktivitäten oder nur gegen Zweckänderungen gegeben sein soll. Jedenfalls ist festzuhalten, daß an dieser Stelle eine mitgliedschaftliche actio negatoria gegen innerverbandlich rechtswidriges *schlichtes* Verbandshandeln anerkannt wird. Dieses Ergebnis ist unbedenklich auch für die Gewerkschaften gültig, da § 33 I 2 BGB einen für alle Personenverbände gültigen Rechtsgedanken ausdrückt.[41]

Wird in einer Abweichung vom Vereinszweck die Überschreitung einer Grenze rechtmäßigen Handelns des Verbandes gesehen, so ist daran zu denken, sonstige nicht durch die Satzung legitimierte Verbands"aktivitäten"[42] im Gegenschluß für innerverbandlich nicht rechtswidrig zu halten. Eine solche Bedeutung kann aus § 33 I 2 BGB aber nicht gewonnen werden. § 33 I 2 hat den Zweck, eine eng begrenzte Ausnahme vom vereinsrechtlichen Mehrheitsprinzip für den Fall zu statuieren, daß sich der Vereinszweck, der das Lebensgesetz des Verbandes darstellt[43] „von Grund auf wandelt".[44] „Im Zweifel ist daher nur derjenige enge Satzungsbestandteil, in dem der oberste Leitsatz für die Vereinstätigkeit zum Ausdruck gebracht wird, und mit dessen Abänderung schlechterdings kein Mitglied bei seinem Beitritt zum

---

[39] K. Schmidt, AcP 182 (1982), 1 (52).

[40] § 33 I 2 BGB ist dispositiv; zu den dadurch verursachten Fragen der Satzungsauslegung vgl. BGHZ 96, 245; Häuser/van Look, ZIP 1986, 749 (753); Reuter, ZGR 1987, 475 (477 f.).

[41] Hachenburg/Ulmer, GmbHG, § 53 Rn. 95; Baumbach/ Hueck/Zöllner, GmbHG, § 53 Rn. 14.

[42] Unter diesem Begriff seinen hier sowohl satzungsförmige Beschlüsse wie nicht satzungsförmige „Beschlüsse" und schlichtes Verbandshandeln verstanden.

[43] Wiedemann, Gesellschaftsrecht I, S. 10.

[44] Beuthien, BB 1987, 6 (7); RGZ 119, 184 (186) (Wesen); MünchKomm/Reuter, § 33 Rn. 2 (Leitidee); Reichert/Dannecker/ Kühr, Rn. 253 (Änderung des „Charakters"); Sauter/Schweyer, Rn. 147 (Verschiebung der bisherigen Grundlage).

Verein rechnen kann, als ‚Vereinszweck' i.S.des § 33 I 2 BGB anzusehen".[45] Bei einer Änderung des Vereinszwecks „findet gleichsam eine Neugründung des Vereins statt".[46]

Dies hat zur Folge, daß nach dem dispositiven Regelfall des Gesetzes Satzungsänderungen, die nicht zu den seltenen Zweckänderungen zu zählen sind, nicht der Zustimmung *aller* Mitglieder bedürfen. Das Erfordernis innerverbandlicher Legitimation, das nach dem allgemeinen Vereinsrecht aus § 25 BGB folgt,[47] bleibt davon aber unberührt.

§ 33 I 2 BGB gibt demnach für die innerverbandliche Rechtskontrolle der Gewerkschaften keine eindeutige Antwort. Zwar greift dann, wenn ein satzungsförmiger Beschluß eine Zweckänderung bedeutet, das Zustimmungserfordernis ein. Fehlt dieses, ist das Verbandshandeln innerverbandlich rechtswidrig[48] und das Verbandsmitglied kann deshalb Unterlassung verlangen.[49] § 33 I 2 BGB hat aber einen so eingeschränkten Anwendungsbereich, daß die in dieser Arbeit aufgeworfenen Rechtsfragen bei der Gewerkschaft durchgehend nicht erfaßt werden.[50]

VI. Stellungnahme zur Anwendung von § 25 auf die Gewerkschaften

1. Bedenken gegen eine Übernahme von § 25 auf die Gewerkschaften

Eine Stellungnahme zur Abgrenzung zwingend satzungsförmiger Grundlagenentscheidungen, die deshalb justiziabel sein sollen,[51] von solchen Sachfragen, die keine „faktischen" Satzungsänderungen[52] sind und daher nicht justiziabel sein sollen, darf sich nicht ausschließlich an § 25 BGB orientieren, dessen Reichweite in der Abgrenzung zudem umstritten ist. Dies wäre schon aus dem Grunde unzulässig, weil auf die Gewerkschaften als Körperschaften sui generis[53] das Vereinsrecht des BGB[54] nur insofern Anwendung finden kann, als die Anwendbarkeit positiv festgestellt wird. In der Praxis zeigt sich, daß die unkorrigierte Anwendung auf die Gewerk-

[45] BGHZ 96, 245 (251); Häuser/van Look, ZIP 1986, 749 (752) mit teilweise abweichender Akzentuierung.

[46] So Reuter, ZGR 1987, 475 (480).

[47] Vgl. Beuthien, BB 1987, 6 (8).

[48] OLG Hamm, OLGZ 80, 326 ff.

[49] K. Schmidt, AcP 182 (1982), 1 (52).

[50] Zu der Lösung der einzelnen Beispielsfälle siehe unten Teil 4.

[51] Zu entscheiden wäre noch, ob dies auch in dem Sinne gelten würde, daß schlichtes Verbandshandeln in diesem Bereich durch mitgliedschaftliche Klage angreifbar wäre. Auch ist nicht eindeutig geklärt, ob die Justiziabilität davon abhängig sein soll, daß zwingend satzungsförmige Fragen betroffen sind.

[52] So war die Terminologie von Knobbe-Keuk, Fschr. Ballerstedt, S. 239 ff.

[53] Dazu zusammenfassend oben Teil 2, § 10.

[54] Das sogar nach h. M. auf die Gewerkschaften als „nicht rechtsfähige Vereine" nur analog anwendbar wäre.

schaften zu unhaltbaren Ergebnissen führt: Es ist nach hier vertretener Auffassung bezeichnend dafür, daß im Ergebnis die Anwendung vereinsrechtlicher Bestimmungen auf die Gewerkschaften nicht zu zufriedenstellenden Ergebnissen führt. Das OLG Frankfurt wandte zwar § 25 BGB auf die IG Bau-Steine-Erden an. Es kam aber nicht zu dem Ergebnis, der Gewerkschaftstag sei mangels satzungsförmiger Regelungen über die Zusammensetzung und Wahl nicht wirksam zustandegekommen, sondern bejahte mit großem dogmatischen Aufwand (ergänzende Auslegung, Gewohnheitsrecht, Satzungsergänzung durch Observanz) schließlich die Rechtmäßigkeit des so zustandegekommenen Gewerkschaftstages.[55] Deshalb wäre eine Argumentation, die sich ausschließlich auf eine Anwendung von Rechtsgedanken des § 25 BGB auf die Gewerkschaften stützte, nicht ausreichend.

2. Die entscheidungserheblichen Gesichtspunkte

Um eine an den Sachfragen orientierte Lösung der Frage nach der mitgliedschaftlichen Kontrollklage in den Gewerkschaften zu ermöglichen, seien einige Gesichtspunkte aufgeführt, an denen sich das hier zu entwickelnde Ergebnis aus praktischer Sicht[56] messen lassen muß.

- Die Gewerkschaften sind Großverbände, deshalb muß auf die Eigenart der Repräsentation in Mitgliedervertretungen und in größeren zeitlichen Abständen Rücksicht genommen werden.
- Die bedeutenden deutschen Gewerkschaften sind keine Richtungs-, sondern Einheitsgewerkschaften, was eine aus der Integrationsfunktion erklärliche Weite in den satzungsmäßigen Zielvorgaben zur Folge hat.[57]
- Die Gewerkschaften sind (auch) Kampfverbände; deshalb müssen sie effektiv und schlagkräftig geführt werden können.

Schon daraus resultiert, daß die Forderung nach einer weitgehenden Satzungsförmigkeit, wie sie sich nach der Rechtsprechung des BGH aus § 25 ergibt, für die Gewerkschaften in dieser Reichweite nicht richtig sein kann.

---

[55] OLG Frankfurt, WM 1985, 1466.

[56] Das Erfordernis einer praxisnahen Betrachtung wird für Großverbände besonders betont bei Lukes, NJW 1972, 121 (125).

[57] Als Beispiel sei die Satzung der ÖTV genannt. In § 3 der Satzung (Grundsätze und Aufgaben) ist das Bekenntnis zur freiheitlich-demokratischen Grundordnung der Bundesrepublik enthalten, die Unabhängigkeit von Arbeitgebern, Parteien und Kirchen festgelegt und die Mitarbeit in der internationalen Gewerkschaftsbewegung verankert. Das eigentliche Handlungsprogramm beschränkt sich auf folgenden Satz: „Die ÖTV vertritt die wirtschaftlichen, sozialen, kulturellen und beruflichen Interessen ihrer Mitglieder. Deshalb ist es vor allem ihre Aufgabe, die Lebens- und Arbeitsbedingungen durch Abschluß von Tarifverträgen und Einflußnahme auf die Gesetzgebung ständig zu verbessern sowie sich für Vollbeschäftigung, stetiges Wachstum der Wirtschaft und für die Gleichberechtigung aller Beschäftigten in Wirtschaft, Staat und Gesellschaft einzusetzen."

Die Rechtsprechung des BGH, nach der die Voraussetzungen, unter denen ein Pferdezüchterverband Zuchttiere ins Zuchtbuch einzutragen hat, in der Satzung festgelegt werden müssen,[58] läßt sich nicht auf die Gewerkschaften übertragen.[59] Aber nicht nur aus praktischen Gründen, sondern auch aus grundsätzlichen Überlegungen ist die Aufnahme detaillierter einzelner Regelungen in die Satzung der Gewerkschaften nicht durch die Rechtsordnung gefordert; die Integrationsfunktion und die Offenheit für Entwicklungen der Zukunft sprechen gegen detaillierte Satzungsregelungen als Ergebnis eines weiten Verständnis der Grundentscheidungen i.S.d. § 25 BGB. Zudem ist fraglich, ob durch ein weites Verständnis des Begriffs der Grundentscheidungen und deren Festlegung in der Satzung wesentliches für die Gewerkschaftsmitglieder oder die Gewerkschaft als Verband[60] gewonnen wäre. Reuter weist in diesem Zusammenhang zu Recht darauf hin, daß wichtige Sachfragen unabhängig von der Satzungsförmigkeit einer Regelung an materiellen Kriterien zu messen seien. Er nennt als Beispiel Unvereinbarkeitsbeschlüsse, die auch im Falle, daß sie satzungsförmig getroffen werden, einer Rechtmäßigkeitskontrolle unterlägen.[61] Tatsächlich trifft es zu, daß strittige Sachfragen auch bei Satzungsförmigkeit ihrer Regelung einer rechtlichen Bewertung nicht entzogen sind. Dies ist an anderer Stelle für die Frage des Urabstimmungserfordernisses ausgeführt worden.[62] Daraus ist zu schließen, daß mit der vereinsrechtlichen Kategorie des § 25 BGB für die Gewerkschaften in direkter Übernahme nichts gewonnen ist. Andererseits ist festzuhalten, – und dies steht in Parallele zu den Erkenntnissen aus dem oben untersuchten Regelungen der verschiedenen sonstigen Verbandstypen[63] – daß das in § 25 BGB für das Vereinsrecht enthaltene Postulat der innerverbandlichen Absicherung wesentlicher Grundentscheidungen auch für die Gewerkschaften Geltung beansprucht, weil insofern keine gewerkschaftsspezifischen Hindernisse bestehen. Die Frage ist eben nur, ob dies auch für die Gewerkschaften durch Satzungsförmigkeit im Sinne der Rechtsprechung zu § 25 BGB geschehen muß, oder ob insofern nicht der Großverbandsstruktur angepaßte Möglichkeiten der innerverbandlichen Legitimation akzeptiert werden können und müssen.

---

[58] BGH WM 1984, 552 (553).

[59] Mit weitergehender Begründung wendet sich anläßlich des Prozesses um die Hauptversammlung der IG Bau-Steine-Erden Reuter gegen die Auffassung des BGH, ZHR 148, (1984), 523 (535 f.).

[60] Zu den möglichen Schutzzwecken des § 25 und deren Gewichtung in der Rechtsprechung des BGH informiert Reuter, ZHR 148 (1984), 523 (524 f.).

[61] Reuter, ZHR 148 (1984), 523 (528).

[62] Säcker, in: Hueck/Nipperdey, II/2, S. 1026; Bauer/Röder DB 1984, 1096 (1098); Vorderwülbecke, BB 1987, 750 (757).

[63] Oben § 12.

3. Ergebnis

Als Ergebnis aus der Betrachtung der vereinsrechtlichen Verankerung des Erfordernisses der satzungsmäßigen Regelung wesentlicher Grundentscheidungen ist festzustellen, daß die Übertragbarkeit auf die Gewerkschaften nicht in dem formellen Sinne möglich ist, in dem die Rechtsprechung die Reichweite des § 25 BGB für den rechtsfähigen Verein auslegt. Dies stößt schon an Grenzen, die die Repräsentation von Großverbänden wie den Gewerkschaften mit sich bringt. Die mit § 25 für das Vereinsrecht verbundene Forderung nach innerverbandlicher Legitimation von Grundentscheidungen gilt ihrem Wesen nach aber auch für die Gewerkschaften.

4. Einordnung des bisherigen Ergebnisses in die herkömmliche vereinsrechtliche Dogmatik

Es ist zu prüfen, wie die herrschende Meinung, die die Gewerkschaften als nichtrechtsfähige Vereine einstuft, mit der daraus resultierenden Anwendung des § 25 BGB auf die Gewerkschaften zurechtkommt.

a) Lehre von den Gewerkschaften als Körperschaften sui generis

Nach der hier vertretenen Auffassung, nach der die Gewerkschaften als Körperschaften sui generis anzusehen sind, bereitet es keine Schwierigkeiten, die Anforderungen an formelle Satzungsförmigkeit, die von der Rechtsprechung für den rechtsfähigen Verein aus § 25 BGB gewonnen werden und die als für die Gewerkschaften unpassend erkannt wurden, auf die Gewerkschaften nicht in ihrer gesamten vereinsrechtlichen Tragweite zu übernehmen.

b) Die herrschende Auffassung

Bezeichnenderweise kommt Säcker auf dem Boden der herkömmlichen Einstufung der Gewerkschaften als nichtrechtsfähige Vereine[64] ebenfalls nicht zur Übernahme der von der Rechtsprechung hinsichtlich der Satzungsförmigkeit zu § 25 BGB entwickelten Ergebnisse. Er geht zwar mit der wohl einhelligen Auffassung in der Literatur und Rechtsprechung von der grundsätzlichen Übertragbarkeit der binnenverfassungsrechtlichen Vorschriften des rechtsfähigen Vereins auf den nichtrechtsfähigen Verein[65] aus. Säcker ist aber der Auffassung, das Schriftformerfordernis gelte für den

---

[64] „... die Gewerkschaft als primärer Anwendungsfall des nicht rechtsfähigen Vereins“, Säcker, Repräsentation von Großvereinen, S. 36.

[65] Säcker, Repräsentation von Großvereinen, S. 32; Dütz, Fschr. Herschel, S. 55 (58); vgl. für alle Palandt/Heinrichs, § 54 Anm. 1.

nichtrechtsfähigen Verein nicht, die Satzung sei vielmehr formfrei.[66] Daraus ergebe sich, daß ein Beschluß des obersten Vereinsorgans ausreiche, der die Qualität einer statutarischen Regelung besitze. Ob dieser Beschluß Bestandteil der Satzung sei, richte sich nach einer *Wesentlichkeitstheorie*,[67] also nach materiellen Kriterien. Die Leitentscheidungen des Vereins seien solcherart in der Satzung festzulegen.

Die Wesentlichkeitstheorie, nach der es sich richte, ob ein *Beschluß des obersten Vereinsorgans* Satzungsqualität habe, wird von Säcker im Rahmen der Aufgabenstellung seiner Schrift über die Repräsentation von Großvereinen hinsichtlich der Anforderungen an die Satzungsförmigkeit von Regelungen über die Einrichtung einer Mitgliedervertretung als oberstes Vereinsorgan exemplifiziert, wobei er zu relativ weitgehenden Anforderungen an die Grundlagenlegitimation gelangt.[68]

Auch Reuter faßt in seiner parallelen Untersuchung ähnlich zusammen: „Wer die Verfassung des nichtrechtsfähigen Vereins erkennen will, darf mithin nicht allein auf den geschriebenen Satzungstext schauen, sondern muß auch das einbeziehen, was nach der Praxis und den Überzeugungen der Beteiligten ‚ungeschrieben' dazu zählt".[69]

VII. Aussagekraft und Reichweite einer innergewerkschaftlichen Wesentlichkeitstheorie

Das – allerdings nicht weiter ausgeführte – Ergebnis Säckers und auch das Ergebnis der Untersuchung Reuters decken sich mit der oben aufgestellten Arbeitshypothese, die für die Rechtskontrolle des innergewerkschaftlichen Verbandsrechts aus der Untersuchung der Rechtslage in den verschiedenen Verbandsformen gewonnen wurde. Säcker vertritt für die Gewerkschaften die Ansicht, nach einer Wesentlichkeitstheorie, wie sie von ihm beispielhaft auf die Problematik der Repräsentation durch Vertreterversammlungen angewendet wird, bestimme sich, ob ein Beschluß des obersten Vereinsorgans Satzungsqualität habe. Dies stellt ein Kriterium für die mitgliedschaftliche Kontrollbefugnis dar: Die Verbandsführung der Gewerkschaft benötigt eine in diesem weiten und materiellen Sinne satzungsmäßige Legitimation für ihr Handeln. Ein Teil der am Beginn dieser Untersuchung genannten Fälle müßte sich dann nach dem folgenden *Schema* lösen lassen: liegt ein wirksamer Beschluß der Mitgliedervertretung der Gewerkschaft

---

[66] Säcker, Repräsentation von Großvereinen, S. 37.

[67] Säcker, Repräsentation von Großvereinen, S. 37.

[68] Neben einer statutarischen Fixierung der Amtszeit und des Wahlkörpers sei auch eine Regelung der Delegiertenquote in der Vereinssatzung erforderlich, Säcker, Repräsentation von Großvereinen, S. 27.

[69] Reuter ZHR 148 (1984), 523 (551).

vor, auf die sich die Verbandsführung stützen kann, wenn sie z. B. ein wirtschaftliches Engagement durch Gründung einer Bau-Aktiengesellschaft betreibt oder wenn sie zum Warnstreik gegen eine Rüstungsmaßnahme eines Nato-Mitgliedstaates aufruft? Die „Wesentlichkeitstheorie" bedeutet insoweit ein *Doppeltes*: Zum einen haben Beschlüsse des obersten Verbandsorgans, die „wesentlich" in diesem Sinne sind, Satzungsqualität. Zum anderen bedeutet die Wesentlichkeitstheorie aber auch, daß eine Grundlagenlegitimation wesentlicher Leitentscheidungen vorliegen *muß*, wenn das Handeln der Verbandsorgane rechtswirksam sein soll. Ob schlichtes Verbandshandeln einer besonderen Legitimation bedarf oder ob es durch die Verbandsleitungsaufgabe und die damit verbundene generelle Handlungsermächtigung gedeckt ist, entscheidet sich danach, ob es sich um ein Sachgebiet handelt, das ohne eine entsprechende Grundentscheidung des Verbandes von der Verbandsführung nicht eigenverantwortlich wahrgenommen werden darf. Dies kann man als eine innergewerkschaftliche Wesentlichkeitstheorie bezeichnen.

VIII. Das Erfordernis innergewerkschaftlicher Grundlagenlegitimation nach einem Wesentlichkeitskriterium in der Rechtsprechung

Im folgenden soll geprüft werden, ob und inwieweit die bisherige Rechtsprechung eine solche innergewerkschaftliche Wesentlichkeitstheorie bestätigt hat.

1. Der Mercator-Fall

Die bedeutendste Entscheidung aus der wenig umfangreichen Rechtsprechung hat der BGH 1978 im „Mercator"-Fall getroffen.[70] Es ging um die Rechtmäßigkeit des Ausschlusses eines Gewerkschaftsmitglieds aus seiner Gewerkschaft, dem die Gewerkschaft zu Last legte, Streikbrecherarbeit geleistet zu haben.[71] Das ausgeschlossene Mitglied brachte vor, die Arbeitskampfmaßnahme sei nicht rechtswirksam angeordnet worden, weil eine Zentrale Streikleitung den Streik beschlossen habe und nicht der dafür satzungsmäßig vorgesehene Geschäftsführende Vorstand.[72]

---

70 BGH NJW 1978, 990 ff. Es ging um den Arbeitskampf in der Mercator-Druckerei, die die Berliner Tageszeitung „Tagesspiegel" druckt.

71 Für diesen Fall sieht die Satzung der Gewerkschaft (IG Druck und Papier) die Möglichkeit des Ausschlusses vor, § 11 Nr. 1 lit. a. Solche Satzungsbestimmungen sind nicht nur zulässig, sondern entsprechen in besonderer Weise dem Charakter der Gewerkschaften als Kampfverbänden, vgl. mit Nachweisen der z.T. abweichenden Literatur Vorderwülbecke, BB 1987, 750 (752 f.).

72 Es ging nicht um die Zulässigkeit des Arbeitskampfes an sich; insofern waren die Voraussetzungen (z. B. Durchführung einer Urabstimmung) eingehalten worden, vgl. BGH NJW 1978, 990 (991).

Der BGH gab dem Kläger mit folgender Begründung recht: „die Entscheidung über die erwähnten Einzelheiten der Streikdurchführung hätte nicht der Zentralen Streikleitung überlassen werden dürfen. Zeitpunkt und Dauer von Kampfmaßnahmen sowie ihr Umfang (Totalstreik, Schwerpunktstreik, Auswahl der zu bestreikenden Betriebe usw.) prägen einen Streik in seiner konkreten Ausprägung so *wesentlich*, daß nur das nach der Satzung für die Streikdurchführung zuständige Organ über diese Einzelheiten wirksam beschließen kann. Es kann ohne satzungsmäßige Grundlage seine Befugnisse insoweit nicht delegieren, denn es muß gewährleistet sein, daß eine so wichtige Entscheidung von dem Organ getroffen wird, das nach der Satzung der Gesamtheit der Mitglieder gegenüber dafür die Verantwortung trägt".[73]

Die Entscheidung ist ein Beleg für einen der beiden Aspekte der innergewerkschaftlichen Wesentlichkeitstheorie, nämlich für das Erfordernis satzungsmäßiger Absicherung schlichten Verbandshandelns, soweit dies eine gewisse Wesentlichkeitsgrenze überschreitet. Zwar war satzungsgemäß eine innerverbandlich legitimierte Stelle vorgesehen. Die Gewerkschaft handelte nach Auffassung des BGH aber deshalb dennoch innerverbandlich ohne die notwendige Legitimation, weil eine Delegierung der anstehenden Entscheidungen durch das satzungsgemäß mit der Streikleitung beauftragte Organ auf eine nicht in der Satzung vorgesehene „Zentrale Streikleitung" wegen der weitgehenden Auswirkungen nicht zulässig war, die Arbeitskampfmaßnahmen für die Mitglieder der Gewerkschaft haben.[74] Der BGH verlangte, daß eine von ihm mit Recht sowohl für die gesamte Gewerkschaft wie auch für ein einzelnes Mitglied[75] als „wesentlich" eingestufte Frage nicht von dem zuständigen Exekutivorgan der Gewerkschaft weiter an ein Untergremium[76] abgegeben werden kann, das dem einzelnen Gewerkschaftsmitglied gegenüber nur noch in mehrfach mediatisierter Weise und damit praktisch gar nicht mehr verantwortlich ist.

An der Entscheidung ist bemerkenswert, daß der BGH die Notwendigkeit der direkten satzungsmäßigen Verantwortlichkeit der Entscheidungsträger

---

[73] BGH NJW 1978, 990 (991); Hervorhebung von mir. Das Urteil ist auch unter dem Aspekt von Bedeutung, daß es um einen Fall inzidenter mitgliedschaftlicher Rechtskontrolle schlichten Verbandshandelns geht; dazu unten § 13 VIII 3.

[74] Der BGH stellt darauf ab, daß das Organ die Entscheidungen treffen muß, das nach der Satzung den Mitgliedern gegenüber die Verantwortung trägt, BGH NJW 1978, 990, (991).

[75] Es herrscht Meinungsverschiedenheit darüber, auf welche Aspekte abzustellen sei, vgl. einerseits Reuter, ZHR 148 (1984), 523 (527), („Rechtsstellung der Mitglieder (tritt) für die Antwort auf die Frage nach dem notwendigen Inhalt der Vereinsverfassung in der Hintergrund") und andererseits Säcker, Repräsentation von Großvereinen, S. 25 f. („Notwendiger statutarischer Bestandteil sind ... auch diejenigen Grundentscheidungen, die die Rechtsstellung der Mitglieder betreffen").

[76] Bezeichnenderweise gehörten der „Zentralen Streikleitung" z. B. der Leiter der Rechtsabteilung, ein Sekretariatsleiter und der Leiter der Abteilung Wirtschaft und Technik an, BGH NJW 1978, 990 (992).

für einen Bereich wie die Durchführung eines Arbeitskampfes gar nicht weiter problematisiert, insbesondere nicht aus einer Parallele zu § 25 BGB ableitet, sondern für selbstverständlich hält. Hier bestätigt sich, daß eine innergewerkschaftliche Wesentlichkeitstheorie nicht aus dem Vereinsrecht des BGB heraus begründet werden muß, sondern bereits nach allgemein verbandsrechtlichen Grundsätzen auf die Gewerkschaften Anwendung findet. Zum zweiten fällt auf, daß der BGH die Frage der Wesentlichkeit, ohne dies allerdings näher auszuführen, nach materiellen Kriterien bestimmt. Bei Einleitung[77] und Durchführung eines Arbeitskampfes handelt es sich um für eine Gewerkschaft und für jeden einzelnen Arbeitnehmer besonders bedeutende Entscheidungen, die in besonderem Maße innerverbandlicher Legitimation bedürfen. Dies wird vom BGH nicht weiter problematisiert.

2. Schlichtes Verbandshandeln und die Abgrenzung des Erfordernisses innergewerkschaftlicher Legitimation schlichten Verbandshandelns durch das Wesentlichkeitskriterium nach den Grundsätzen des Mercator-Falles

Die hier besprochene Entscheidung „Mercator" weist eine Besonderheit gegenüber den in der Literatur[78] vornehmlich behandelten Fragestellungen auf: es geht nicht um das Erfordernis satzungsmäßiger Legitimation von Strukturentscheidungen, wie der Zusammensetzung und dem Wahlverfahren einer Delegiertenversammlung, sondern um die Rechtmäßigkeitskontrolle schlichten Verbandshandelns. Die Gewerkschaft trifft, wenn sie in Durchführung eines durch erfolgreiche Urabstimmung innerverbandlich legitimierten Beschlusses zum Arbeitskampf die Belegschaft eines bestimmten Betriebes für einen bestimmten Zeitraum zur Arbeitsniederlegung aufruft, keinen Beschluß im Sinne der verbandsrechtlichen Dogmatik. Vielmehr handelt es sich insoweit um schlichtes Verbandshandeln. Bei der Analyse der zur Darstellung des Untersuchungsgegenstandes eingangs angeführten Beispielsfälle zeigte sich, daß gerade die rechtliche Erfassung schlichten Verbandshandelns von besonderer Bedeutung ist, so daß die Lösung eines solchen Falles durch den BGH besondere Aufmerksamkeit verdient.

Nach den oben angestellten Überlegungen zur Rechtslage in anderen Verbänden und vor allem der Analyse des Holzmüller-Urteils[79] zur Rechtslage in der Aktiengesellschaft kann es nicht zweifelhaft sein, daß auch Beschlüsse, die nicht in der Form satzungsförmiger Entscheidungen getrof-

---

[77] Föhr, Willensbildung, S. 185 f.; zum Urabstimmungserfordernis als Korrektiv für die Machtbefugnisse der Gewerkschaft gegenüber ihren Mitgliedern vgl. Vorderwülbecke, BB 1987, 750 (755).

[78] Vor allem von Reuter, ZHR 148 (1984), 532 ff. und Säcker, Repräsentation von Großvereinen, S. 17 ff.

[79] BGHZ 83, 122; dazu ausführlich oben § 12 I 2.

fen wurden oder sonstige Handlungen der Gewerkschaft einer Rechtskontrolle unterliegen. Der BGH hat für die Rechtsform der Aktiengesellschaft in einer auf andere Verbandsformen übertragbaren Weise[80] ein materielles Kriterium zur Anwendung gebracht, indem er eine besondere Legitimation auch solchen Verbandshandelns verlangte, das formal durch die Satzung gedeckt ist, sobald es sich um einen schwerwiegenden Eingriff in die Rechte und Interessen der Verbandsmitglieder handele.[81]

Das unbestimmte materielle Kriterium eines schwerwiegenden Eingriffs in Rechte und Interessen der Verbandsmitglieder ist gerade nicht, wie man vielleicht glauben könnte, in dem Sinne zu verstehen, daß die mitgliedschaftliche Position als solche durch das Verbandshandeln berührt werden müsste, damit besondere Anforderungen an die innerverbandliche Legitimation des Verbandshandelns gelten. In dem Holzmüller-Fall blieb die Mitgliedschaft der Aktionäre an der Aktiengesellschaft, aus der ein wichtiger Betriebsteil ausgegliedert wurde, durchaus erhalten. Entscheidend war für den BGH die durch die Verlagerung von Kompetenzen auf den Vorstand[82] eintretende Mediatisierung und Verkürzung der Aktionärsrechte.[83] Er konkretisierte eine Maßgeblichkeitsschwelle, bei deren Überschreitung das Erfordernis einer Grundsatzzuständigkeit Geltung erhalte.

Bei dem Mercator-Fall handelt es sich demnach um eine Entscheidung, die in einigen Aspekten durchaus mit dem Holzmüller-Urteil verglichen werden kann. Es bestätigt sich also, daß die aktienrechtliche Holzmüller-Entscheidung Modellcharakter auch für die Gewerkschaften besitzt. Der BGH hat allerdings im Mercator-Fall einen Aspekt nicht problematisieren müssen, der im Holzmüller-Urteil von besonderer Bedeutung war: das Klagerecht des Mitglieds war im Mercator-Fall unproblematisch gegeben, weil es auf Feststellung des Weiterbestehens seiner Mitgliedschaft klagte. Diese Klagemöglichkeit war vom BGH im Holzmüller-Urteil aus aktienrechtlichen Gründen noch ausführlich zu begründen gewesen.[84]

3. Der Aspekt der Inzidentkontrolle im Mercator-Urteil

Die Entscheidung im Falle Mercator ist auch unter dem Aspekt besonders bedeutsam, daß es sich um eine bloß inzident erfolgende Rechtskontrolle

[80] Dazu oben § 12 I 4; vgl. vor allem H. Westermann, Freundesgabe E. Boettcher, 203 ff., dazu oben § 12 III.

[81] BGHZ 83, 122, Ls. 1.

[82] Der BGH betont, daß alle Gesellschafterrechte bei hundertprozentiger Beteiligung vom Vorstand der Obergesellschaft ausgeübt werden, der in wesentlichen Fragen „praktisch keinen Beschränkungen unterliegt", BGHZ 83, 122 (136 f.).

[83] BGHZ 83, 122 (139).

[84] S. o. § 12 I 2 b. Ganz allgemein errichtet der BGH aber keine Zulässigkeitsschranken bei Klagen aus einer vereinsrechtlichen Mitgliedschaft; vgl. zuletzt BGHZ 99, 119 (Jägermeister), dazu unten § 13 IX.

handelt. Es ist bezeichnend für den bisherigen Stand der gewerkschaftsverbandsrechtlichen Dogmatik, daß hauptsächlich[85] solche inzidenten, nicht aber explizite Klagen von Verbandsmitgliedern gegen schlichtes Verbandshandeln ersichtlich sind. Im Mercator-Fall klagte das ausgeschlossene Mitglied in erster Linie auf Feststellung des Weiterbestehens seiner Mitgliedschaft. Erst im Rahmen der Begründetheit dieser Klage war zu prüfen, ob die Gewerkschaft sich auf einen wirksamen Ausschlußgrund stützen konnte. Als Ausschlußgrund kam praktisch nur in Betracht, daß der Kläger Streikbrecherarbeit geleistet hatte. Von Streikbrecherarbeit wiederum kann man nur sprechen, wenn der konkrete Streikaufruf verbandsintern rechtmäßig war.

Die Rechtsprechung legt sich nun, wie im Mercator-Fall beispielhaft zu sehen ist, keine Beschränkungen auf, wenn sie die Rechtmäßigkeit des Gewerkschaftshandelns (nur) incidenter zu prüfen hat. Im Mercator-Fall prüfte der BGH in vollem Umfang nach, ob der Streikbeschluß rechtswidrig zustandegekommen war.[86] Eine weitergehende Rechtskontrolle wäre auch dann nicht denkbar gewesen, wenn isoliert die Rechtswirksamkeit des Streikaufrufes Gegenstand einer mitgliedschaftlichen Klage des Gewerkschaftsmitglieds gewesen wäre. Gerade aber die Rechtskontrolle schlichten, nicht satzungsförmigen Verbandshandelns, für das der Aufruf zu bestimmten Arbeitskampfmaßnahmen, wie im Mercator-Fall, geradezu beispielhaft ist, stellt einen Problemschwerpunkt mitgliedschaftlicher Rechtskontrolle in den Gewerkschaften dar. Insofern läßt sich anhand des Mercator-Falles feststellen, daß eine vollumfängliche Prüfung der Rechtmäßigkeit des Verbandshandelns auch bei bloß incidenter Kontrolle stattfindet.

4. Literatur zur Rechtmäßigkeitskontrolle des Verbandshandelns vor dem Hintergrund des Mercator-Urteils

Aus der Literatur zum Vereinsrecht läßt sich teilweise der Eindruck gewinnen, eine solche Rechtmäßigkeitskontrolle des Verbandshandelns werde von der Rechtsprechung nur in eingeschränktem Maße vorgenommen.

So findet sich etwa bei Kübler die Aussage, Kompetenzkonflikte innerhalb des Vereins könnten gerichtlich nicht ausgetragen werden, solange die Mitgliederversammlung als zuständiges Organ noch keine formelle Entscheidung getroffen habe.[87] Die Aussage ist in dieser Form mißverständlich. Wäre die Rechtslage so, wie Kübler sie skizziert, so hätte dies bedeutende

---

[85] Ein Gegenbeispiel ist etwa der auch aus diesem Grunde aufsehenerregende Fall des Gewerkschaftstags der IG Bau-Steine-Erden, OLG Frankfurt a.M. WM 1985, 1466 ff.: hier klagte das Gewerkschaftsmitglied direkt gegen „Beschlüsse", die zum Teil satzungsförmig im formellen Sinne waren.

[86] So auch zustimmend Konzen, SAE 1980, 21.

[87] Kübler, Gesellschaftsrecht, § 10 III 2, S. 121.

Auswirkungen auf die Möglichkeit innergewerkschaftlicher Rechtskontrolle. Es ist in dieser Arbeit aus allgemeinen verbandsrechtlichen Grundsätzen heraus ein Ansatz entwickelt worden, der anhand eines materiellen Kriteriums das Erfordernis von im materiellen Sinne „satzungs"mäßiger Legitimation auch rein tatsächlichen Verbandshandelns fordert. Dies bedeutet eine Abgrenzung nach kompetentiellen Kriterien; die Mitgliederversammlung bzw. bei den Gewerkschaften regelmäßig die Delegiertenversammlung hat die alleinige Kompetenz, bedeutende Grundfragen des Verbandslebens zu entscheiden. Hinsichtlich der Urabstimmung gilt gewerkschaftsspezifisch eine weitere kompetentielle Zuweisung an die Gesamtheit der betroffenen Mitglieder. Würde es zutreffen, daß Kompetenzkonflikte „nicht gerichtlich ausgetragen werden" können, solange „noch keine formelle Entscheidung" der Mitgliederversammlung vorliegt, so wäre bei den Gewerkschaften schon aus rein tatsächlichen Gründen nur alle drei Jahre[88] eine Rechtskontrolle möglich. Schon aus diesem Grunde kann die von Kübler getroffene generalisierende Aussage für die Gewerkschaften[89] nicht richtig sein – sie würde zu einer weitgehenden Rechtsverweigerung führen. Sie wird aber auch durch die von ihm angeführte Entscheidung des Bundesgerichtshofes nicht getragen.[90] Im Holzmüller-Fall hat der BGH entsprechenden Überlegungen ebenfalls eine Absage erteilt.[91]

5. Zusammenfassung zur Problemrelevanz des Mercator-Urteils

Die Entscheidung des BGH im Mercator-Fall ist auf den ersten Blick wenig aufsehenerregend. Analysiert man sie nicht nur unter arbeits-, sondern auch unter verbandsrechtlichen Gesichtspunkten, so ist es aber möglich, aus ihr wichtige Grundzüge des innergewerkschaftlichen Verbandsrechts zu ermitteln. Unter diesem Aspekt ist erfreulich, daß die Mercator-Entscheidung unter verbandsrechtlichen Gesichtspunkten keinen Wider-

---

[88] Dies ist der regelmäßige Abstand zwischen zwei Gewerkschaftstagen.

[89] Auch auf diese wendet Kübler wie die h. M. das Vereinsrecht des BGB an, Gesellschaftsrecht § 11 I 1 b, S. 131.

[90] BHGZ 49, 396 ff. In dieser Entscheidung ging es um den Streit zwischen zwei Mitgliedern des Geschäftsausschusses eines Kurvereins über die Frage, welche externen Berater von dem Vereinsvorsitzenden zu den Sitzungen hinzugezogen werden dürften. Der BGH lehnte es ab, den Rechtsweg für solche eher privat veranlaßten Streitigkeiten zu eröffnen, die dem Verein als solchem (noch) gar nicht zurechenbar sind. Die Streitfrage befand sich „noch im Vorfeld interner, vereinsrechtlich noch unverbindlicher Auseinandersetzungen". Die Entscheidung läßt sich eher umgekehrt als Beispiel für die Zulässigkeit eine vereinsinternen Rechtskontrolle anführen, denn der BGH führt aus, daß für die Anrufung der Gerichte in aller Regel kein Raum sei, „wenn nicht der Verein selbst durch seine verfassungsmäßigen Organe gesetzliche oder satzungsmäßige Rechte eines Mitglieds verletzt hat" (a.a.O. S. 398). Die Entscheidung läßt sich also durchaus so verstehen, daß der BGH in einem solchen Fall eine mitgliedschaftliche Klage für zulässig hält.

[91] BGHZ 83, 122 (127).

spruch in der Literatur gefunden hat.[92] Um so eher kann sie zur Grundlage einer Analyse des Gewerkschaftsverbandsrechts gemacht werden.

IX. Weitere Rechtsprechung zum vereinsrechtlichen Wesentlichkeitskriterium

In einigen Entscheidungen läßt sich nachweisen, daß von der Rechtsprechung im Vereinsrecht ein Wesentlichkeitskriterium zugrunde gelegt wurde.

1. Die Jägermeister-Entscheidung

a) Die Entscheidung des BGH

Im Jahre 1986 hatte der BGH die Klage eines Vereinsmitgliedes zu entscheiden, das die Unwirksamkeit eines satzungsändernden Beschlusses seines Vereins festgestellt haben wollte. Es ging um die Klage eines Bundesliga-Fußballvereins gegen den als e.V. organisierten Deutschen Fußballbund (DFB).[93] Dieser hatte auf seiner Mitgliederversammlung[94] auf einen sog. Dringlichkeitsantrag, der nicht in der Einladung zur Mitgliederversammlung bekanntgemacht worden war, seine Satzung dahin geändert, daß die Mitgliedsvereine ihre Namen nicht beliebig[95] ändern können, was der Kläger aber vorhatte. Er wollte sich Sportverein Jägermeister Braunschweig nennen.

b) Bedeutung der Entscheidung

Der BGH macht bereits bei der Erörterung der Zulässigkeit der Feststellungsklage eine wesentliche Aussage. Es gelte der allgemeine „Grundsatz, daß das Vereinsmitglied einen Anspruch darauf hat, daß der Verein nur in den Grenzen tätig wird, die Recht und Satzung setzen“.[96] Es fällt auf, daß der BGH diesen Grundsatz, der eine bedeutende Aussage enthält, überhaupt nicht begründet. Dies muß verwundern, da gerade die materielle Reichweite eines solchen Satzes für das Vereinsrecht des BGB bisher nicht eindeutig zu erkennen war. Zu bedenken ist aber, daß der BGH diese im Kern zutreffende Aussage im Urteil (bloß) als Argument zur Begründung der Zulässigkeit der Feststellungsklage benutzt. Deshalb darf man ihr keine zu weitgehende materielle Bedeutung zumessen. Dies zeigt sich schon daran, daß nicht

---

92 Vgl. insofern ausdrücklich Seiter EzA Art. 9 GG Arbeitskampf Nr. 21.
93 BGHZ 99, 119.
94 Dem alle zwei Jahre stattfindenden „Bundestag“ des DFB.
95 Insbesondere nicht zum Zwecke der Werbung.
96 BGHZ 99, 119 (122).

anzunehmen ist, daß der BGH gar nicht auf die Problematik der Abgrenzung der Reichweite der Kontrollbefugnis des Vereinsmitgliedes eingehen wollte, obwohl diese in der literarischen Diskussion eine bedeutende Rolle spielt.[97] Gerade hier ist die Abgrenzung umstritten. Ein Beispiel soll dies belegen: Soll jedes Mitglied des ADAC gegen den Verein einen Anspruch darauf haben, daß der ADAC keine Rallye veranstaltet, die z. B. gegen Naturschutzbestimmungen verstößt? Es ist nicht anzunehmen, daß der BGH eine solche Aussage treffen wollte, als er entschied, jedes Mitglied habe einen Anspruch darauf, daß der Verein nur in den Grenzen tätig wird, die „Recht und Satzung setzen". Die im Ansatz richtige Bejahung des mitgliedschaftlichen Kontrollrechts muß deshalb vor dem konkreten Hintergrund gesehen werden, daß ein Vereinsmitglied ganz gezielt durch eine Satzungsänderung betroffen wurde und deshalb die Klagebefugnis für eine Feststellungsklage zu bejahen war. Die Konstellation ist von derjenigen einer innerverbandlichen Popularklage denkbar weit entfernt.

Bedeutsam ist die Entscheidung vor allem aus einem anderen Grunde. Der BGH hielt die Satzungsänderung aus verfahrensrechtlichen Gründen für unwirksam. Zwar sei § 32 I 2 BGB durch die Satzung des DFB in der Form abbedungen, daß auch ohne die an sich erforderliche Bezeichnung des Gegenstandes der Beschlußfassung in der Einladung (auch satzungsändernde) Beschlüsse gefaßt werden könnten. Da Satzungsänderungen für das Vereinsleben *„von einschneidenderer Bedeutung* sind als andere Beschlüsse der Mitgliederversammlung",[98] sei es erforderlich, daß die geplante Satzungsänderung den Mitgliedern noch so rechtzeitig vor dem Zusammentritt der Versammlung mitgeteilt wird, daß ihnen genügend Zeit bleibt, sich sachgerecht vorzubereiten.[99] Daran fehlte es im konkreten Fall, weshalb der BGH die Satzungsänderung für unwirksam hielt.

Der BGH hielt also aus innerverbandlich-materiellen Gründen, die er nach einem Wesentlichkeitskriterium bestimmte, die formale Möglichkeit für nicht ausreichend, die Satzung in einem Dringlichkeitsverfahren zu ändern.

2. Weitere Entscheidungen

– Ein Verein, der nur durch ein Vorstandsmitglied vertreten wurde, schloß den Kläger wegen persönlicher Spannungen aus. Das OLG Hamm gab der Klage des Mitglieds statt, weil es aus „rechtsstaatlicher Sicht" einem einzelnen Vorstandsmitglied allein und nicht weiter nachprüfbar nicht gestattet sei, über die Mitgliedschaft eines anderen zu entscheiden. Falls nur ein Vor-

---

[97] An dieser Stelle sei nur auf den Abgrenzungsversuch Knobbe-Keuks in Fschr. Ballerstedt, S. 239 (251) hingewiesen.

[98] BGHZ 99, 119 (123).

[99] BGHZ 99, 119 (123 f.).

standsmitglied vorhanden sei, müsse darüber die Mitgliederversammlung entscheiden.[100] Hier wird in einer nur für ein einzelnes Mitglied „wesentlichen" Frage eine Grundentscheidung verlangt.

– Die von Reuter angesprochene Frage, ob ein gewerkschaftlicher Unvereinbarkeitsbeschluß Satzungsqualität haben muß,[101] ließ der BGH in einem Fall, in dem der Beirat[102] der Gewerkschaft den Unvereinbarkeitsbeschluß gefaßt hatte, offen, da dieser nach Auffassung des BGH jedenfalls gegen eine Vorschrift des Betriebsverfassungsgesetzes verstieß.[103] Nach dem hier schlagwortartig als Wesentlichkeitstheorie bezeichneten Erfordernis innerverbandlicher Grundlagenlegitimation von gewerkschaftlichen Leitentscheidungen würde sich in einem solchen Fall die Frage stellen, ob der Gewerkschaftsbeirat mit seinem „Beschluß" eine solche Grundlagenlegitimation wirksam schaffen konnte.[104]

§ 14 Weitere Fragen zur mitgliedschaftlichen Kontrollklage in den Gewerkschaften

I. Mitgliedschaftliche Klage als Störung der innergewerkschaftlichen Kompetenzverteilung?

Die Frage, ob nicht eine mitgliedschaftliche Kontrolle in unzulässiger Weise die innerverbandliche Kompetenzordnung stören und ein effektives Verbandshandeln unmöglich machen könnte, hat in der Literatur zur mitgliedschaftlichen Klage gegen Verbandshandeln eine Rolle gespielt. Sie wurde auch von der Rechtsprechung behandelt.

Knobbe-Keuk ging bei der Vorstellung ihres Ansatzes einer mitgliedschaftlichen Klage gegen „faktische Satzungsänderungen" auf das Argument einer Störung der innerverbandlichen Zuständigkeitsordnung ein und verneinte eine unzulässige Störung mit dem Argument, nicht der Aktionär verstoße mit seiner Unterlassungsklage gegen die innere Ordnung der Gesellschaft, sondern dies mache der Vorstand, wenn er etwa den Gegenstand des Unternehmens ändere und somit eine Kompetenz der Hauptversammlung usurpiere.[1]

---

[100] OLG Hamm, BB 1976, 1191 (1192).

[101] Dagegen Reuter, ZHR 148 (1984), 523 (528).

[102] Der Beirat der Gewerkschaft IG Chemie-Papier-Keramik trifft nach § 48 der Satzung „wichtige und dringende Entscheidungen" zwischen zwei Gewerkschaftstagen. Er ist somit nicht das oberste Verbandsorgan.

[103] BGHZ 45, 314 (317 ff.); bestätigt zuletzt von BGHZ 87, 337 ff. m.w.N.

[104] Dafür wohl Reuter, ZHR 148 (1984), 523 (528).

[1] Keuk-Knobbe in Fschr. Ballerstedt, S. 239 (252).

Der Bundesgerichtshof vertrat im Holzmüller-Urteil die gleiche Auffassung: Es könne „schwerlich von einer Störung der aktienrechtlichen Zuständigkeitsordnung gesprochen werden, wo die Klage eines Aktionärs gerade den Zweck haben soll, diese vom Vorstand verletzte Ordnung zu erhalten oder wiederherzustellen und damit zugleich eigene Rechte zu wahren. Der Schutz der innergesellschaftlichen Ordnung (sei) daher kein Gesichtspunkt, der eine mit solchem Ziel erhobene Leistungs- oder Unterlassungsklage ausschließen könnte".[2] Diese Auffassung dürfte wohl herrschend sein.[3]

Ihr ist auch für die Gewerkschaften zuzustimmen. Als bedeutsamer Gesichtspunkt ist bei den Gewerkschaften zusätzlich die gesellschaftliche Bedeutung zu berücksichtigen, die einer rechtmäßigen Betätigung unter dem Aspekt der vielfältigen besonderen Kompetenzen der Gewerkschaften zukommt. Insofern ist bereits ausgeführt worden, daß die Rechtmäßigkeit innergewerkschaftlicher Willensbildung etwa in Zusammenhang mit einem Arbeitskampf überhaupt nur innerhalb der Gewerkschaften überprüft werden kann.[4] Die Rechtmäßigkeit von Arbeitskämpfen muß aber überprüfbar sein, wenn die weitgehenden Durchbrechungen der Grundsätze, die unsere Rechtsordnung an sich für die Durchsetzung von Forderungen durch Anwendung von Zwang aufstellt,[5] gerechtfertigt sein soll. Es ist also nicht nur nach allgemein verbandsrechtlichen Grundsätzen in der mitgliedschaftlichen Rechtskontrolle des Handelns der Verbandsführung keine unzulässige Kompetenzzuweisung innerhalb des Verbandes zu sehen; vielmehr ist auch gerade bei den Gewerkschaften nicht ersichtlich, woher aus dem Blickpunkt des Verbandsrechts rechtliche Bedenken resultieren sollten.

II. Verfassungsrechtlich geschützte Koalitionsautonomie und mitgliedschaftliche Kontrollbefugnis

Einer Prüfung bedarf das Verhältnis von durch Art. 9 III GG geschützter Koalitionsautonomie und mitgliedschaftlicher Kontrollbefugnis.

1. Problemstellung

Wenn ein Mitglied einer Gewerkschaft rechtliche Bedenken gegen das Handeln der Gewerkschaftsführung geltend macht, haben die Gerichte dar-

---

2 BGHZ 83, 122 (134).

3 H. Westermann, Freundesgabe E. Boettcher, S. 203 (212, 214); vgl. Großfeld, JZ 1981, 234 (236): die Klagemöglichkeit sei auf gesetz- und satzungswidrige Maßnahmen einzugrenzen, um einer evtl. Mißbrauchsmöglichkeit zu begegnen.

4 Siehe oben § 1 II 1.

5 Vgl. dazu umfassend Picker, ZfA 1986, 199 (208ff.); Picker, Warnstreik, S. 147ff.; Loritz, ZfA 1985, 185 (206ff).

über zu entscheiden. Bereits ein solcher Prozeß, erst recht aber ein einer mitgliedschaftlichen Klage stattgebendes Urteil wird von der Gewerkschaftsführung als Störung oder Einmischung empfunden werden. Die deutschen Gewerkschaften sind aus verständlichen, historisch bedingten Gründen besorgt darum, daß die von ihnen über lange Zeit mühsam erkämpfte staatsunabhängige Machtstellung verloren gehen oder eingeschränkt werden könnte. Ein deutliches Beispiel für die durch diese Befürchtung zu bewegenden Energien war im Jahre 1985/86 der Streit um die Zahlung von Arbeitslosengeld an solche Arbeitnehmer, die wegen mittelbarer Streikbetroffenheit von ihrem Arbeitgeber nicht mehr beschäftigt werden können.[6] Die Führungen der Gewerkschaften werden wahrscheinlich Urteilen staatlicher Gerichte ablehnend gegenüberstehen, mit denen Klagen stattgegeben wird, die sich auf mitgliedschaftliche Kontrollbefugnisse stützen. Wie ist der zu erwartende Einwand zu beurteilen, solche Entscheidungen stellten eine unzulässigen Eingriff in die Koalitionsautonomie dar?

2. Antwort nach der herrschenden Auffassung zu Art. 9 III GG

Wenn der Schutz mitgliedschaftlicher Rechte in Frage steht, geht es nach der Auffassung der h. M. unter Gesichtspunkten der Grundrechtsdogmatik strukturell um eine Kollision zwischen der individuellen und der kollektiven Koalitonsfreiheit.[7] Bereits unter diesem Gesichtspunkt sind der Gesetzgeber und der Richter (im Bereich des gesetzesvertretenden Richterrechts) ausreichend zur Statuierung von Mindestanforderungen an das gewerkschaftliche Innenrecht legitimiert.[8] Das Bundesverfassungsgericht hat betont, daß Gewerkschaften „in einem Bereich, in dem der Staat seine Regelungszuständigkeit weit zurückgenommen hat“,[9] agieren. Gerade daraus und aus der damit verbundenen Restriktion außerverbandlicher Rechtskontrolle erwächst auch vor dem Hintergrund des Art. 9 III GG die Rechtfertigung mitgliedschaftlicher Kontrolle.

3. Antwort nach der Mindermeinung zu Art. 9 III GG

Scholz sieht als Schutzgut des Art. 9 III GG in erster Linie die individuelle Koalitionsfreiheit an.[10] Ihm ist zu folgen, weil durch diesen Ansatz Kollisionen zwischen individueller und kollektiver Koalitionsfreiheit vermieden

---

[6] Der Streit um § 116 AFG; vgl. dazu nur mit Überblick über das Gesetzgebungsverfahren und umfangreichen Nachweisen Seiter, NJW 1987, 1.

[7] Säcker, Repräsentation von Großvereinen, S. 34f.

[8] Repräsentativ für die h.M. Säcker, Repräsentation von Großvereinen, S. 36.

[9] BVerfGE 50, 290 (368).

[10] Scholz, in: Maunz / Dürig, Art. 9 Rn. 173 und Koalitionsfreiheit, S. 135ff., 249ff. Kritisch zur h.M. auch Picker, ZfA 1986, 199ff. Ausführlich oben § 11 IV.

werden können und das Individualgrundrecht zu voller Entfaltung gelangen kann.[11] Nach dieser Auffassung muß man davon ausgehen, daß die Koalition, die ja deshalb durch das Grundgesetz geschützt ist, weil auf diese Weise die Grundrechte der einzelnen Gewerkschaftsmitglieder in ihrer Gesamtheit optimal entfaltet werden können, durch den Schutz eben dieser Grundrechte nicht unzulässig eingeschränkt wird.

Ein Verstoß gegen Art. 9 III GG liegt deshalb in der mitgliedschaftlichen Kontrollbefugnis nicht.

III. Art. 9 I GG und die mitgliedschaftliche Kontrollbefugnis

Die mitgliedschaftliche Kontrollbefugnis könnte ferner mit Art. 9 I GG kollidieren. Die Gewerkschaft ist als solche wegen des engen Zusammenhangs von individueller und kollektiver Vereinigungsfreiheit durch Art. 9 I GG geschützt.[12]

Art. 9 I GG gewährleistet das Prinzip freier sozialer Gruppenbildung[13] als ein konstituierendes Prinzip der demokratischen und rechtsstaatlichen Ordnung des Grundgesetzes[14] und enthält eine interne Tätigkeitsgewähr der Vereinigung, die das Recht umfaßt, das Vereinsleben autonom zu gestalten.[15] Der denkbare Einwand, eine durch richterliche Entscheidungen realisierte mitgliedschaftliche Kontrollbefugnis störe die Verbandsautonomie, hat die Rechtsprechung zu Recht nicht davon abgehalten, z. B. bei der Überprüfung des Ausschlusses eines Gewerkschaftsmitglieds seit jeher eine inzidente Kontrolle der Rechtmäßigkeit des zugrundeliegenden innerverbandlichen Beschlusses vorzunehmen.[16] Darin liegt keine Verletzung des Art. 9 I GG.[17] Nach Ansicht des Bundesverfassungsgerichts ist die „Vereinigungsfreiheit in mehr oder minder großem Umfang auf Regelungen angewiesen“, die z. B. „Rechte der Mitglieder sichern und den schutzbedürftigen Belangen Dritter oder auch öffentlichen Interessen Rechnung tragen“ sollen.[18] Demgemäß sei mit der Garantie der Vereinigungsfreiheit „seit jeher die Notwendigkeit einer gesetzlichen Ausgestaltung dieser Freiheit verbunden“.[19]

---

[11] Vgl. dazu oben § 11 IV 2.

[12] BVerfGE 50, 290 (354).

[13] BVerfGE 38, 281 (302 f.).

[14] BVerfGE 50, 290 (353).

[15] Scholz in: Maunz / Dürig, Komm. z. GG, Art. 9 Rn. 81.

[16] Instruktiv etwa BGH NJW 1978, 990 (Mercator) = SAE 1980, 18 m. Anm. Konzen.

[17] Für den Gewerkschaftsausschluß vgl. auch Sachse, Aufnahme- und Verbleiberecht, S. 216 f.

[18] BVerfGE 50, 290 (354).

[19] BVerfGE 50, 290 (354).

Für die Gewerkschaften kommt verstärkend für die Notwendigkeit einer verbandsinternen Rechtskontrolle die Bedeutung hinzu, die diese im staatlichen Gemeinwesen einnehmen. Oben wurde ausgeführt, daß mitgliedschaftliche Kontrolle innerhalb der Gewerkschaften in ganzen Rechtsbereichen die einzige Kontrollmöglichkeit ist, der die Gewerkschaften überhaupt ausgesetzt sind.[20] Der durch die Kontrolle bewirkte Schutz durch das Grundgesetz garantierter Positionen des einzelnen muß deshalb besonders dort aktualisiert werden können, ohne daß dies einen Verstoß gegen Art. 9 I GG darstellt. Dies gilt um so mehr, als, wie oben ausgeführt, die spezielle Gewährleistung des Art. 9 III GG einer Rechtskontrolle gerade nicht im Wege steht.[21]

Die richterliche Aktualisierung der mitgliedschaftlichen Kontrollrechte steht also nicht im Widerspruch zu Art. 9 III und Art. 9 I GG.

IV. Handeln der Funktionäre und Zurechenbarkeit dieses Handelns zur Gewerkschaft

1. Problemstellung

Wenn ein Vorstandsmitglied oder der Vorstand der Gewerkschaft die Kompetenzen überschreitet, die ihm von seiner Gewerkschaft gesetzt sind, ist dies innerverbandlich rechtswidrig und kann entsprechende Rechtsfolgen auslösen. Will ein Gewerkschaftsmitglied gegen das rechtswidrige Handeln des Funktionärs vorgehen, so bietet sich eine Klage gegen die Gewerkschaft an, schon deshalb, weil der Funktionär als Organ der Gewerkschaft handelt. Kann dann die Gewerkschaft einwenden, in einem Fall, in dem der Funktionär seine Kompetenzen nach Auffassung des Klägers überschritten habe, sei der Gewerkschaft dieses Handeln wegen der Kompetenzüberschreitung nicht zurechenbar und diese sei deshalb auch für eine entsprechende Klage des Gewerkschaftsmitglieds nicht passivlegitimiert?

2. Argumentation mit der Außenwirkung der internen Kompetenzbeschränkung

Für eine solche Argumentation könnte auf den ersten Blick sprechen, daß im Vereinsrecht nach § 26 II 2 BGB Inhalt und Umfang der Vertretungsmacht des Vereinsvorstands der Gestaltungsautonomie des Vereines unter-

20 Siehe oben § 1 II 1.

21 Dieses Verhältnis von Art. 9 I zu III GG wird vom Bundesverfassungsgericht im Mitbestimmungsurteil ebenso gesehen: „Mehr noch als die in Art. 9 I GG gewährleistete allgemeine Vereinigungsfreiheit bedarf die Koalitionsfreiheit von vornherein der gesetzlichen Ausgestaltung“, BVerfGE 50, 290 (368).

liegen.[22] Daraus ließe sich schließen, daß ebenso wie eine Außenwirkung der internen Kompetenzbeschränkung gilt, vielleicht auch von einer Nicht-Zurechenbarkeit des Handelns der Organe im Innenverhältnis an den Verband auszugehen wäre.

Eine solche Argumentation ist Einwendungen aus zwei Gesichtspunkten ausgesetzt. Zum einen gilt § 26 II 2 nur für eingetragene Vereine. Eine Anwendung auf die Gewerkschaften bedürfte also einer besonderen Begründung, die aber wegen der großen Publizität der Satzungen der Gewerkschaften bejaht werden könnte. In den Satzungen der DGB-Gewerkschaften sind teilweise auch durchaus Vertretungsbeschränkungen enthalten.[23] Diese betreffen aber – falls vorhanden – nicht Kompetenzfragen der in dieser Arbeit behandelten Art. Bereits das Vorliegen der Voraussetzungen für eine mögliche Nichtzurechnung ist danach problematisch.

Außerdem soll nach h. M. aus § 26 BGB der Grundsatz folgen, daß die Vertretungsmacht des Vorstandes durch den Vereinszweck begrenzt sei.[24] Dabei gilt dieser Grundsatz nur für Geschäfte, die für Dritte erkennbar ganz außerhalb des Vereinszwecks liegen.[25] Für die Gewerkschaften als frei gebildete Körperschaften wäre diese ausweislich der Motive zum BGB auf Idealvereine zugeschnittene Auffassung[26] nur unter Schwierigkeiten anzuwenden, falls man eine Anwendung auf Vereine, die nicht im Vereinsregister eingetragen sind, überhaupt für zulässig halten will. Dazu kommt die Seltenheit einer Überschreitung des Vereinszwecks,[27] die es zusammen mit der auch in diesem Zusammenhang weitgehend vorgenommenen restriktiven Interpretation der Beschränkung der Vertretungsmacht[28] zu einem gerade für den breit gesetzten Zweck der Gewerkschaften äußerst unwahrscheinlichen Fall macht, daß unter diesem Gesichtspunkt der Gewerkschaft ein Handeln ihres Vorstands in den hier relevanten Bereichen einmal nicht zugerechnet werden könnte.

In aller Regel ist deshalb das Handeln der Gewerkschaftsfunktionäre der Gewerkschaft auch in dem Sinne zurechenbar, daß von einem schlichten Handeln „der Gewerkschaft" gesprochen werden kann. Dies gilt jedenfalls für solches schlichte Verbandshandeln, das auch nur den geringsten sachlichen Bezug zu Aufgaben einer Gewerkschaft aufweist. Nimmt etwa der Vorstand einer Gewerkschaft Stellung dazu, welche Fußballmannschaft

---

[22] Staudinger / Coing, § 26 Rn. 11. Vgl. umfassend und instruktiv zu den praktischen Problemen aus dieser Vorschrift zuletzt Säcker, DB 1986, 1504ff.

[23] Vgl. etwa § 48 II 4 GHK; § 47 Nr. 8 IG CPK.

[24] Staudinger / Coing § 26 Rn. 9; Palandt / Heinrichs, § 26 Anm. 2a.

[25] Palandt / Heinrichs, § 26 Anm. 2a.

[26] Motive I, S. 97.

[27] S.o. § 13 V.

[28] Staudinger / Coing, (Vereinszweck, so wie er als ein für solcher Vereine typischer Dritter erkennbar ist), § 26 Rn. 9.

Bundesligameister werden sollte, ist dies der Gewerkschaft nicht mehr zuzurechnen. Anders wäre dies aber schon dann zu beurteilen, wenn die Spielweise einer Fußballmannschaft von „der Gewerkschaft" getadelt wird, weil diese in einem internationalen Turnier durch unsportliches Verhalten dem Ansehen Deutschlands geschadet habe. Hier stellt sich zwar die Frage, ob eine solche Äußerung von der Kompetenz der Gewerkschaftsführung gedeckt ist; es läßt sich aber nicht jeglicher Zusammenhang mit gewerkschaftlichen Aufgaben[29] leugnen, so daß diese Äußerung der Gewerkschaft zuzurechnen wäre.

3. Zurechnung auch bei Kompetenzüberschreitung

Ein weiterer Einwand ist grundsätzlicherer Art: Eine Überschreitung der Kompetenzgrenzen im Innenverhältnis ist für die Zurechung zum Verband auch im Recht der Aktiengesellschaft irrelevant. Der Bundesgerichtshof hat dies im Holzmüller-Fall für die Aktiengesellschaft entschieden. Danach kann ein tatsächliches Handeln der Organe der Gesellschaft, das verbandsinterne Kompetenzgrenzen überschreitet, gleichwohl auch verbandsintern der Gesellschaft als solcher zugerechnet werden. Es ist daher nach zutreffender Ansicht des Bundesgerichtshofes Sache der Gesellschaft, durch ihre Organe Abhilfe zu schaffen und darauf zu achten, daß die Mitgliedschaftsrechte künftig nicht mehr verletzt würden.[30]

Daraus ergibt sich, daß auch eine Kompetenzüberschreitung nichts daran ändert, daß die Gewerkschaft richtiger Passivlegitimierter bei einer Geltendmachung des mitgliedschaftlichen Kontrollrechtes ist.

V. Zusammenfassende Darstellung der Kompetenzgrenzen der Gewerkschaftsführung

Die Reichweite innergewerkschaftlicher Rechtskontrolle hängt zu einem erheblichen Teil davon ab, wie weit die Kompetenzen der Gewerkschaftsführung gezogen sind. Zu diesem Punkt hat sich gezeigt, daß die Gewerkschaftsführung je nach materiellem Regelungsgebiet für ihr Handeln eine besondere innerverbandliche Legitimation benötigt.

Das Erfordernis einer solchen Legitimation bestimmt sich nach materiellen Kriterien. Insofern läßt sich von der Anwendung einer Wesentlichkeitstheorie sprechen. Sachfragen, die für die Gewerkschaften besonders bedeutsam sind, müssen durch eine Entscheidung der Mitgliedervertretung – also

[29] In Betracht käme etwa das Bemühen um Völkerverständigung, vgl. § 4 II IG Druck und Papier.

[30] BGHZ 83, 122 (133f.).

regelmäßig des Gewerkschaftstages – legitimiert sein. Satzungsförmigkeit in dem Sinne, daß die Grundlagenentscheidungen ausdrücklich in den geschriebenen Satzungstext der Gewerkschaften aufgenommen werden müßten, ist nicht erforderlich. Die weitgehend übliche Praxis der deutschen Gewerkschaften, in ihre Satzungen hinsichtlich der zu erreichenden Ziele und zu erledigenden Aufgaben nur allgemein gehaltene Formulierungen aufzunehmen, ist insofern unbedenklich. Sofern ein Beschluß des Gewerkschaftstages bezüglich solcher Fragen vorliegt, für die eine Grundlagenentscheidung erforderlich ist, reicht dies aus. Nach allgemeinen verbandsrechtlichen Grundsätzen kann auch eine ständige Übung im Sinne von Gewohnheitsrecht eine ausreichende Legitimationsgrundlage darstellen. Dies ist aber ein Ausnahmetatbestand, dessen Voraussetzungen nur in seltenen Fällen vorliegen. Er ist streng abzugrenzen gegen Fälle dauernder Übung im Sinne eines von der Führung des Verbandes oktroyierten neuen Selbstverständnisses des Verbandes.

VI. Einzelne Kriterien für die Erforderlichkeit besonderer innerverbandlicher Legitimation

1. Problemstellung

Das Erfordernis einer besonderen innergewerkschaftlichen Legitimation richtet sich nach dem notwendig unbestimmten Kriterium eines Wesentlichkeitserfordernisses. Danach muß das Handeln der Gewerkschaftsführung dann über die generelle Kompetenzzuweisung hinaus innergewerkschaftlich besonders legitimiert sein, wenn es sich um Fragen handelt, die für die Gewerkschaft von besonderer Tragweite sind. Die Frage, ob es insoweit auf die Bedeutung des Problems für die Gewerkschaft als solche oder auf das einzelne Gewerkschaftsmitglied ankommt,[31] ist für die hier behandelten Probleme der mitgliedschaftlichen Kompetenz zur Rechtskontrolle dem Verband gegenüber regelmäßig nicht relevant, da es sich um abstrakte Entscheidungen handelt bzw. es um ein Handeln der Gewerkschaftsführung geht, das gleiche Relevanz für alle Verbandsmitglieder hat. Diese Beurteilung ändert sich auch dann nicht, wenn in concreto – wie häufig – der Ausschluß eines Mitglieds für die Anrufung der Gerichte erst den Anstoß gibt. Die oben gebrachten Beispiele Nr. 4 und Nr. 5 – das Fassen eines Unvereinbarkeitsbeschlusses und der Ausschluß eines Mitglieds wegen Verstosses gegen einen solchen Unvereinbarkeitsbeschluß[32] – unterscheiden sich von

[31] Zu diesem Problem für das allgemeine Vereinsrecht unter besonderer Berücksichtigung des Rechts der Gewerkschaften vgl. die unterschiedlichen Standpunkte von Reuter, ZHR 184 (1984), 523 (534ff.) und dagegen zutreffend Säcker, Repräsentation von Großvereinen, S. 25ff.

[32] Oben § 1 IV.

den Sachfragen her nicht. Die Rechtsprechung wendet auch nicht etwa – wie sich im Mercator-Fall deutlich zeigt – für die bloß inzidente Prüfung weniger strenge Maßstäbe an. Ein Unterschied hinsichtlich des Erfordernisses einer Grundlagenlegitimation zwischen solchen Fragen, die bloß in Zukunft einmal wie ein Unvereinbarkeitsbeschluß vielleicht die Rechtsstellung des einzelnen Mitglieds berühren könnten, und solchen, die direkt auf die Rechtsstellung des einzelnen Mitgliedes abzielen, ist deshalb nicht zu machen. Wer davon ausgeht, daß Art. 9 III GG in erster Linie das Grundrecht des einzelnen garantieren soll, müsste anders als Reuter dies nahelegt,[33] gerade für solche Fragen, die die Rechtsstellung des einzelnen betreffen, eine Grundlagenlegitimation verlangen.

2. Die Anwendung gewerkschaftsspezifischer Kriterien

Die Erforderlichkeit innerverbandlicher Grundlagenlegitimation muß sich deshalb nach gewerkschaftsspezifischen Kriterien bestimmen. Das zu diesem Zweck dargestellte Wesentlichkeitskriterium, das für das Verfassungsrecht von der Rechtsprechung des Bundesverfassungsgerichts[34] und des Bundesverwaltungsgerichts[35] herausgearbeitet worden ist, ist allerdings im öffentlichen Recht der Kritik ausgesetzt ist, keinen präzisen Maßstab dafür zu liefern, wann eine Entscheidung so wesentlich ist, daß sie nur von dem Gesetzgeber getroffen werden kann und nicht der Exekutive überlassen werden darf.[36] Die Rechtsprechung des Bundesverfassungsgerichts wird aber trotz einiger Einwände in der gleichen Weise fortgeführt.[37] Ebenso wie das Bundesverfassungsgericht sich danach ausrichtet, was wesentlich für die Verwirklichung der Grundrechte oder der Freiheitsrechte ist,[38] kann für die Gewerkschaften ein gewerkschaftsspezifischer Maßstab angelegt und geprüft werden, was wesentlich für die Ziele und Aufgaben der Gewerkschaften ist, was die Gewerkschaften in besonderem Maße charakterisiert.

Dies sei bereits an dieser Stelle[39] an einem Beispiel dargestellt: Die bedeutenden deutschen Gewerkschaften haben in den Jahren der Nachkriegsentwicklung z. B. in der Organisation als Einheitsgewerkschaft eine deutliche Prägung erhalten. Eine Änderung der Prägung als Einheitsgewerkschaft ist

---

[33] Reuter, ZHR 184 (1984), 523 (534 ff.).

[34] BVerfGE 34, 165 (192 f.); BVerfGE 40, 237 (248 ff.); BVerfGE 41, 251 (259); BVerfGE 45, 400 (417 ff.); BVerfGE 49, 89 (126 ff.); BVerfGE 56, 1 (13); vgl. zuletzt BVerfGE 73, 118 (153 ff.) unter Bestätigung von BVerfGE 57, 295 (324 ff.).

[35] BVerwGE 56, 155; BVerwGE 64, 308.

[36] Zur Wesentlichkeitstheorie vgl. Maurer, Verwaltungsrecht, § 6 Rn. 19 ff; Badura, Staatsrecht, Rn. C 16; Umbach, in: Fschr. Faller, S. 111.

[37] Vgl. zuletzt das 4. Rundfunkurteil, BVerfG NJW 1987, 239 (246 ff.).

[38] Vgl. BVerfGE 47, 46 (79); BVerfGE 49, 89 (126 f.).

[39] Eine Erörterung der am Anfang der Arbeit beispielhaft gebrachten Problemfälle folgt unten in Teil 4.

nicht etwa durch das Grundgesetz – das angesichts der Garantie des Art. 9 III GG als einzige Normierungsinstanz in Betracht kommt – ausgeschlossen.[40] Andererseits ist wohl kaum zu bestreiten, daß nicht allein eine dazu entschlossene Gewerkschaftsführung ohne eine dahingehende Grundlagenlegitimation durch die von ihr verfolgte Politik eine Umformung der Gewerkschaft in eine Richtungsgewerkschaft vornehmen darf. Es liegt somit deutlich zutage, daß hier ein Fall gegeben ist, in dem die Anwendung eines gewerkschaftsspezifischen Wesentlichkeitskriteriums eine Grundlagenlegitimation verlangt.

VII. Sanktionsmöglichkeiten des Mitglieds

Fehlt eine Grundlagenlegitimation, obwohl sie nach den oben skizzierten Kriterien erforderlich ist, so ist das Handeln der Gewerkschaftsführung und damit der Gewerkschaft den Gewerkschaftsmitgliedern gegenüber rechtswidrig. Die Gewerkschaftsmitglieder können deshalb von der Gewerkschaft verlangen, daß sie ihr rechtswidriges Tun einstellt.

Nach den Grundsätzen des Holzmüller-Urteils, die insofern unbedenklich auch auf die Gewerkschaften angewendet werden können, kann grundsätzlich auch verlangt werden, daß die Körperschaft durch rechtswidriges Verbandshandeln geschaffene Fakten wieder rückgängig macht.[41] Von diesem Grundsatz geht ersichtlich auch die Literatur aus.[42]

Dieser Anspruch steht jedem Gewerkschaftsmitglied zu. Er steht wie jeder Anspruch unter dem Vorbehalt, daß er nicht mißbräuchlich, d.h. vor allem innerhalb einer angemessenen Frist, geltend gemacht wird. Der Bundesgerichtshof hat zur Bestimmung einer solchen angemessenen Frist im Holzmüller-Urteil eine Orientierung an der aktienrechtlichen Anfechtungsfrist des § 246 AktG vorgeschlagen.[43] Dabei handelt es sich um eine Monatsfrist. Der Anspruch auf Rückgängigmachung soll dem BGH zufolge innerhalb einer Zeit geltend gemacht werden, die zu dieser Monatsfrist „nicht außer Verhältnis"[44] steht. Der BGH geht also nicht von der Anwendung einer Monatsfrist aus; den Zeitraum von 2 1/2 Jahren hielt er aber eindeutig für überzogen.[45]

---

[40] Scholz, in: Maunz / Dürig, Rn. 200f.; Badura, in: Arbeitsrecht der Gegenwart Bd. 15, S. 28.

[41] BGHZ 83, 122 (133f.). In dem konkreten Fall hielt der BGH allerdings eine Klage 2½ Jahre nach dem rechtswidrigen Handeln der Verbandsführung für verspätet und deshalb unbegründet.

[42] Für das GmbH-Konzernrecht vgl. etwa Emmerich, AG 1987, 1 (4); von dem Vorhandensein von Unterlassungsansprüchen von Minderheitsgesellschaftern geht für die Problematik des qualifizierten faktischen Konzerns im Aktienrecht auch Timm aus, NJW 1987, 977 (981).

[43] BGHZ 83, 122 (135f.).

[44] BGHZ 83, 122 (136).

Die Monatsfrist erschiene für die Verhältnisse der Gewerkschaften zu kurz. Als Maßstab muß dienen, daß durch die Setzung einer Frist nur der Ausschluß einer mißbräuchlich verspäteten Klage verhindert werden soll. Es ist deshalb nicht von einer festen Frist auszugehen, etwa einer in Anlehnung an § 246 AktG möglichen Monatsfrist. Vielmehr ist zu bedenken, daß sich die mitgliedschaftliche Klage sowohl gegen formelle Beschlüsse als auch gegen schlichtes Verbandshandeln richten kann. Für formelle Beschlüsse ist davon auszugehen, daß von dem Gewerkschaftsmitglied erwartet werden kann, daß es innerhalb einer nicht zu kurz bemessenen Frist, die ab Kenntnis des Beschlusses läuft, gegen diesen vorgeht. In Betracht käme etwa eine Klagefrist von ca. 3 Monaten, dies in Anlehnung an die aktienrechtliche Monatsfrist und unter Modifizierung für die Gewerkschaften.[46] Bei schlichtem Verbandshandeln ist wiederum zu differenzieren: Liegt der vermeintlich rechtswidrige Tatbestand klar auf der Hand, beginnt in diesem Augenblick die Zeit zu laufen, in der ein Mitglied Klage erheben muß, z. B. bei Äußerungen des Gewerkschaftsvorstandes. Ist dies nicht der Fall, z. B. bei sich allmählich vergrößernden wirtschaftlichen Aktivitäten, so beginnt die Frist erst dann zu laufen, wenn der rechtswidrige Tatbestand für das betroffene Mitglied klar ersichtlich ist.

Darüber hinaus muß aber bedacht werden, daß die Gewerkschaftsführung solange nicht einwenden kann, eine Klage gegen rechtswidriges Handeln des Verbandes sei rechtswidrig, wie eine Beseitigung ohne großen Schaden für die Gewerkschaft möglich ist. Zugunsten eines Anspruchs auf Rückgängigmachung ist jeweils zu bedenken, daß eine Belassung des rechtswidrigen Zustandes eine Strukturveränderung mit u.U. weitgehenden Folgen für die Gewerkschaft darstellen kann. In diesem Sinne entschied der BGH im Holzmüller-Fall, daß die beklagte Aktiengesellschaft verpflichtet war, ihrer Hauptversammlung Beschlüsse über Kapitalerhöhungen in dem ausgegliederten Betriebsteil zur Entscheidung vorzulegen,[47] obwohl das Verlangen nach Rückgängigmachung der Ausgliederung verfristet war. So wurde eine Art Schadensbegrenzung möglich. Dies muß auch bei den Gewerkschaften die Richtschnur sein, auch wenn das Verlangen nach Rückgängigmachung einer rechtswidrigen Maßnahme wegen Fristablaufs als mißbräuchlich erscheinen muß.

---

[45] BGHZ 83, 122 (133f.).

[46] Die Nennung einer konkreten Frist ist kaum möglich. Reuter, in: MünchKomm, § 33 Rn. 3 spricht z.B. von „angemessener Frist".

[47] BGHZ 83, 122 (141ff.).

VIII. Mitgliedschaftliche Rechtskontrolle und Anfechtungsklage im Vereinsrecht

Materielle Ansprüche und prozessuale Durchsetzung hängen generell in vieler Hinsicht zusammen.[48] Eine besonders enge Verschränkung besteht, wenn materielle Ansprüche mit einer Gestaltungsklage durchgesetzt werden müssen. Wird nämlich der Gestaltungsklage stattgegeben, gestaltet das Urteil die materielle Rechtslage um.[49] Ein besonderer Fall der Gestaltungsklage ist die Anfechtungsklage. Wenn eine Anfechtungsklage vorgesehen ist, bedeutet dies, daß ein auf die Anfechtungsklage hin ergehendes Urteil die Rechtslage materiell und mit Wirkung inter omnes neu gestaltet. Diese Gestaltungswirkung tritt gegenüber jedermann ein.[50]

Wird die Anfechtungsklage abgewiesen, so ändert sich die Rechtslage nicht. Jedoch ist mit einer Anfechtungsklage ein Anfechtungserfordernis verbunden, das sich dahin auswirkt, daß die Geltendmachung der Rechtswidrigkeit eines Beschlusses innerhalb einer gewissen Frist erfolgen muß, wenn nicht der rechtswidrige Beschluß unanfechtbar werden soll.[51] Wenn eine Anfechtungsklage gegeben ist, dient dies der der Rechtsklarheit.[52] Denn wenn einer Anfechtungsklage stattgegeben wird, so ist die Rechtslage wegen der Gestaltungswirkung des stattgebenden Urteils für alle klar geregelt. Wenn jedoch die Klagefrist abläuft, ohne daß Anfechtungsklage erhoben wurde, ist ebenfalls für jeden ersichtlich, daß der Verbandsbeschluß unangreifbar geworden ist. Der Vorteil der Rechtssicherheit wird allerdings erkauft durch den Nachteil, daß möglicherweise ein rechtswidriger Zustand bestandskräftig wird.

1. Mindermeinung

K. Schmidt fordert eine Rechtsfortbildung dahin, daß auch Beschlüsse im Vereinsrecht der Anfechtungsklage unterliegen, mit allen Konsequenzen, die dies, wie dargestellt, hat.[53] Eine Hauptkonsequenz ist das Erfordernis der alsbaldigen Erhebung einer solchen Anfechtungsklage, wenn eine Perpetuierung des rechtswidrigen Zustandes verhindert werden soll. Eine

[48] Siehe dazu oben § 1 II 1.

[49] Vgl. nur Thomas / Putzo, ZPO, Vorbem § 253 Anm. II 3; Baumbach / Hartmann, ZPO, Grundz § 253 C; Jauernig, Zivilprozeßrecht, § 65 I; Schlosser, Gestaltungsklagen, S. 27 ff.; K. Schmidt, Fschr. Stimpel, S. 217 (233 f.).

[50] K. Schmidt, Fschr. Stimpel, S. 217 (223); vgl. z. B. im Recht der Genossenschaften Müller, Genossenschaftsgesetz, Bd. II, § 51 Rn. 140; Metz, in: Lang / Weidmüller, § 51 Rn. 115 f. und zum Aktienrecht Th. Raiser, Kapitalgesellschaften, S. 45.

[51] Dazu im Hinblick auf das Vereinsrecht deutlich K. Schmidt, Fschr. Stimpel, S. 217 (241 ff.); vgl. auch Schmidt, AG 1977.

[52] K. Schmidt, Fschr. Stimpel, S. 217 (230).

[53] K. Schmidt, Fschr. Stimpel, S. 217 (238 f.); vgl. auch schon K. Schmidt, AG 1977, 246 (249).

Klage erübrigt sich nur, wenn der angefochtene Beschluß unter einem so schweren Mangel leidet, daß er nichtig ist.

Reuter will die Anfechtungsklage im Vereinsrecht von der Existenz einer AG-ähnlichen Organisation der Willensbildung und Abstimmung abhängig machen.[54] Für die Gewerkschaften würde er nach diesen Kriterien wohl eine Anfechtungsklage gegen Vereinsbeschlüsse für gegeben erachten.

2. Die herrschende Meinung

Nach ganz h. M. im Vereinsrecht sind rechtswidrige Beschlüsse nichtig, ohne daß es einer Anfechtung bedarf.[55] Allerdings soll nach wohl überwiegender,[56] wenn auch bestrittener[57] Auffassung auch der herrschenden Lehre die Klage eines Mitgliedes auf Feststellung der Rechtswidrigkeit eines Beschlusses Rechtskraft inter omnes haben. Darin liegt im Ergebnis eine weitgehende Übereinstimmung zu der Auffassung der Mindermeinung, die die Notwendigkeit einer Beschlußanfechtungsklage bei Vereinen postuliert.

3. Stellungnahme

Die Auffassung K. Schmidts,[58] nach der im Vereinsrecht eine Beschlußanfechtungsklage gegeben ist, ist auf die zutreffende Erfassung formeller Vereinsbeschlüsse ausgerichtet. Solche formellen Beschlüsse müssen danach angefochten werden, wenn sie nicht bestandskräftig werden sollen.[59] Die vielfältigen und interessanten prozeßrechtlichen Aspekte, die vor allem auch unter dem Gesichtspunkt auftauchen, daß auch den nicht am Rechtsstreit Beteiligten deshalb rechtliches Gehör gewährt werden muß, weil ein Gestaltungsurteil auch ihnen gegegenüber die Rechtslage materiell verändert,[60] können im Rahmen dieser Arbeit nicht untersucht werden. Überhaupt können die prozessualen Aspekte der mitgliedschaftlichen Klage nicht im einzelnen dargestellt werden. Die Auseinandersetzung mit der

---

[54] MünchKomm / Reuter § 32 Rn. 34; ähnlich Roitzsch, Minderheitenschutz, S. 163.

[55] BGHZ 59, 369 (371 ff.) m. w. N.; MünchKomm / Reuter § 32 Rn. 33 m. w. N.; Reichert / Dannecker / Kühr, Rn. 815; Soergel / Schultze-v. Lasaulx § 32 Rn. 31; Prior, Fehlerhafte Vereinsbeschlüsse, S. 80. Prior, S. 47 ff., bringt auch weitere Nachweise und einen geschichtlichen Überblick.

[56] RGRK / Steffen § 32 Rn. 17; Soergel / Schultze-v. Lasaulx § 32 Rn. 36; Palandt / Heinrichs, § 32 Anm. 4.

[57] Staudinger / Coing, § 32 Rn. 28.

[58] Und auch die weniger weit gehende Auffassung Reuters.

[59] Dazu umfassend K. Schmidt, Fschr. Stimpel, S. 217 (223 f.). Dem stehen Reichert / Dannecker / Kühr jetzt aufgeschlossen gegenüber; sie befürworten eine entsprechende Rechtsfortbildung durch den BGH, siehe Rn. 815 a ff.

[60] Dazu Calavros, Urteilswirkungen, S. 109 ff. (113); aktuell vgl. K. Schmidt, NJW 1986, 2018 (2020 f.).

Mindermeinung muß sich deshalb auf materiell-rechtliche Aspekte beschränken, die im Rahmen des Gewerkschaftsverbandsrechts auftauchen.

Für die Gewerkschaften hat sich im Verlauf der Arbeit deutlich gezeigt, daß nur ein geringer Teil der Probleme mit formellen Gewerkschaftsbeschlüssen zusammenhängt. Rechtlicher Erfassung bedarf viel eher das schlichte Verbandshandeln. In diesem Bereich aber geht es – will man überhaupt mit der Kategorie des Beschlusses arbeiten – darum, daß Beschlüsse eben nicht vorhanden sind, die das Verbandshandeln innerverbandlich legitimieren könnten.

Es ist zu bedenken, welche Konsequenzen sich für die Beschlußanfechtungsklage aus der Ablehnung einer Anfechtungsklage mit Gestaltungswirkung ergeben. Man könnte daran denken, daß dieser Bereich des Verbandsrechts, in dem regelmäßig keine formellen Beschlüsse vorliegen, von dem Streit um das Erfordernis einer Beschlußanfechtungsklage nicht berührt ist. Diese Sichtweise wird aber den Fragestellungen nicht gerecht: Sie umgeht nämlich das Problem, was für die mitgliedschaftliche actio negatoria gegen schlichtes Verbandshandeln im Vergleich zu der actio negatoria zu förmlichen Verbandsbeschlüssen eine unterschiedliche Behandlung rechtfertigen soll. In den Gewerkschaften findet alle drei Jahre ein Gewerkschaftstag statt, so daß es eine unzulässige Verkürzung der Rechtskontrolle wäre, wenn man das rechtlich zu erfassende Leben des Verbandes nur in den Beschlüssen sehen wollte, die auf diesen Gewerkschaftstagen getroffen werden. Das Leben der Gewerkschaft spielt sich im wesentlichen außerhalb solch förmlicher Beschlüsse ab.

Eine Antwort auf die Mindermeinung von der bloßen Anfechtbarkeit rechtswidriger Verbandsbeschlüsse muß als Ziel eine gleiche Lösung gleicher Probleme im Auge behalten. Angenommen, die Gewerkschaftsführung führt für von ihr geplante Strukturveränderungen einen förmlichen Beschluß des Gewerkschaftstages herbei, der rechtswidrig ist. Hier müsste ein Gewerkschaftsmitglied den Beschluß anfechten, andernfalls wird er bestandskräftig. Hätte die Gewerkschaftsführung die Maßnahme rechtswidrigerweise durchgeführt, ohne vorher eine Grundlagenlegitimation herbeizuführen, so wäre eine Gleichbehandlung der Fälle dann erreicht, wenn ohne Erhebung einer entsprechenden Klage das Verbandshandeln quasi „geheilt“ würde. Eine solche „Heilung“ rechtswidrigen Verbandshandelns ist aber nicht gegeben.[61]

Es ist nicht verständlich, warum formelle Verbandsbeschlüsse einer weniger weitgehenden Rechtskontrolle ausgesetzt sein sollen als schlichtes Verbandshandeln. Eine gewisse Rechtfertigung mag man zwar darin sehen, daß diese durch die verfahrensmäßige Absicherung ihres Zustandekommens ein

[61] Dazu siehe oben § 14 IX.

gewisses Vertrauen in ihre Rechtmäßigkeit rechtfertigen könnten. Aber gerade bei den Gewerkschaften besteht wegen der mehrfachen Mediatisierung der Repräsentation in den Gewerkschaftstagen eine gewisse oligarchische Struktur. Dadurch wird die Vermutung entkräftet, ein Gewerkschaftstag schaffe, wenn er Beschlüsse fasse, regelmäßig wirksames Verbandsinnenrecht. Diese Beobachtung wird dadurch illustriert, daß das IG-Metall-Vorstandsmitglied Janßen 1986 seine Wiederwahl zum zweiten Vorsitzenden, bei der er 82,7 % der Stimmen erhalten hatte, nicht annahm. Er begründete dies damit, es handele sich um ein schlechtes Wahlergebnis, durch das seine Position geschwächt sei.[62] Die offensichtlich zutreffende Auffassung, ein Ergebnis von 82,7 % stelle keine ausreichende Vertrauensbasis dar, läßt sich nur dadurch erklären, daß solche Gewerkschaftstage stark oligarchisch geprägt sind.

Nach der Mindermeinung wäre eine unterschiedliche Behandlung formeller Gewerkschaftsbeschlüsse und schlichten Verbandshandelns gegeben. Eine solche Differenzierung findet aber im Recht der Gewerkschaften keine innere Berechtigung. Sie ist deshalb abzulehnen.

Es ist daher nach der für das Vereinsrecht gültigen h. M. zu verfahren, wonach die richtige Klage gegen Vereinsbeschlüsse die Feststellungsklage ist.

[62] Im Oktober 1986 fand in Hamburg ein Gewerkschaftstag der IG Metall statt; vgl. die „Frankfurter Allgemeine Zeitung" v. 23. 10. 1986, S. 1.

Teil 4

Ergebnisse und Zusammenfassung

§ 15 Anwendung der herausgearbeiteten Grundsätze auf ausgewählte Beispiele

Diese Arbeit hat es sich zum Ziel gesetzt, das erkannte Defizit an rechtlicher Kontrolle innerhalb der Gewerkschaften durch Erörterung der mitgliedschaftlichen Kontrollbefugnis zu mildern. Es kann schon aus Raumgründen nicht darum gehen, ein komplettes Gewerkschaftsinnenrecht zu entwickeln. Deshalb müssen notgedrungen die Einzelprobleme der *Anwendung* der mitgliedschaftlichen Kontrolle weitgehend unerörtert bleiben. Es können nur die eingangs gebrachten Beispiele, die das Erfordernis und die Problemfelder innergewerkschaftlicher Rechtskontrolle belegen sollten, näher ausgeführt werden, um die Tragfähigkeit der herausgearbeiteten Grundsätze zu überprüfen.

In *Fall 1* sprach sich die A-Gewerkschaft in einer Presseerklärung gegen eine Raketenstationierung durch die Regierung der USA aus und rief die Bundesregierung dazu auf, die Stationierung zu verhindern.[1]

Es stellt sich die Frage, ob ein Gewerkschaftsmitglied, dem diese Stellungnahme nicht behagt, einen Anspruch darauf hat, daß die Gewerkschaft es unterläßt, eine solche Presseerklärung abzugeben. Dies hängt davon ab, ob die Gewerkschaftsführung im Rahmen ihrer Kompetenzen handelt, wenn sie sich zu Fragen der Verteidigung äußert. Überschreitet sie ihre Kompetenzen, so handelt sie innerverbandlich rechtswidrig.

Es handelt sich bei einer Stellungnahme zum Sinn rüstungspolitischer Maßnahmen nicht um eine Frage des bestmöglichen Erreichens gewerkschaftstypischer Zwecke, wie sie in den Satzungen der Gewerkschaften gemeinhin definiert sind.[2] Deshalb scheidet die generelle Kompetenzzuweisung an die Verbandsführung von vornherein als Legitimationsgrundlage aus. Es kommt deshalb gar nicht darauf an, ob die Gewerkschaftsführung eine besondere Legitimationsgrundlage braucht, weil die allgemeine Kom-

---

[1] Siehe oben § 1 IV.

[2] Zu den typischen Umschreibungen der Gewerkschaftszwecke in den Satzungstexten vgl. oben § 13 V und das Beispiel oben § 13 Fn. 57. Die IG Druck und Papier nennt 19 Punkte als Zweck der Gewerkschaft (§ 4 der Satzung), eine auch allgemeine Umschreibung wie etwa Sicherung des Friedens findet sich aber nicht darunter.

petenzzuweisung die Frage zwar abstrakt erfaßt, aber *wegen besonderer Bedeutung* der Frage eine ausdrückliche Kompetenzzuweisung an die Gewerkschaftsführung erforderlich ist. Vielmehr müsste dieser *generell* eine Kompetenz für Stellungnahmen zur Verteidigung übertragen worden sein. Es bestehen aber große Bedenken dagegen, daß im deutschen System der Einheitsgewerkschaften eine wirksame Ermächtigung der Verbandsführung zur Stellungnahme in rüstungspolitischen Fragen überhaupt denkbar ist. Die großen deutschen Gewerkschaften sind satzungsgemäß in parteipolitischer und religiöser Hinsicht neutral; sie nehmen für sich in Anspruch, alle Arbeitnehmer in ihrem Organisationsbereich zu vertreten.[3] Mit dem Wesen der Einheitsgewerkschaft nicht vereinbar sind aber Stellungnahmen zu allgemeinpolitischen Fragen, soweit die Gewerkschaft nicht eine Meinung ausdrückt, die allgemein in ihrem Aufgabenbereich liegt (z. B. Fragen der Besteuerung). Es ist deshalb davon auszugehen, daß in Fragen der Außenpolitik, in denen nicht in besonderer Weise arbeitnehmerspezifische Probleme berührt sind, die Gewerkschaften kein Recht zur Stellungnahme haben, wenn die Fragen parteipolitisch umstritten sind.

Folglich handelt die Gewerkschaftsführung mit ihrer Presseerklärung innerverbandlich rechtswidrig. Ein Gewerkschaftsmitglied kann deshalb Unterlassung verlangen.

In *Fall 2* ruft die A-Gewerkschaft zum Warnstreik gegen die Raketenstationierung auf.[4]

Eine bloße Stellungnahme der Gewerkschaft zur Rüstungspolitik ist, wie gezeigt, innerverbandlich bereits rechtswidrig. Deshalb ist auch eine Maßnahme des Arbeitskampfes rechtswidrig, durch die einem Anliegen im Rüstungsbereich Nachdruck verliehen werden soll. Aus diesem innerverbandlichen Grund könnte bereits ein Mitglied der Gewerkschaft von dieser die Unterlassung des Aufrufs zum Arbeitskampf verlangen. Dritte, etwa der Arbeitgeberverband, könnten sich dagegen nicht auf diesen Rechtswidrigkeitsgrund berufen. Daneben ist zusätzlich äußerst fraglich, ob nach den Grundsätzen des kollektiven Arbeitsrechts ein Arbeitskampf zulässig wäre, durch den politische Forderungen gegenüber der Regierung durchgesetzt werden sollen.[5] Ein innergewerkschaftlicher Unterlassungsanspruch ergibt sich aber schon unabhängig von diesem Gesichtspunkt deshalb, weil die Gewerkschaftsführung keine Kompetenz hat, zum Thema Rüstung für die Gewerkschaft zu handeln.

---

[3] Vgl. beispielhaft § 3 Nr. 2 IG Bau-Steine-Erden: „Sie (die Gewerkschaft) ist unabhängig von Arbeitgebern, Regierungen, politischen Parteien, Verwaltungen und Konfessionen. Sie ist Sprecher aller Arbeitnehmer im Organisationsbereich der IG Bau-Steine-Erden".

[4] Siehe oben § 1 IV.

[5] Vgl. dazu etwa Seiter, Streikrecht, S. 118 ff. m.w.N.; Rüthers, in: Brox/Rüthers, Rn. 104 ff., 139; Söllner, Arbeitsrecht, S. 83 ff.

In *Fall 3* ruft die A-Gewerkschaft vor der Bundestagswahl ihre Mitglieder zur Wahl der X-Partei auf.[6]

Es handelt sich um einen problemlosen Fall *innerverbandlicher* Rechtswidrigkeit. Daß die Gewerkschaften parteipolitisch neutral sein müssten, läßt sich zwar aus Art. 9 III GG nicht entnehmen. Geht man aber davon aus, daß es sich bei der genannten A-Gewerkschaft um eine Gewerkschaft handelt, die wie die bedeutenden deutschen Gewerkschaften (v.a. die im DGB zusammengeschlossenen) als Einheitsgewerkschaft organisiert ist,[7] so verstößt die Gewerkschaftsführung gegen die Satzung der Gewerkschaft und handelt innerverbandlich (und zwar *nur* innerverbandlich) rechtswidrig, wenn sie einen Aufruf zur Wahl einer politischen Partei herausgibt.

Der DGB-Vorsitzende Breit rechtfertigte offensichtlich in Anerkennung dieser Rechtslage sogar den bloßen Aufruf an die Arbeitnehmer, an der Bundestagswahl im Januar 1987 teilzunehmen, ausdrücklich damit, daran zu erinnern, sei legitimer Auftrag von Einheitsgewerkschaften.[8]

Abgrenzungsschwierigkeiten sind allerdings auch in diesem Bereich denkbar. Ein Aufruf der A-Gewerkschaft, die Arbeitnehmer möchten doch bei der Stimmabgabe genau bedenken, welche politische Partei ihre Interessen am besten vertrete, wird man auch dann noch nicht als innerverbandlich rechtswidrig betrachten dürfen, wenn den Adressaten des Aufrufs nicht zweifelhaft ist, welche Partei gemeint ist. Die Grenzen können hier fließend sein.

Im Beispielsfall hat jedes Mitglied der A-Gewerkschaft einen Anspruch gegen die Gewerkschaft auf Unterlassung eines solchen Wahlaufrufs.

Der Gewerkschaftstag der A-Gewerkschaft trifft in *Beispielsfall 4* einen Beschluß des Inhalts, daß Gewerkschaftsmitglieder aus der Gewerkschaft ausgeschlossen werden sollen, die bei Betriebsratswahlen auf einer Liste kandidieren, die zu einer Gewerkschaftsliste in Konkurrenz steht. Ein Gewerkschaftsmitglied hält dies für rechtswidrig und möchte dagegen vorgehen. In *Fall 5* schließt die A-Gewerkschaft ein Gewerkschaftsmitglied in Vollzug des Unvereinbarkeitsbeschlusses aus Fall 4 aus.[9]

Die beiden Beispielsfälle sollen zusammen erörtert werden. Die Gerichte hatten wiederholt über Klagen zu entscheiden, in denen Gewerkschaftsmitglieder festgestellt haben wollten, daß ihr Gewerkschaftsausschluß, der

---

[6] Siehe oben § 1 IV.

[7] Eine typische Formulierung findet sich etwa in § 3 S. 1 der Satzung der Gewerkschaft Holz und Kunststoff: „Die GHK ist eine parteipolitisch unabhängige, demokratische Organisation". In § 4 S. 2 der Satzung der IG Druck und Papier heißt es: „Sie (sc. die Gewerkschaft) ist unabhängig von Konfessionen und politischen Parteien".

[8] FAZ Nr. 4/1987 v. 6.1.1987, S. 9.

[9] Siehe oben § 1 IV.

wegen eines Verstosses gegen einen Unvereinbarkeitsbeschluß vorgenommen worden war, unwirksam sei. Die Gerichte hatten sich dann regelmäßig incidenter mit der Frage der Wirksamkeit des Unvereinbarkeitsbeschlusses zu befassen.[10] Die beiden Beispielsfälle machen deshalb deutlich, daß es nicht unbedingt darum geht, den Gewerkschaften eine zusätzliche staatliche Kontrolle aufzuerlegen, wenn das mitgliedschaftliche Kontrollrecht anerkannt wird. Neu ist vielmehr, daß eine entscheidende Vorfrage isoliert überprüft werden kann.

Kann nun jedes Gewerkschaftsmitglied auch dann gegen den objektiv rechtswidrigen Beschluß vorgehen, wenn es konkret (noch) nicht betroffen ist? Das Problem liegt in der Abgrenzung der Reichweite des mitgliedschaftlichen Kontrollrechts gegenüber einer unzulässigen Störung der Geschäftstätigkeit des Verbandes. Zur Abgrenzung sei folgender Fall gebildet: Die Gewerkschaft hat einer Werbeagentur den Auftrag gegeben, eine Plakataktion zu entwerfen. Da die Vorschläge der Agentur nicht gefallen, kommt ein Vertrag nicht zustande. Die Gewerkschaft gibt nun gleichwohl Plakate mit den nicht bezahlten Entwürfen dieser Agentur heraus.

Dies mag der Werbeagentur gegenüber unerlaubt sein. Die Klage eines darüber empörten Gewerkschaftsmitglieds gegen die Gewerkschaft wäre aber unbegründet, weil der Vorstand innerhalb seines Kompetenzbereiches handelt, wenn er Plakate veröffentlicht. Dabei kann es keine Rolle spielen, daß das Handeln vielleicht rechtswidrig ist. Ein allgemeines Recht jedes Mitglieds, daß „der Verein nur in den Grenzen tätig wird, die Recht und Satzung setzen",[11] kann nicht anerkannt werden, wenn damit gemeint sein sollte, jedes Mitglied habe einen Anspruch gegen den Verband, daß dieser sich in jeder Hinsicht rechtmäßig verhalte. Ein solches Recht würde die Kompetenzen der Verbandsorgane in unzulässiger Weise überspielen. Richtigerweise ist in erster Linie auf das Einhalten abstrakter Kompetenzgrenzen abzustellen. In dem Beispiel mit der Werbeagentur ist der Vorstand abstrakt kompetent zur Durchführung von Werbemaßnahmen. Deshalb ist die mitgliedschaftliche Klage nicht gegeben.

Ist der Unvereinbarkeitsbeschluß ebenso zu beurteilen? Eine Möglichkeit der Abgrenzung scheint darin zu liegen, zwischen schlichtem Verbandshandeln und formellen Beschlüssen der Hauptversammlung zu differenzieren. Es gibt aber auch rechtswidrige formelle Beschlüsse, wie Fall 8 (Umstrukturierung in eine „Führergewerkschaft") deutlich macht, so daß dieses Kriterium ausscheidet.

Es ist davon auszugehen, daß förmliche Beschlüsse des Gewerkschaftstages immer eine derartige Relevanz für das Gewerkschaftsleben haben, so

---

[10] Vgl. nur beispielhaft BGHZ 71, 126 ff.; zu allem oben § 11 III.

[11] So die Formulierung in BGHZ 99, 119 (122).

daß eine Rechtskontrolle ihnen gegenüber immer zulässig ist. Die Abgrenzung nach der Einhaltung abstrakter Kompetenzgrenzen scheidet für das oberste Gewerkschaftsorgan schon deshalb aus, weil dieses grundsätzlich über alle Fragen entscheiden kann.

Eine Klage des Gewerkschaftsmitglieds ist also grundsätzlich zulässig. Begründet wäre sie dann, wenn der rechtswidrige Unvereinbarkeitsbeschluß auch innerverbandlich rechtswidrig ist. Dies wird man bejahen müssen, da der Beschluß gerade darauf abzielt, Gewerkschaftsmitglieder von der Kandidatur auf einer gewerkschaftsfremden Liste abzuhalten, also auf Wirkung nach innen gerichtet ist.

Jedes Gewerkschaftsmitglied hat also einen Anspruch gegen seine Gewerkschaft, rechtswidrige Unvereinbarkeitsbeschlüsse zu unterlassen bzw. – falls gefaßt – nicht durchzusetzen. Das Gewerkschaftsmitglied braucht sich nicht darauf verweisen zu lassen, gegen den rechtswidrigen Unvereinbarkeitsbeschluß zu verstoßen und dann gegen seinen Ausschluß vorzugehen.

Die A-Gewerkschaft gründet *(Beispiel 6)* eine Wohnungsbaugesellschaft, die sich in großem Rahmen im sozialen Wohnungsbau betätigen soll und in *Fall* 7 eine Baugesellschaft, die sich allgemein erwerbswirtschaftlich betätigen soll.[12]

Die Rechtmäßigkeit des Engagements im wirtschaftlichen Bereich könnte durchaus einmal Gegenstand einer mitgliedschaftlichen Klage sein, da hier bedeutende finanzielle Risiken auf die Gewerkschaften zukommen und diese sich auch bereits in Milliardenhöhe realisiert haben.

Ob die A-Gewerkschaft sich in großem Rahmen im sozialen Wohnungsbau betätigen darf, hängt davon ab, welches Organ die Entscheidung getroffen hat: Handelt es sich um eine Entscheidung des Vorstandes ohne eine ausdrückliche Grundlagenlegitimation, so reicht die Kompetenz des Vorstandes nicht aus. Zwar ist der Vorstand ermächtigt, auch wirtschaftlich bedeutsame Entscheidungen zu fällen. Das Engagement der Gewerkschaften in der Größenordnung, in der sich die Neue Heimat bewegt, ist aber für die Gewerkschaft eine für die Verwirklichung gewerkschaftlicher Vorstellungen entscheidende Frage.

Zum einen ist das finanzielle Engagement so groß, daß bereits aus diesem Grunde eine innergewerkschaftliche Grundlagenlegitimation erforderlich ist.

Ein wichtiger weiterer Gesichtspunkt liegt darin, daß die A-Gewerkschaft sich nicht auf die Interessenvertretung oder das Aushandeln von Tarifverträgen beschränken, sondern durch eigene wirtschaftliche Betätigung

---

[12] Siehe oben § 1 IV.

direkten Einfluß auf das Wirtschaftsleben nehmen will. Dies kann wegen der Bedeutung dieser Entscheidung für die Verwirklichung der von der Gewerkschaft verfolgten Zwecke nicht vom Vorstand allein entschieden werden. Es bedarf eines Beschlusses des Gewerkschaftstages.

Dieser muß allerdings weder formell Satzungsqualität haben, um der Gewerkschaftsführung die nötige Kompetenz zu gewähren, noch ist ihm unbedingt im materiellen Sinne[13] Satzungsqualität zuzuerkennen. Es reicht eine einfache Ermächtigung aus, die allerdings bestimmt genug sein muß.[14] Im Fall des wirtschaftlichen Engagements im Wohnungsbau muß aus dem Beschluß z. B. ersichtlich sein, daß ein langfristiges Engagement mit Haftungsrisiken in beträchtlicher Höhe gebilligt wird. Eine Satzungsbestimmung oder ein Beschluß des Gewerkschaftstages, der allgemein die Unterstützung gemeinwirtschaftlichen Engagements billigt, könnte unter diesem Aspekt kaum als ausreichende Legitimationsgrundlage angesehen werden.

Fraglich ist, ob zwischen gemeinnützigen und erwerbsorientierten wirtschaftlichen Betätigungen unterschieden werden muß. Dem „Wesen" der Gewerkschaften steht eine rein erwerbsorientierte wirtschaftliche Betätigung weniger nah als eine sozial orientierte. Da bereits ein solches wirtschaftliches Engagement eine Grundlagenlegitimation erfordert, ist erst recht für eine rein erwerbswirtschaftlich orientierte Betätigung eine besondere Legitimation erforderlich. Nach hier vertretener Auffassung kann aber auch die gemeinnützige Tätigkeit nicht unter den Begriff der laufenden Geschäfte subsumiert werden, so daß beide Fälle gleich zu behandeln sind.

Fehlt im Beispielsfall eine innerverbandliche Grundlagenlegitimation, kann grundsätzlich jedes Gewerkschaftsmitglied von der A-Gewerkschaft verlangen, daß diese ihre Betätigung im Baubereich einstellt.

In Fall 8 wurde die A-Gewerkschaft in einem satzungsgemäßen Verfahren nach dem Modell einer „Führer-Gewerkschaft" umstrukturiert.[15]

Es stellt sich die Frage, ob es verfassungsrechtlich erforderlich ist, daß Koalitionen demokratisch organisiert sind. Weiter ist die innerverbandliche Rechtskontrolle zu erörtern.

---

[13] Dazu oben § 13 VII.

[14] In diesem Bereich liegt eine Parallele zwischen dem verbandsrechtlichen Erfordernis der Grundlagenlegitimation und der Wesentlichkeitstheorie des öffentlichen Rechts. Ebenso wie nach Art. 80 I GG die Ermächtigung zum Erlaß von Rechtsverordnungen in dem ermächtigenden Gesetz nach Inhalt, Zweck und Ausmaß der erteilten Ermächtigung bestimmt werden muß, ist auch im Vereinsrecht anerkannt, daß eine satzungsmäßige Kompetenzzuweisung an die Verbandsführung das Ermessen der Verbandsführung dadurch begrenzen muß, daß sie Reichweite und Zweck der Ermächtigung bestimmt; vgl. RGRK/ Steffen, § 25 Rn. 4; Reuter, ZHR 148 (1984), 523 (535); vgl. auch MünchKomm/Reuter, § 25 Rn. 28.

[15] Siehe oben § 1 IV.

Ob Gewerkschaften demokratisch aufgebaut sein müssen, ist viel erörtert worden, obwohl kein aktueller Anlaß dazu bestand. Die zutreffende ganz h. M. bejaht heute das Demokratieprinzip,[16] wenn auch die Begründungen differieren. Die im Beispielsfall angenommene Umstrukturierung in eine „Führergewerkschaft" wäre demnach nach fast einhelliger und zutreffender Ansicht unwirksam.

Das Erfordernis innerverbandlicher Rechtskontrolle wird in diesem Fall besonders deutlich. Wer soll gegen die Umstrukturierung vorgehen, wenn nicht ein Mitglied der Gewerkschaft? Das Problem wird sich in der Praxis allerdings kaum in der Deutlichkeit stellen, in der der Beispielsfall gebildet wurde.[17] Denkbar ist immerhin, daß einzelne Bestimmungen, z. B. Wahlverfahren für die Delegiertenversammlung, in der Art geändert werden, daß keine demokratische Legitimation durch die Mitglieder mehr gegeben ist. Eine solche ist aber für repräsentative Systeme, wie sie in den Gewerkschaften schon wegen deren Größe eingeführt worden sind, erforderlich.[18]

Die Umstrukturierung in eine Führergewerkschaft ist also rechtswidrig. Es handelt sich um eine Rechtswidrigkeit, die genuin gegenüber den Mitgliedern des Verbandes besteht. In dem Beispiel mit der „Führergewerkschaft" liegt sogar eine direkte Grundrechtsrelevanz vor.[19] Daraus ergibt sich, daß eine mitgliedschaftliche Klage – etwa auf Feststellung der Nichtigkeit der Satzungsänderung – begründet wäre.

Fall 9: Die A-Gewerkschaft verzichtet in der Satzung auf die Durchführung einer Urabstimmung vor einem Streik.[20]

Im Gegensatz zu Fall 8 (demokratische Organisation der Gewerkschaft) ist die Frage des Urabstimmungserfordernisses keineswegs einhellig geklärt. Teilweise wird die Auffassung vertreten, eine Pflicht zur Durchführung einer Urabstimmung bestehe nicht.[21] Es findet sich auch die Auffassung, daß die Gewerkschaft vor einem Erzwingungsstreik verpflichtet ist, eine Urabstimmung durchzuführen.[22] Der Verfasser schließt sich der Auf-

---

[16] Für das Demokratiegebot Föhr, Willensbildung, S. 123 ff. (126 f.); Schelter, Demokratisierung, S. 99 ff.; Stindt, Verfassungsgebot, S. 1 ff.; Ridder, Verfassungsrechtliche Stellung, S. 42 f.; im Ergebnis auch Scholz, Koalitionsfreiheit, S. 374 ff. Umfassend zum Demokratieerfordernis Popp, Öffentliche Aufgaben, S. 48 ff.

[17] Zu den Schwierigkeiten der Bewertung, ob bestimmte Entscheidungsprozesse und Kompetenzverteilungen im Einzelfall noch als demokratisch anzusehen sind, vgl. Stindt, Verfassungsgebot, S. 190 f.

[18] Säcker, Repräsentation von Großvereinen, S. 2 ff.

[19] Dazu Scholz, Koalitionsfreiheit, S. 374 f.

[20] Siehe oben § 1 IV.

[21] Adomeit, in: Hanau/Adomeit, Arbeitsrecht, C III 5 d; Kehrmann/ Bobke, ZRP 1985, 78 (79); Seiter, Streikrecht, S. 510; Heßler, Kampfmaßnahmen, S. 21 ff.; Popp, Öffentliche Aufgaben, S. 133.

[22] Säcker, in: Hueck/Nipperdey, II/2, S. 1026; Bauer/Röder, DB 1984, 1096 (1097).

fassung an, daß eine Urabstimmung erforderlich ist.[23] Dieses Erfordernis soll sich nach der vom Verfasser vertretenen Auffassung im wesentlichen daraus ergeben, daß die Gewerkschaft ihren Mitgliedern gegenüber verpflichtet ist, zu einem Arbeitskampf nur als letztem Mittel aufzurufen.[24] Diese Verpflichtung besteht den Gewerkschaftsmitgliedern gegenüber. Sie ergibt sich daraus, daß ein Arbeitskampf für die Gewerkschaftsmitglieder eine schwere Belastung darstellt, und z. B. Einkommensverlust und Konflikte mit nichtstreikenden Außenseitern zur Folge haben kann.[25] Auch ist das Mitglied einem Verbandsbeschluß unterworfen, den es vielleicht gar nicht billigt. Die Gewerkschaft hat also nicht nur gegenüber den Arbeitgebern eine große Machtfülle, sondern auch ihren Mitgliedern gegenüber.

Folgt man dieser Ansicht, so ergibt sich, daß die Gewerkschaft die Machtfülle, die das in der Bundesrepublik Deutschland geltende Arbeitskampfrecht den Gewerkschaften zubilligt, nur zweckgebunden zur Erreichung innerverbandlich legitimierter Aufgaben einsetzen darf. Die Gewerkschaft darf ihre Mitglieder also nicht ohne weiteres in den Arbeitskampf führen, sondern benötigt eine besondere innerverbandliche Legitimation. Als solche hat sich die Urabstimmung herausgebildet.

Daraus folgt, daß die Mitglieder einen innerverbandlichen Anspruch gegen die Gewerkschaft auf vorherige Durchführung einer Urabstimmung haben, weil der sonst durchgeführte Arbeitskampf innerverbandlich nicht ausreichend legitimiert und deshalb rechtswidrig ist. Das innergewerkschaftliche Urabstimmungserfordernis folgt nicht aus einer Bestimmung des geltenden Arbeitskampfrechts, insbesondere nicht aus dem (herkömmlichen) Ultima ratio-Prinzip. Die Arbeitgeberseite hat deshalb keinen Anspruch auf Durchführung eine Urabstimmung vor Ergreifung von Arbeitskampfmaßnahmen. Eine Satzungsbestimmung, in der auf das Erfordernis einer Urabstimmung verzichtet wird, ist danach rechtswidrig und nichtig. Die Rechtswidrigkeit einer entsprechenden Satzungsbestimmung und des konkreten Streiks kann durch innergewerkschaftliche Rechtskontrolle geltend gemacht werden.

An dieser Stelle wird deutlich, warum die mitgliedschaftliche Klagemöglichkeit, die den Weg zur *Durchsetzung* bestehender Ansprüche öffnet, mit der materiellen Rechtslage in enger materieller Verzahnung steht. Hinsichtlich der Urabstimmung ist herrschende Auffassung, daß die Arbeitgeber sich auf das Fehlen einer Urabstimmung nicht berufen können.[26] Dem ist

[23] Vorderwülbecke, BB 1987, 750 (755 ff.)

[24] Dazu ausführlicher Vorderwülbecke, BB 1987, 750 (755 ff.).

[25] Dazu ausführlicher Vorderwülbecke, BB 1987, 750 (755); Föhr, Willensbildung, S. 185.

[26] Schlüter, in: Brox/Rüthers, Arbeitskampfrecht, Rn. 486; Däubler, Arbeitskampfrecht, Rn. 221 ff.; Seiter, Streikrecht, S. 576; Löwisch, BB 1982, 1373 (1374); Hueck, RdA 1956, 201 (205).

zuzustimmen, weil sich die Pflicht zur Urabstimmung nur aus innerverbandlichen Gründen ergeben kann.[27] Jedoch darf dies nicht zur Folge haben, daß innerhalb der Gewerkschaften rechtsfreie Räume entstehen. Mit der vorgelegten Arbeit sollte gezeigt werden, daß dieser Gefahr durch mitgliedschaftliche Rechtskontrolle begegnet werden kann.

§ 16 Zusammenfassung der wesentlichen Ergebnisse

Am Beginn der vorliegenden Arbeit stand die Feststellung, daß eine Rechtskontrolle vielfältiger und bedeutender Fragen, die sich für die Gewerkschaften stellen, nur innerhalb der Gewerkschaften möglich ist. Ruft etwa eine Gewerkschaftsführung zu einem Arbeitskampf auf, ohne vorher eine Urabstimmung durchgeführt zu haben, so kann ein davon betroffener Arbeitgeber nicht einwenden, der Arbeitskampf sei ihm gegenüber rechtswidrig. Es gibt also ein praktisches Bedürfnis nach *innergewerkschaftlicher* Rechtskontrolle.

Bei der Prüfung der einschlägigen Rechtsgrundsätze stellte sich die Frage, ob die Gewerkschaften als nichtrechtsfähige Vereine eingeordnet werden können, wie dies die ganz herrschende Meinung tut. Es stellte sich heraus, daß gegen diese Einordnung bereits aus zivilrechtlicher Sicht Bedenken bestehen. Die großen deutschen Gewerkschaften haben Aktivitäten in vielfältiger Hinsicht. Sie betätigen sich z. B. durch Zahlung von Streikgeldern und das Betreiben von wirtschaftlichen Großunternehmen, was gegen eine Einordnung der Gewerkschaften als „Idealvereine" spricht. Auch hält das Vereinsrecht des BGB nur in geringem Umfang Regelungen bereit, in denen Mitgliederrechte geschützt werden. Vielmehr geht die gesetzliche Regelung zum Vereinsrecht davon aus, daß ein Mitglied den Verein verlassen kann, wenn es mit der Verbandsführung nicht einverstanden ist. Diese Begründung trifft auf die Gewerkschaften im deutschen System der Einheitsgewerkschaften aber nicht zu, weil das Gewerkschaftsmitglied meistens keine Alternative zu seiner Gewerkschaft hat. Aus zivilrechtlicher Sicht ist deshalb eine Einordnung der Gewerkschaften als zivilrechtliche Vereine nicht haltbar.

Bei der Überprüfung aus verfassungsrechtlicher Sicht stellt sich heraus, daß es nicht zulässig ist, das Grundrecht der Koalitionsfreiheit, das in Art. 9 III GG garantiert ist, bloß durch das Vereinsrecht des BGB zu schützen. Die Rechtsprechung hat dem dadurch Rechnung getragen, daß sie in vielfältiger Weise das Vereinsrecht nicht oder nur modifiziert auf die Gewerkschaften angewendet hat. Auch dies sprach gegen die Einstufung der Gewerkschaften als Vereine.

---

[27] Vorderwülbecke, BB 1987, 750 (758).

Aus zivilrechtlichen und öffentlich-rechtlichen Überlegungen ergab sich demnach, daß die deutschen Gewerkschaften sich nicht in das System des Vereinsrecht des BGB einfügen. Sie sind als Körperschaften sui generis einzustufen, die im Wege freier Körperschaftsbildung entstanden sind.

Mitgliedschaftliche Kontrollbefugnisse des Gewerkschaftsmitglieds ließen sich folglich nicht aus dem Vereinsrecht des BGB entnehmen. Zum Vergleich wurde die Rechtslage in der Aktiengesellschaft, der Gesellschaft mit beschränkter Haftung, dem Versicherungsverein auf Gegenseitigkeit und der Genossenschaft untersucht. Ferner wurden die verwaltungsrechtliche Rechtsprechung zur Mitgliederklage in öffentlich-rechtlichen Zwangskörperschaften analysiert. Als Ergebnis wurde festgestellt, daß es in all diesen Körperschaften eine klagweise durchsetzbare Kompetenz des Mitglieds gibt, die Einhaltung der innerverbandlichen Rechtslage zu verlangen und Verstösse gegen die innerverbandliche Rechtslage zu unterbinden.

Zur Anwendung dieses Ergebnisses auf die Gewerkschaften wurde untersucht, ob sich in der Rechtsprechung Maßstäbe für eine mitgliedschaftliche Kontrollbefugnis finden lassen. Ebenso wie bei den anderen untersuchten Verbandsformen fand sich in der Rechtsprechung zu den Gewerkschaften ein Maßstab angewandt, der nicht nur nach formellen, sondern auch nach materiellen Gesichtspunkten definiert wird. Danach bestimmt sich die Grenze, bis zu der die Kontrollbefugnis des Gewerkschaftsmitglieds reicht, nach einem Wesentlichkeitskriterium. Für die Gewerkschaft wesentliche Entscheidungen bedürfen einer besonderen innerverbandlichen Legitimation. Im Gegensatz zu solchen wesentlichen Entscheidungen begründet eine einfache Rechtswidrigkeit des Handelns der Gewerkschaftsführung, die innerhalb ihres Kompetenzbereiches liegt, keine verbandsrechtliche actio negatoria des Gewerkschaftsmitglieds.

Im Ergebnis kann ein Gewerkschaftsmitglied von seiner Gewerkschaft demnach klageweise verlangen, daß diese z. B. rüstungspolitische Äußerungen unterläßt, daß die Gewerkschaft vor einem Streik eine Urabstimmung durchführt oder daß sie sich nicht in großem Umfang wirtschaftlich engagiert, wenn keine besondere Grundlagenlegitimation dafür vorliegt.

Literaturverzeichnis

Bachof, Otto: Anm. zu BVerwGE 59, 242, DÖV 1980, S. 607.

Badura, Peter: Das Recht der Koalitionen – Verfassungsrechtliche Fragestellungen –, in: Das Arbeitsrecht der Gegenwart, Bd. 15 (1978), S. 17.

— Staatsrecht, 1986.

Baecker, Wolfgang: Grenzen der Vereinsautonomie im deutschen Sportverbandswesen, 1985 (zit.: Grenzen der Vereinsautonomie).

Ballerstedt, Kurt: Mitgliedschaft und Vermögen beim rechtsfähigen Verein, in: Fschr. für Alexander Knur, 1972, S. 1.

Barbey, Günther: Aus der Rechtsprechung des Bundesverwaltungsgerichts, JR 1980, S. 272.

Barth, Kuno: Die Publizitäts- und Prüfungspflicht der GmbH & Co. KG, BB 1986, S. 2235.

Bauer, Jobst-Hubertus / *Röder*, Gerhard: Streik ohne Urabstimmung, DB 1984, S. 1096.

Bauernfeind, Heinz: Die Mitgliedschaft in Koalitionen, 1957.

Baumann, Horst: Der Versicherungsverein auf Gegenseitigkeit mit kooptierter Vertreterversammlung: Typenvermischung von Körperschaft und Stiftung, 1986 (zit.: VVaG mit kooptierter Versammlung).

Baumbach, Adolf / *Hueck*, Alfred: GmbH-Gesetz, Kommentar, 7. Aufl. 1985.

Baumbach, Adolf / *Lauterbach*, Wolfgang / *Albers*, Jan / *Hartmann*, Peter: Zivilprozeßordnung, Kommentar, 45. Aufl. 1987

Berger, Christian: Die actio pro socio im GmbH-Recht, ZHR 149 (1985), S. 599.

Beschlußempfehlung: Siehe bei: Deutscher Bundestag

Beusch, Karl: Die Aktiengesellschaft – eine Kommanditgesellschaft in der Gestalt einer juristischen Person?, in: Fschr. für Winfried Werner, 1984, S. 1.

Beuthien, Volker: Mehrheitsprinzip und Minderheitenschutz im Vereinsrecht, BB 1987, S. 6.

Brisch, Ulrich: Die Rechtsstellung der deutschen Gewerkschaften, 1951 (zit.: Rechtsstellung).

Brodmann, Erich: Aktienrecht, Kommentar, 1928.

Brox, Hans / *Rüthers*, Bernd: Arbeitskampfrecht, 2. Aufl. 1982.

Calavros, Constantin: Urteilswirkungen zu Lasten Dritter, 1978.

Däubler, Wolfgang: Arbeitskampfrecht, 1984.

Deppenkemper, Bernhard: Mitgliederversammlung und Willensbildung in Genossenschaften, 2. Aufl. 1985.

Deutscher Bundestag: Beschlußempfehlung und Bericht des 3. Untersuchungsausschusses „NEUE HEIMAT", BT Drs. 10/6779 (zit. Beschlußempfehlung).

Dietz, Rolf: Die Koalitionsfreiheit, in: Die Grundrechte – Handbuch der Theorie und Praxis der Grundrechte. Hrsg. von Karl August Bettermann, Hans Carl Nipperdey, Ulrich Scheuner, Bd. III/1, 1958, S. 417 (zit.: Koalitionsfreiheit).

Duden, Konrad: Zur Mitbestimmung in Konzernverhältnissen nach dem Mitbestimmungsgesetz, ZHR 141 (1977), S. 145.

Dütz, Wilhelm: Tendenzaufsicht im Vereinsrecht, in: Fschr. Herschel, 1982, S. 55.

Ebenroth, Carsten-Thomas: Konzernbildungs- und Konzernleitungskontrolle – Ein Beitrag zu den Kompetenzen von Vorstand und Hauptversammlung, 1987 (zit.: Konzernbildungs- und Konzernleitungskontrolle).

Ebersbach, Harry: Handbuch des deutschen Stiftungsrechts, 1972 (zit.: Handbuch).

Emmerich, Volker: Der heutige Stand der Lehre vom GmbH-Konzernrecht, AG 1987, S. 1.

Emmerich, Volker / *Sonnenschein,* Jürgen: Konzernrecht, 2. Aufl. 1977.

Fabricius, Fritz: Relativität der Rechtsfähigkeit, 1963 (zit.: Relativität).

Fischer, Lothar: Der Ausschluß aus dem Verein, 1985.

Fleck, Hans-Joachim: Die Rechtsprechung des Bundesgerichtshofes zum Recht der verbundenen Unternehmen, WM 1982, S. 1205.

Flume, Werner: Allgemeiner Teil des Bürgerlichen Rechts, Erster Band, Zweiter Teil, Die juristische Person, 1983 (zit.: Juristische Person).

— Der Gesellschafter und das Vermögen der Kapitalgesellschaft und die Problematik der verdeckten Gewinnausschüttung, ZHR 144 (1980), S. 18.

— Der nichtrechtsfähige Verein, ZHR 148 (1984), S. 502.

Föhr, Horst: Willensbildung in den Gewerkschaften und Grundgesetz, 1974.

Fröhler, Christine: Mitgliederklagen gegen Körperschaften auf Unterlassung, GewArch 1982, S. 77.

Galperin, Hans: Inhalt und Grenzen des kollektiven Koalitionsrechts, AuR 1965, S. 1.

Gerhardt, Michael: Das Koalitionsgesetz, 1977.

Gessler, Ernst: Einberufung und ungeschriebene Hauptversammlungszuständigkeiten, Fschr. Walter Stimpel, 1985, S. 771.

Gitter, Wolfgang: Zur Rechtmäßigkeit eines ohne Urabstimmung durchgeführten Streiks, JZ 1965, S. 197.

Goldberg, Alfred / *Müller,* Helmut: Versicherungsaufsichtsgesetz, Kommentar, 1980.

Großfeld, Bernhard: Anmerkung zu OLG Hamburg, Urteil. v. 5.9.1980 (Holzmüller); JZ 1981, S. 234.

— Der Versicherungsverein auf Gegenseitigkeit im System der Unternehmensformen, 1985.

— Zur Stellung des Kleinaktionärs im Wirtschaftssystem, AG 1985, S. 1.

Großkommentar: Großkommentar zum Aktiengesetz, Bd. 4, 3. Aufl. 1975 (zit.: Großkommentar).

Habscheid, Walther J.: Freiwillige Gerichtsbarkeit, 7. Auflage 1983 (zit.: FGG).

— Walther J.: Der nicht rechtsfähige Verein zwischen juristischer Person und Gesellschaft, AcP 155 (1955), S. 375.

Hachenburg, Max: Gesetz betreffend die Gesellschaften mit beschränkter Haftung, Bd. 3, §§ 53 – 85, 7. Aufl. 1984.

Haddimg, Walter: Actio pro socio, 1966.

Hanau, Peter / *Adomeit*, Klaus: Arbeitsrecht, 8. Aufl. 1986.

Häuser, Franz / *Look*, Frank v.: Zur Änderung des Zwecks beim eingetragenen Verein, ZIP 1986, S. 749.

Hauth, Wolfram: Unternehmensverfassungsrechtliche Probleme des Versicherungsvereins auf Gegenseitigkeit, 1984.

Heckelmamm, Dieter: Der Idealverein als Unternehmer?, AcP 179 (1979), S. 1.

Hemmerich, Hannelore: Die Ausgliederung bei Idealvereinen, BB 1983, S. 26.

— Möglichkeiten und Grenzen wirtschaftlicher Betätigung von Idealvereinen, 1982 (zit.: Möglichkeiten und Grenzen).

Herschel, Wilhelm: Besprechung von W. Sachse, Das Aufnahme- und Verbleiberecht in den Gewerkschaften der Bundesrepublik, 1985. in: AuR 1986, S. 23.

Hesse, Konrad: Grundzüge des Verfassungsrechts der Bundesrepublik Deutschland, 15. Auflage, 1985 (zit.: Verfassungsrecht).

Hessler, Rainer: Sind Kampfmaßnahmen ohne Urabstimmung dem Tarifpartner gegenüber rechtswidrig?, 1967 (zit.: Kampfmaßnahmen).

Hommelhoff, Peter: Die Konzernleitungspflicht, 1982.

Hopt, Klaus J. / *Hehl*, Günther: Gesellschaftsrecht, 2. Aufl. 1982.

Hübner, Ulrich: Strukturunterschiede zwischen Versicherungsverein auf Gegenseitigkeit (VVaG) und Versicherungs-Aktiengesellschaft (AG), in: Frankfurter Vorträge zum Versicherungswesen, 1986, S. 5 ff.

Hueck, Alfred: Probleme des Streikrechts, RdA 1956, S. 201.

Hueck, Alfred / *Nipperdey*, Hans-Carl: Lehrbuch des Arbeitsrechts, Zweiter Band, Zweiter Halbband, 7. Aufl. 1970 (zit. Hueck/ Nipperdey II/2).

Immenga, Ulrich: Die personalistische Kapitalgesellschaft, 1970.

Jauernig, Othmar: Zivilprozeßrecht, 21. Aufl. 1985.

Jessnitzer, Kurt: Bundesrechtsanwaltsordnung, Kommentar, 3. Aufl. 1985.

Jhering, Rudolf v.: Der Kampf ums Recht, 1872, zit. nach der Ausgabe in der Reihe Deutsches Rechtsdenken, Nr. 10, 6. Aufl. 1981.

John, Uwe: Die organisierte Rechtsperson, 1977 (zit.: Rechtsperson).

Jürgenmeyer, Michael: Das Unternehmensinteresse, 1984 (zit.: Unternehmensinteresse).

Kehrmann, Karl / *Bobke*, Manfred H.: Innergewerkschaftliche Demokratie und Verbändegesetz, ZRP 1985, S. 78.

Kellermann, Alfred: Zur Anwendung körperschaftlicher Grundsätze und Vorschriften auf die Publikums-Kommanditgesellschaft, in: Festschrift für Walter Stimpel, 1985, S. 295.

Kertess, Thomas: Die Haftung des für einen nichtrechtsfähigen Verein Handelnden gem. § 54 S. 2 BGB, zugleich ein Beitrag zur Eigenhaftung des Vertreters, 1982.

Keuk-Knobbe, Brigitte: Das Klagerecht des Gesellschafters einer Kapitalgesellschaft wegen gesetz- und satzungswidriger Maßnahmen der Geschäftsführung, in: Fschr. für Kurt Ballerstedt, 1975, S. 239.

Kirchner, Dieter: Möglichkeiten und Grenzen der tarifvertraglichen Gestaltung der Arbeitskampfes, RdA 1986, S. 159.

Knauth, Klaus-Wilhelm: Die Rechtsformverfehlung bei eingetragenen Vereinen mit wirtschaftlichem Geschäftsbetrieb, 1976 (zit.: Rechtsformverfehlung).

Knebel, Jürgen: Koalitionsfreiheit und Gemeinwohl, 1978 (zit.: Koalitionsfreiheit).

Knobbe-Keuk, Brigitte: Siehe bei: Keuk-Knobbe.

Koch, Ulrich: Die Entwicklung des Gesellschaftsrechts in den Jahren 1984/85, NJW 1986, S. 1651.

Kögler, Peter: Arbeiterbewegung und Vereinsrecht, 1974.

Köhler, Helmut: BGB, Allgemeiner Teil, 19. Aufl. 1986 (zit. BGB AT).

Konzen, Horst: Anm. zu BGH NJW 1978, 990, SAE 1980, S. 21.

Kübler, Friedrich: Gesellschaftsrecht, 2. Aufl. 1985.

— Rechtsfähigkeit und Verbandsverfassung, 1971.

— Verbandsprobleme zwischen Sozial- und Rechtswissenschaft, JZ 1978, S. 773.

— Vereinsgeschäfte im Unlauterkeitsrecht, ZHR 147 (1983), S. 454.

Lang / Weidmüller: Genossenschaftsgesetz, 31. Aufl. 1983.

Laubinger, Hans-Werner: Zum Anspruch der Mitglieder von Zwangsverbänden auf Einhaltung des gesetzlich zugewiesenen Aufgabenbereichs, VerwArch 74 (1983), S. 175 ff., S. 263 ff.

Leist, Alexander: Vereinsherrschaft und Vereinsfreiheit im künftigen Reichsrecht, 1899 (zit.: Vereinsherrschaft).

— Untersuchungen zum inneren Vereinsrecht, 1904 (zit.: Inneres Vereinsrecht).

Loesch, Achim von: Aufgabenwandel bei Gewerkschaftsunternehmen, in: Eichhorn, Peter / Münch, Paul (Hrsg.), Aufgaben öffentlicher und gemeinwirtschaftlicher Unternehmen im Wandel, 1983, S. 293 (zit.: Aufgabenwandel).

— Die gemeinwirtschaftlichen Unternehmen der deutschen Gewerkschaften, 1979 (zit.: Gemeinwirtschaftliche Unternehmen).

Loritz, Karl-Georg: Das Bundesarbeitsgericht und die „Neue Beweglichkeit", ZfA 1985, S. 185.

Löwisch, Manfred: Warnstreik und „Neue Beweglichkeit", BB 1982, S. 1373.

Lukes, Rudolf: Der Satzungsinhalt beim eingetragenen Verein und die Abgrenzung zu sonstigen Vereinsregelungen, NJW 1972, S. 121.

Lutter, Marcus: Theorie der Mitgliedschaft, AcP 1980 (180), S. 84.

— Zur Vorbereitung und Durchführung von Grundlagenbeschlüssen in Aktiengesellschaften, in: Fschr. Hans-Joachim Fleck, 1988, S. 169 (= ZGR-Sonderheft 7).

Mangoldt, Hermann von / *Klein,* Friedrich: Grundgesetz, Bd. I, 2. Aufl. 1966.

Marburger, Peter: Abschied vom Bestimmtheitsgrundsatz im Recht der Personengesellschaften?, NJW 1984, 2252.

Martens, Klaus-Peter: Das Arbeitsrecht der leitenden Angestellten, 1982.

— Die Entscheidungsautonomie des Vorstandes und die „Basisdemokratie" in der Aktiengesellschaft, ZHR 147 (1983), S. 377.

Marx, Petra / *Delp,* Udo A.: Einbeziehung der GmbH & Co. KG in die Publizitäts- und Prüfungspflicht nach neuem Recht?, DB 1986, S. 289.

Maunz, Theodor / *Dürig,* Günter: Grundgesetz, Kommentar, Band I, Art. 1 – 12, Lieferung 1 bis 25 (1986).

Maurer, Hartmut: Verwaltungsrecht, 4. Aufl. 1985.

Mayer-Maly, Theodor: Über die Rechtsstellung der Gewerkschaften, in: Deutsche Landesreferate zum VII. Internationalen Kongreß für Rechtsvergleichung in Uppsala 1966, hrsg. von Ernst von Caemmerer und Konrad Zweigert, 1967, S. 369 (zit.: Landesreferate).

Medicus, Dieter: Allgemeiner Teil des BGB, 2. Auf. 1985 (zit.: BGB AT).

Meesen, Karl Matthias: Erlaß eines Verbändegesetzes als rechtspolitische Aufgabe?, 1976.

Mertens, Hans-Joachim: Deliktsrecht und Sonderprivatrecht – zur Rechtsfortbildung des deliktischen Schutzes von Vermögensinteressen, AcP 178 (1978) S. 227.

— Die Geschäftsführungshaftung in der GmbH und das ITT-Urteil, in: Fschr. für Robert Fischer, 1979, S. 461.

— Unternehmensgegenstand und Mitgliedschaftsrecht, AG 1978, S. 309.

Meyer, Emil H. / *Meulenberg,* Gottfried / *Beuthien,* Volker: Genossenschaftsgesetz, Kommentar, 12. Aufl. 1983.

Motive: Motive zu dem Entwurfe eines Bürgerlichen Gesetzbuches für das Deutsche Reich, Bd. I, Allgemeiner Theil, 2. unveränderte Aufl. 1896.

Mugdan, B.: Die gesammten Materialien zum Bürgerlichen Gesetzbuch für das Deutsche Reich, Bd. 1, Einführungsgesetz und allgemeiner Teil, 1899.

Müller, Klaus: Kommentar zum Gesetz betreffend die Erwerbs- und Wirtschaftsgenossenschaften, Zweiter Band (§§ 43-93 b), 1980.

Müller-Erzbach, Rudolf: Das private Recht der Mitgliedschaft als Prüfstein eines kausalen Rechtsdenkens, 1948 (zit.: Mitgliedschaft).

Mummenhoff, Winfried: Gründungssysteme und Rechtsfähigkeit, 1979 (zit.: Gründungssysteme).

Münch, Ingo v.: Grundgesetzkommentar, Bd. 1, Präambel bis Art. 20, 3. Aufl. 1985.

Münchener Kommentar: Münchener Kommentar, Bürgerliches Gesetzbuch; Allgemeiner Teil; 2. Aufl. 1984.

Murswiek, Dietrich: Darstellung des Urt. des EGMR v. 13.8.1981- Fall Young, James und Webster – JuS 1983, S. 58.

Neumann, Renate: Rechtliche Möglichkeiten der Mitglieder zur Teilnahme an der Willensbildung in der eingetragenen Genossenschaft, 1982 (zit.: Willensbildung).

Nicklisch, Fritz: Inhaltskontrolle von Verbandsnormen, 1982.

Nitschke, Manfred: Die körperschaftlich strukturierte Personengesellschaft, 1970.

Ossenbühl, Fritz: Der öffentliche Status der Gewerkschaften, NJW 1965, S. 1561.

Palandt, Otto: Bürgerliches Gesetzbuch, Kommentar, 46. Aufl. 1987.

Paulick, Heinz: Das Recht der eingetragenen Genossenschaft, 1956 (zit.: Genossenschaft).

Picker, Eduard: Die Regelung der „Arbeits- und Wirtschaftsbedingungen" – Vertragsprinzip oder Kampfprinzip?, Teil I, ZfA 1986, S. 199 ff.

— Der Warnstreik und die Funktion des Arbeitskampfes in der Privatrechtsordnung, 1983 (zit.: Warnstreik).

Pietzcker, Jost: Kammerrecht in Bewegung?, NJW 1987, S. 305.

Popp, Klaus: Öffentliche Aufgaben der Gewerkschaften und innerverbandliche Willensbildung, 1975 (zit.: Öffentliche Aufgaben).

Pouyadou, Richard M.: Die Abhängigkeit des Arbeitnehmers vom Betriebsrat, 1978.

Priester, Hans-Joachim: Satzungsänderung und Satzungsdurchbrechung, ZHR 151 (1987), S. 40.

Prior, Hans-Peter: Fehlerhafte Vereinsbeschlüsse, 1972.

Prölss, Erich: Versicherungsaufsichtsgesetz, Kommentar, 9. Aufl. 1983.

Raiser, Thomas: Recht der Kapitalgesellschaften, 1983.

Ramm, Thilo: Die Freiheit der Willensbildung, 1960 (zit.: Willensbildung).

Rechenberg, Wolf-Georg Frhr. v.: Die Hauptversammlung als oberstes Organ der Aktiengesellschaft, 1986 (zit.: Hauptversammlung).

Redeker, Konrad: Anm. zu BVerwGE 59, 242, DVBl. 1980, S. 569.

Rehbinder, Eckard: Treuepflichten im GmbH-Konzern, ZGR 1976, S. 386.

— Zum konzernrechtlichen Schutz des Aktionär einer Obergesellschaft, ZGR 1983, S. 92.

Reichert, Bernhard / *Dannecker,* Franz / *Kühr,* Christian: Handbuch des Vereins- und Verbandsrechts, 4. Aufl. 1987.

Reichsgerichtsrätekommentar: Das Bürgerliche Gesetzbuch, mit besonderer Berücksichtigung der Rechtsprechung des Reichgsgerichts und des Bundesgerichtshofes, Kommentar, herausgegeben von Mitgliedern des Bundesgerichtshofes, Bd. I, §§ 1 – 240, 12. Aufl. 1982.

Reinhardt, Rudolf / *Schultz,* Dietrich: Gesellschaftsrecht, 2. Aufl. 1981.

Reuter, Dieter: Die Änderung des Vereinszwecks – Besprechung von BGHZ 96, 245, ZGR 1987, S. 475.

— Verbandszweck und Rechtsfähigkeit im Vereinsrecht, ZHR 151 (1987), S. 237.

— Anmerkung zu BGHZ 93, 151, JZ 1986, S. 536.

— Der Ausschluß aus dem Verein, NJW 1987, S. 2401.

— Rechtliche Grenzen ausgelagerter Wirtschaftstätigkeit von Idealvereinen, ZIP 1984, S. 1052.

— Die Verfassung des Vereins gem. § 25 BGB, ZHR 148 (1984), S. 523.

— Die „Wesenselemente" der Personengesellschaft in der neueren Rechtsprechung, GmbH-Rdsch 1981, S. 129.

Richert: Geschäftsführungs- und Vertretungsbefugnis des Vereins-, Gesellschafts- und Genossenschaftsvorstandes nach Amtszeitablauf, NJW 1975, S. 1543.

Ridder, Helmut: Zur verfassungsrechtlichen Stellung der Gewerkschaften im Sozialstaat nach dem Grundgesetz für die Bundesrepublik Deutschland, 1960.

Roitzsch, Frank: Der Minderheitenschutz im Verbandsrecht, 1981.

Rüthers, Bernd: Die Kontrolle der sozialen Koalitionen (Gewerkschaften und Arbeitgeberverbände) durch Verwaltung und Rechtsprechung, ZfA 1982, S. 237.

Sachse, Wolfgang: Das Aufnahme- und Verbleiberecht in den Gewerkschaften der Bundesrepublik, 1985, (zit: Aufnahme- und Verbleiberecht).

Säcker, Franz-Jürgen: Grundprobleme der kollektiven Koalitionsfreiheit, 1969 (zit.: Grundprobleme).

— Probleme der Repräsentation von Großvereinen, 1985 (zit.: Repräsentation von Großvereinen).

— Zur Problematik wettbewerbsrechtlicher Verbandsklagen durch Spitzenorganisationen der Wirtschaft, DB 1986, S. 1504.

Sauter, Eugen / *Schweyer,* Gerhard: Der eingetragene Verein, 13. Aufl. 1986.

Schaub, Günter: Arbeitsrechtshandbuch, 6. Aufl. 1987.

Schelter, Kurt: Demokratisierung der Verbände?, 1976.

Schlosser, Peter: Gestaltungsklagen und Gestaltungsurteile, 1966 (zit.: Gestaltungsklagen).

Schmidt, Karsten: Die Abgrenzung der beiden Vereinsklassen, RPfleger 1972, S. 286 ff., S. 343 ff.

— Der bürgerlich-rechtliche Verein mit wirtschaftlicher Tätigkeit, AcP 182 (1982), S. 1.

— Gesellschaftsrecht, 1986.

— Informationsrechte in Gesellschaften und Verbänden, 1984 (zit.: Informationsrechte).

— Die Partei- und Grundbuchunfähigkeit nichtrechtsfähiger Vereine, NJW 1984, S. 2249.

— Rechtsschutz des Minderheitsgesellschafters gegen rechtswidrige ablehnende Beschlüsse, NJW 1986, S. 2018.

— Verbandszweck und Rechtsfähigkeit im Vereinsrecht, 1984 (zit.: Verbandszweck).

— Der Vereinszweck nach dem Bürgerlichen Gesetzbuch, BB 1987, S. 556.

— Wirtschaftstätigkeit von „Idealvereinen“ durch Auslagerung auf Handelsgesellschaften, Bemerkungen zum ADAC-Urteil des BGH, NJW 1983, S. 543.

Schmidt, Walter: Die „innere Vereinsfreiheit“ als Bedingung der Verwirklichung von Grundrechten durch Organisation, ZRP 1977, S. 255.

Scholz, Rupert: Die Koalitionsfreiheit als Verfassungsproblem, 1971 (zit.: Koalitionsfreiheit).

Schulze-Osterloh, Joachim: Die Rechnungslegung der Einzelkaufleute und Personenhandelsgesellschaften nach dem Bilanzrichtlinien-Gesetz, ZHR 140 (1985), S. 403.

— Die versteckte Gewinnausschüttung bei der GmbH als kompetenzrechtliches Problem, in: Fschr. Walter Stimpel, 1985, S. 487.

Schwierkus, Fredy: Der rechtsfähige ideelle und wirtschaftliche Verein, (§§ 21, 22 BGB), 1981 (zit.: Rechtsfähiger Verein).

Seifert, Karl-Heinz: Die politischen Parteien im Recht der Bundesrepublik Deutschland, 1975.

Seiter, Hugo: Anm. zu BGH NJW 1978, 990 in: EzA Art. 9 GG Arbeitskampf Nr. 21.

— Das Gesetz zur Sicherung der Neutralität der Bundesanstalt für Arbeit in Arbeitskämpfen, NJW 1987, S. 1.

— Streikrecht und Aussperrungsrecht, 1975 (zit.: Streikrecht).

— Zur Gestaltung der Arbeitskampfordnung durch den Gesetzgeber, RdA 1986, S. 165.

Soergel: Bürgerliches Gesetzbuch, Kommentar, Bd. 1 Allgemeiner Teil (§§ 1 – 240), 11. Aufl. 1978.

Söllner, Alfred: Grundriß des Arbeitsrechts, 8. Aufl. 1984 (zit. Arbeitsrecht).

Stauber, Eric F.: Das Recht des Aktionärs auf gesetz- und statutenmässige Verwaltung, Zürich 1985 (zit.: Recht des Aktionärs).

Staudinger: J. von Staudingers Kommentar zum Bürgerlichen Gesetzbuch, 12. Aufl. Bd. 1, §§ 1-89, Verschollenheitsgesetz; 1980.

Stern, Klaus: Das Staatsrecht der Bundesrepublik Deutschland, Band I, 2. Aufl. 1984 (zit.: Staatsrecht).

Stindt, Heinrich Meinhard: Verfassungsgebot und Wirklichkeit demokratischer Organisation der Gewerkschaften, 1973.

Stober, Rolf: Rechtsfragen bei Mitgliederklagen auf Einhaltung des Aufgaben- und Zuständigkeitsbereichs innerhalb der Handwerksorganisation, 1984.

Sünner, Eckart: Aktionärsschutz und Aktienrecht, AG 1983, S. 169.

Teubner, Gunther: Organisationsdemokratie und Verbandsverfassung, 1978.

— Zu den Regelungsproblemen der Verbände, JZ 1978, S. 545.

— Unternehmensinteresse – das gesellschaftliche Interesse des Unternehmens „an sich"?, ZHR 149 (1985), S. 470.

Thomas, Heinz / *Putzo*, Hans: Zivilprozeßordnung, Kommentar, 15. Aufl. 1987.

Timm, Wolfram: Die Aktiengesellschaft als Konzernspitze, 1980.

— Hauptversammlungskompetenzen und Aktionärsrechte in der Konzernspitze, AG 1980, S. 172.

— Grundfragen des „qualifizierten" faktischen Konzerns im Aktienrecht, NJW 1987, S. 977.

Ulmer, Peter: Rechtsgutachten zur Frage von Haftungssanktionen gegenüber den Gesellschaftern der NEUE HEIMAT gemeinnützige Wohnungs- und Siedlungsgesellschaft mbH, Hamburg, wegen Verstößen gegen das Gesellschafts- und Wohnungsgemeinnützigkeitsrecht für den 3. Untersuchungsausschuß „NEUE HEIMAT" BT Drs. 10/6779 S. 407 (zit.: Rechtsgutachten).

Umbach, Dieter C.: Das Wesentliche an der Wesentlichkeitstheorie, in: Fschr. für Hans Joachim Faller, 1985, S. 111.

Vorderwülbecke, Martin: Die Pflicht zur Urabstimmung, BB 1987, S. 750.

Werner, Winfried: Zuständigkeitsverlagerungen in der Aktiengesellschaft durch Richterrecht?, ZHR 147 (1983), S. 429.

Werthern, Hans Carl v.: Unternehmensverfassungsrecht und Stiftung, 1986 (Unternehmensverfassungsrecht).

Westermann, Harm-Peter: GmbH-Konzernrecht kraft richterlicher Rechtsfortbildung?, GmbH-Rdsch 1976, S. 77.

— Organzuständigkeit bei Bildung, Erweiterung und Umorganisation des Konzerns, ZGR 1984, S. 352.

Westermann, Harry: Die Bedeutung der Anerkennung der ‚Grundsatzzuständigkeit' der Mitgliederversammlung bezüglich der Geschäftsführung der AG durch richterliche Rechtsfortbildung im Genossenschaftsrecht, in: Freundesgabe Erik Boettcher, Genossenschaften und Genossenschaftswissenschaft, 1984, S. 203.

Wiedemann, Herbert: Besprechung der Entscheidung BGHZ 95, 330, „Spätlese zu Autokran", ZGR 1986, S. 656.

— Besprechung zu BGHZ 95, 188, JZ 1986, S. 855.

— Besprechung zu BGH JZ 1987, 781 (= NJW 1987, 1637), JZ 1987, 784.

— Die Bedeutung der ITT-Entscheidung, JZ 1965, S. 392.

— Gesellschaftsrecht Bd. I. 1980 (zit.: Gesellschaftsrecht I).

Willemsen, Heinz Josef: Diskussionsberichte zum Symposion für Arbeitskampfrecht, RdA 1986, S. 163.

Winter, Max-Reinhard: Die Rechtsfolgen eines Streiks, der ohne die satzungsmäßig erforderliche Urabstimmung durchgeführt wird, 1971 (zit.: Rechtsfolgen).

Zöllner, Wolfgang: Die Schranken mitgliedschaftlicher Stimmrechtsmacht bei den privatrechtlichen Personenverbänden, 1963 (zit.: Schranken mitgliedschaftlicher Stimmrechtsmacht).

— Arbeitsrecht, 3. Aufl. 1983.

— Der große Versicherungsverein auf Gegenseitigkeit und die Aktienrechtsreform, ZVersWiss 1964 (1953), S. 295 ff.

Sachverzeichnis

Kolibri 360 GmbH
Ferdinand-Jühlke-Straße 7
99095 Erfurt, Deutschland
produktsicherheit@kolibri360.de

Druck:
CPI Druckdienstleistungen GmbH
im Auftrag der
Kolibri 360 GmbH
Ferdinand-Jühlke-Str. 7
99095 Erfurt